W0352942

Les actes de langage

JOHN R. SEARLE

Les actes de langage

Essai de philosophie du langage

PRÉFACE D'OSWALD DUCROT

COLLECTION SAVOIR : LETTRES

HERMANN ÉDITEURS DES SCIENCES ET DES ARTS

JOHN R. SEARLE est professeur de philosophie à l'University of California, Berkeley.

Nouveau tirage 1996

ISBN 2 7056 5727 4

Table

De Saussure à la philosophie du langage

LANGUE, PAROLE, ACTE DE LANGAGE

Dès son titre, l'ouvrage de John R. Searle, *Speech Acts* offre au traducteur des pièges redoutables — redoutables et significatifs. Il était fort tentant d'utiliser l'expression « Actes de parole », qui commence à être d'un certain usage chez les linguistes. Mais c'était faire un contre sens considérable, et dissimuler ce qui est le plus original dans l'ouvrage, et qui comporte le plus d'enseignement pour la linguistique. Car Searle, se référant expressément à la distinction saussurienne de la langue et de la parole, insiste sur l'idée que les *speech acts* relèvent de plein droit de la langue. De sorte que la traduction la plus fidèle aurait été « Les actes de langue », expression que son ridicule seulement a fait abandonner. Étant donné que Searle lui-même fait allusion à la célèbre opposition de Saussure, on permettra à un linguiste d'essayer de situer ces *actes de langage* par rapport à la tradition saussurienne.

Un des apports les moins contestés de Saussure au développement de la linguistique est la distinction qu'il établit entre l'*objet* et la *matière* de cette science [1]. La matière de la linguistique, c'est ce qu'elle trouve comme donné, l'ensemble des événements — physiologiques, psychologiques, sociologiques — liés à l'utilisation du langage par une collectivité : toutes les conditions et toutes les conséquences de l'activité linguistique en font partie. Ainsi conçue, malheureusement, la matière de la linguistique n'est pas susceptible d'une étude directe. Les phénomènes qui la constituent sont si divers et si hétérogènes, et liés les uns aux autres de façon souvent si lâche, que le linguiste se trouverait devant une alternative, rapidement transformée en dilemme. Ou bien recueillir sans exclusive toutes les informations possibles concernant ces phénomènes, mais alors il faut renoncer à l'espoir de construire une science, et se contenter d'un amas désordonné de notations hétéroclites. Ou bien circonscrire dans cette matière un domaine particulier

1 *Cours de linguistique générale*, introduction, chapitres 2 et 3.

(par exemple les opérations intellectuelles liées à l'exercice du langage), mais alors on échappe difficilement à l'accusation d'être partiel, ou, ce qui est plus grave, de déformer la réalité en la compartimentant — car rien n'assure que les phénomènes isolés peuvent être compris s'ils sont étudiés de façon autonome.

Pour éviter ce dilemme, Saussure demande au linguiste de construire un objet qui ne soit pas une simple région délimitée à l'intérieur du donné, une partie de la matière, mais qui en soit véritablement abstrait (et non pas extrait), qui représente un aspect privilégié, et non pas un secteur privilégié, des phénomènes. Inaugurant ainsi en linguistique le renversement copernicien qui, selon Kant, ouvre à une discipline la voie royale de la science, Saussure demande au linguiste de choisir délibérément, avant toute recherche, le point de vue selon lequel il interrogera les phénomènes, et qui lui permettra de construire l'objet scientifique proprement dit [2]. A ce point de vue deux conditions seulement sont imposées, qui déterminent de façon nécessaire et suffisante sa validité. L'objet constitué à partir de lui doit être à la fois un « tout en soi » — entendons par là qu'il forme un système fermé, régi par des lois internes — et un « principe de classification », susceptible d'introduire de l'ordre dans la confusion du donné. On sait que cet objet de la linguistique, Saussure le nomme « la langue ».

A peu près tous les linguistes seraient d'accord aujourd'hui sur la nécessité d'échapper — provisoirement — au donné. Mais les difficultés commencent lorsqu'il s'agit de définir la langue. Saussure l'oppose d'une part à la « faculté du langage », et d'autre part, c'est ce point qui va nous retenir, à ce qu'il appelle la « parole ». Cette dernière distinction est elle-même présentée sous forme de deux oppositions, que Saussure prend pour équivalentes, l'opposition entre l'aspect *social* et l'aspect *individuel*, et l'opposition entre l'aspect *actif* et l'aspect *passif* du langage. La langue, en effet, est définie d'abord comme une institution, comme un ensemble de conventions dont l'arbitraire même décèle le caractère social. Mais en même temps il est donné pour caractéristique de la langue d'être la relation passive existant, abstraction faite de toute activité linguistique, entre un certain nombre de sons (les signifiants) et un certain nombre d'idées (les signifiés). Corrélativement la parole apparaît à la fois comme une activité et comme le propre de l'individu. C'est une activité car elle n'est rien d'autre que l'utilisation de la

2 D'où la formule « Le point de vue crée l'objet », absurde si l'objet n'était pas tout autre chose que le donné empirique.

langue par les sujets parlants, la mise en œuvre de ces relations entre concepts et sons qui constituent la substance même de la langue. C'est en ce sens que la langue est comparée à une partition musicale, et la parole à l'« exécution » de cette partition par des artistes. De cette conception première découle l'idée que la parole est individuelle, puisque c'est aux individus que revient l' « exécution » de la langue. Mais que faut-il entendre précisément par là ? Si Saussure a voulu dire simplement que ce sont les individus qui parlent, l'affirmation est peu contestable, pas assez contestable sans doute pour être bien intéressante : on remarquera tout au plus que dans certaines sociétés la parole peut être une activité collective où le groupe, en tant que groupe, réaffirme ses propres croyances, et qu'il n'est pas prouvé que cette fonction du langage, assez effacée de nos jours (en apparence au moins), soit purement marginale et quasi pathologique. Si, maintenant, Saussure a voulu dire que l'utilisation du langage dépend de la simple initiative individuelle, et que, parmi toutes nos activités, elle constitue comme un îlot de liberté indépendant de la pression sociale, il s'agit d'une thèse pour le moins hasardeuse. On ne voit pas pourquoi l'acte de parole aurait la chance d'échapper plus qu'un autre aux contraintes du milieu. Saussure semble avoir été d'ailleurs parfaitement conscient de ces contraintes, bien que cela n'apparaisse pas dans le *Cours de Linguistique Générale* tel qu'il a été publié, mais seulement dans ce qu'on a pu reconstituer de son enseignement oral [3]. D'après certaines notes d'étudiants, en effet, Saussure aurait insisté sur le fait que la parole est largement régie par des facteurs sociaux et qu'elle appartient à la « sphère sociale » du langage. On doit donc se demander pourquoi, malgré cela, la parole, dans le texte « canonique » du *Cours*, est considérée comme « individuelle ».

Supposons que je vous dise « Pierre partira demain ». Ce faisant j'accomplis un acte, et cet acte est sans doute, en bonne part, conditionné par ma situation sociale. Mais ce qui dépend de moi, c'est la nature même de l'acte que j'ai accompli. Selon que j'ai voulu vous faire plaisir ou vous être désagréable, vous inquiéter ou vous mettre en garde..., il s'agira d'un acte d'amitié ou d'hostilité, d'une menace ou d'un avertissement... Certes il faut faire intervenir un conditionnement social pour comprendre pourquoi j'ai voulu accomplir tel acte et non pas tel autre (pourquoi j'ai voulu être aggressif et non pas bienveillant) mais le fait même que mes paroles consti-

3 Cf. R. Godel, *Les Sources manuscrites du Cours de Linguistique Générale*, Genève, 1957, pp. 145-6.

tuent précisément le type d'acte qu'elles constituent, ceci dépend avant tout de ce que j'ai voulu faire en les prononçant. On peut donc admettre que mon intention individuelle assigne à l'acte d'énonciation sa valeur propre, tout en reconnaissant qu'une causalité sociale explique dans une bonne mesure que j'ai accompli un acte ayant justement cette valeur.

Pour résumer, il nous semble qu'un saussurien distinguerait trois facteurs dans tout phénomène de langage. 1° Les conventions sociales — la langue — qui font que tel énoncé (indépendamment de son énonciation) possède telle signification; 2° Les motivations individuelles qui font de l'énonciation de cet énoncé un acte de telle ou telle nature (et cette caractérisation de l'acte d'énonciation relèverait essentiellement de la parole); 3° Un ensemble très complexe de conditionnements, d'ordre largement social, qui détermine pourquoi un type d'acte plutôt qu'un autre a été choisi par le locuteur. La thèse fondamentale de Saussure nous semble que le premier facteur peut et doit être isolé, et constitue par lui même l'objet de la linguistique. Autrement dit, les conventions sociales qui assignent à un énoncé sa signification formeraient un « tout en soi », indépendant non seulement des contraintes (à dominante sociale) qui expliquent de façon causale l'énonciation de cet énoncé (le facteur 3), mais aussi de la valeur que l'énoncé est susceptible de prendre dans et par l'énonciation (le facteur 2). En utilisant la terminologie mise à la mode par les logiciens néo-positivistes, la théorie saussurienne revient à dire qu'il est à la fois légitime et indispensable de distinguer le rapport sémantique existant entre un énoncé et son sens, et la valeur pragmatique que peut lui conférer son énonciation — sans même parler des différentes causalités qui sont à l'origine de l'énonciation.

Que l'on puisse traiter séparément la signification d'un énoncé — qui serait fixée par une institution sociale — et la valeur de son énonciation — qui dépendrait de la psychologie individuelle —, nous voyons peu de linguistes qui aient mis ce dogme en doute. Ou plutôt, ceux qui s'opposent sur ce point à Saussure ne le font généralement — c'est le cas de F. Brunot et, moins nettement, de Ch. Bally — qu'en refusant toute existence réelle à l'un des deux termes de l'opposition, mais sans nier la validité théorique de l'opposition elle-même. Pour Brunot il est impossible de déterminer le sens d'un énoncé, car on peut, en l'employant dans les conditions appropriées, lui faire dire les choses les plus diverses : les possibilités infinies qui s'ouvrent au moment de l'énonciation (Brunot parlerait plutôt de l'usage) interdisent, ou rendent vaine, la caractérisation sémantique de l'énoncé.

Mais si, contrairement à Saussure, Brunot ne croit pas la langue capable de résister à l'énonciation, il s'accorde avec Saussure pour décrire l'énonciation comme le lieu de l'invention individuelle. Étant infinies, les possibilités de l'énonciation ne peuvent pas être codifiées, et ne relèvent donc certainement pas d'une institution : l'activité des sujets parlants conserve chez Brunot le caractère anarchique en vertu duquel Saussure refusait de la prendre pour *objet* de science. On comprend par suite l'espèce de nihilisme linguistique qui est suggéré par Brunot. Tout ce qui est donné à l'énonciation est retiré, du même coup, à la législation. Si l'on identifie en effet, comme Saussure, activité linguistique et initiative individuelle, on ne peut mettre en valeur la première sans soutenir en même temps que la seconde commande, dans le domaine sémantique au moins, la plupart des phénomènes de langage. De ce fait toute sémantique linguistique apparaît comme une utopie, et seules restent ouvertes, en ce qui concerne les problèmes de signification, les recherches stylistiques — à la condition encore que celles-ci ne se préoccupent pas trop d'énoncer des règles, et ne retrouvent pas dans le style une nouvelle forme de conventions.

LES ÉNONCÉS PERFORMATIFS

Si les travaux de la philosophie analytique anglaise — dont l'ouvrage de Searle est, à de nombreux égards, une continuation — sont susceptibles d'intéresser les linguistes, c'est qu'ils rompent beaucoup plus profondément que Brunot avec la conception saussurienne de la langue, et notamment avec l'assimilation de l'activité linguistique et de la créativité individuelle. Du même coup ce qu'ils donnent à l'énonciation n'est plus, *ipso facto*, retiré à l'institution sociale, et il devient possible de reconnaître le pouvoir spécifique incorporé à l'acte de langage sans être amené pour autant à ce que nous avons appelé, trop dramatiquement, le nihilisme de Brunot.

A l'origine de ce courant il faut placer sans doute les recherches du philosophe J. L. Austin concernant les *énoncés performatifs*. On sait que Austin désigne de cette façon certains énoncés de forme indicative (qui se présentent donc comme des descriptions d'événements), mais qui possèdent cette propriété que leur énonciation accomplit l'événement qu'ils décrivent. Ainsi, en disant *Je te promets de venir*, je fais l'acte qui est mentionné dans l'énoncé, je promets. Il en va de même pour *Je t'ordonne*, *Je te permets*... etc. Un critère commode permet de détecter ces énoncés, c'est leur comportement particulier lorsqu'ils sont traduits du style direct dans le style indirect. La phrase *Il m'a dit « Je te promets un livre »* peut se rendre, au style indirect comme *Il m'a promis un livre*, alors que *Il m'a dit « Je t'apporte un livre »* ne saurait avoir pour équivalent *Il m'a apporté un livre*. Quand nous disons que l'énonciation du performatif accomplit l'action décrite dans l'énoncé, il faut entendre par là que l'accomplissement de cette action est la fonction même de l'énonciation et non pas seulement une de ses conséquences indirectes. Ainsi l'énoncé *Je te parle* n'est pas un performatif, bien que son énonciation implique que l'on parle. Si en effet l'énonciation de *Je te parle* ne peut se faire sans parole, l'emploi de cette formule n'est pas destiné essentiellement à constituer une parole, mais à appeler l'attention d'un auditeur distrait ou récalcitrant. Le critère du discours indirect corrobore d'ailleurs les résultats de l'analyse intuitive : *Il m'a parlé* ne peut pas être en général considéré comme une traduction de *Il m'a dit « Je te parle »*.

La découverte des performatifs constitue sans doute une première étape dans le rapprochement de la langue — entendue comme institution sociale — et de l'activité d'énonciation. Pour deux raisons. D'abord parce qu'elle fournit l'exemple de conventions sociales qui déterminent la valeur — non plus seulement d'énoncés — mais d'actes d'énonciation. Car c'est bien une convention qui fait que l'emploi d'une certaine formule a pour effet de lier celui qui l'a prononcée, de créer pour lui une obligation. Et cet effet, c'est le point important, n'est pas une simple conséquence externe de l'acte d'énonciation, conséquence dont on pourrait faire abstraction, et conserver néanmoins la possibilité de décrire et de caractériser l'acte. La création d'une obligation a, avec l'acte de dire *Je promets*, un rapport infiniment plus étroit que celui qui lie par exemple une sanction et un acte considéré socialement comme criminel. Car un vol et un meurtre peuvent encore être décrits sans qu'on fasse allusion à la condamnation dont ils sont l'objet; mais l'acte linguistique de promettre ne serait plus rien — juste un simulacre ou une plaisanterie — s'il n'engageait pas celui qui l'accomplit. Il cesse d'être lui-même dès qu'il n'inaugure plus une obligation. C'est la raison pour laquelle nous avons employé le mot *valeur* (nous aurions d'ailleurs pu dire *sens* ou *signification*, si nous ne préférions, provisoirement, réserver ces mots pour parler des énoncés) : la convention sociale qui attache l'obligation à l'acte de promettre est inséparable de la valeur même de cet acte [4].

4 Searle exprime ce fait en disant que l'obligation est, ici, *constitutive* de l'acte.

Si la réflexion sur les performatifs fait apparaître que des conventions sociales définissent non seulement le sens des énoncés, mais la valeur des énonciations, si donc elle met en question la thèse saussurienne qui identifie l'activité linguistique et l'initiative individuelle, elle n'empêche pas cependant de maintenir une bonne part de cette thèse, moyennant quelques concessions et retouches de détail. Tels que nous les avons définis en effet, les performatifs ne constituent après tout qu'une classe d'énoncés assez restreinte, nettement délimitée, et qui a dans la langue une situation marginale. D'autre part les expressions *Je te promets*, *Je t'ordonne* sont presque des formules stéréotypées, qui font penser à une sorte de rituel désacralisé. Personne ne songe à nier que beaucoup de religions attribuent une efficacité particulière à l'énonciation de certaines paroles (les prières ou les expressions taboues par exemple). Peut être les performatifs ne constituent-ils qu'un cas particulier de ce phénomène, voire une survivance. Pour les expliquer il suffirait d'apporter à la thèse de Saussure une restriction, que l'on peut estimer très naturelle. Parmi les institutions sociales qui concernent le langage, on distinguera l'institution linguistique proprement dite, qui fixe le sens des énoncés, et les prolongements linguistiques de diverses institutions (religieuses ou juridiques par exemple), en elles-mêmes très étrangères au langage, mais qui se trouvent, pour leurs besoins propres, imposer à certaines énonciations une valeur particulière. On peut alors maintenir, avec Saussure, que les conventions sociales ne concernent pas l'énonciation : il suffit de préciser que l'on parle des seules conventions qui appartiennent à l'institution linguistique proprement dite, sans prendre en considération les conventions que des institutions extralinguistiques peuvent, occasionnellement, surajouter à la langue.

Il y a cependant un deuxième volet de la notion saussurienne de langue qui est menacé par la notion de performatif. Selon le schéma saussurien en effet, le sens des énoncés doit pouvoir se définir indépendamment de la valeur que peut prendre leur énonciation. L'activité linguistique peut, tout au plus, modifier un sens préexistant, ou lui ajouter certaines nuances. Or il semble difficile de donner un sens à l'énoncé *Je promets* sans mentionner d'une façon ou d'une autre, dans la description de ce sens, que l'énonciation de cette expression constitue l'acte de promettre. Pour simplifier la discussion, appelons « objective » la description sémantique d'une expression, quand elle ne fait aucune allusion au pouvoir que possède l'énonciation de cette expression (et nommons la subjective dans le cas contraire). Une « description objective » de *Je promets* devrait donc éviter de dire que l'utilisation de ces mots équivaut à une promesse. Certes, s'il s'agissait seulement du verbe *promettre*, sans précision de personne, une définition objective serait relativement aisée (même si l'on s'impose de ne pas recourir à des expressions comme *prendre l'engagement*, *s'obliger à*, qui posent les mêmes problèmes). On peut penser ainsi à un article de dictionnaire qui comporterait l'équation : promettre = accomplir un acte d'énonciation à la suite duquel le locuteur devient sujet d'une certaine obligation. (On remarquera que cette définition est objective au sens donné plus haut, bien qu'elle utilise la notion d'énonciation : l'énonciation en question, en effet, n'est pas celle de l'expression dont on donne la définition.) Il faudrait d'ailleurs compliquer encore la définition, en exigeant par exemple que l'auteur de l'énonciation ait l'intention de devenir, par son énonciation, sujet de l'obligation. Admettons qu'avec des déterminations de ce genre on puisse aboutir à un résultat satisfaisant pour le verbe *promettre*. Il reste encore — et c'est la principale difficulté — à passer de là à une définition « objective » de *Je promets*. Car cette expression n'a pas pour contenu de signifier que le locuteur accomplit un acte en vertu duquel il se trouve, ou se désire, obligé de faire quelque chose. Si tel était le cas en effet, il serait au moins possible, dans certaines circonstances, qu'en disant *Je promets de* j'entende vous fournir une information ou un commentaire sur mon comportement, que je vous décrive ce que je fais, comme lorsque je dis *Je marche*. Mais il se trouve que l'énonciation de *Je promets*, lorsque le présent de l'indicatif est pris dans son sens littéral de présent, n'est jamais communication d'une information quelle qu'elle soit. Comment alors attribuer à l'expression elle-même un contenu informatif? Avec les énoncés performatifs on assiste donc au renversement du rapport admis par les saussuriens entre le sens d'un énoncé et la valeur de son énonciation. Pour comprendre ces énoncés, il faut donner à l'énonciation une certaine priorité.

PERFORMATIFS ET ACTES ILLOCUTIONNAIRES

La découverte de Austin resterait cependant de peu de portée si les performatifs constituaient une exception dans la langue, et si, partout ailleurs, la hiérarchie saussurienne pouvait être maintenue. On sait que Austin, après certaines hésitations, a pris parti, de la façon la plus explicite, contre une telle limitation, et qu'il a construit une nouvelle notion, celle d'acte « illocutionnaire », destinée à englober, à titre de cas particulier, le concept de performatif. Comme Searle fait amplement usage de cette notion, il peut être utile d'en dire quelques mots, et quelques mots aussi des résistances qu'elle a rencontrées.

Supposons que je formule la phrase interrogative *Est-ce qu'il fera beau demain ?* Ce faisant j'accomplis, selon Austin, trois actes tout à fait différents. D'abord un acte « locutionnaire ». Comme pour toute énonciation en effet (aussi bien celle d'un ordre, d'une promesse ou d'une constatation) j'ai dû accomplir à la fois une activité d'ordre phonétique (articulation de certains sons selon les règles de la phonologie française), une autre d'ordre grammatical (j'ai combiné des morphèmes selon les règles de la syntaxe française), et enfin une opération proprement sémantique (j'ai cherché à exprimer, à l'aide d'un énoncé, une certaine signification) [5]. Cette activité locutionnaire est exigée par toutes les énonciations porteuses de sens, et est indépendante, semble-t-il, de la situation de discours où je me trouve : aussi bien la réalisation articulatoire de la phrase que son organisation grammaticale ou sémantique posent les mêmes problèmes, par exemple, que la phrase soit dite « à la cantonnade », ou adressée à un auditeur bien défini. C'est pourquoi il faut distinguer très soigneusement de l'acte locutionnaire, l'acte que constitue mon énonciation lorsque l'on prend en considération les rapports qu'elle institue entre moi et mes interlocuteurs. Pour revenir à notre exemple, si la phrase *Est-ce qu'il fera beau demain ?* constitue seulement une interrogation rhétorique à l'intérieur d'une tirade dont elle est juste un fragment, elle n'aura fait rien d'autre qu'exprimer un doute ou une inquiétude. Si en revanche elle est adressée à des auditeurs déterminés, elle prendra une tout autre valeur, elle deviendra une question, et mes interlocuteurs seront obligés, sous peine d'impolitesse, de lui donner quelque réponse. Ces caractères que prend l'énonciation lorsqu'on la replace à l'intérieur des relations de discours, Austin les appelle « illocutionnaires ».

La définition reste cependant encore trop générale car, telle quelle, elle amènerait à considérer comme illocutionnaires tous les rapports qui s'instituent entre les interlocuteurs à l'occasion du discours, toutes les manœuvres dont la parole est le moyen. Supposons que la phrase *Est-ce qu'il fera beau demain ?* soit prononcée en tant que question, et adressée, avec obligation de répondre, à un auditeur bien déterminé. Le locuteur peut avoir eu en vue des résultats très différents : obliger l'auditeur à répondre qu'il n'en sait

5 Austin appelle, respectivement, phonétique, phatique, et rhétique, ces trois aspects de l'acte locutionnaire.

rien, et lui montrer son ignorance, lui donner au contraire l'occasion d'étaler devant l'assistance ses connaissances en météorologie (afin de le faire valoir ou de le ridiculiser), ou encore l'amener à faire aujourd'hui une promenade qu'il envisageait seulement pour demain, ou simplement relancer la conversation, ou faire semblant de la relancer... etc. Selon le résultat visé l'acte accompli est à coup sûr très différent, et l'énonciation change totalement de valeur. Il faut remarquer cependant que, dans tous les cas qui viennent d'être passés en revue, il s'agit encore d'une question, en ce sens que les règles du discours imposent à l'auditeur de répondre (ce qui n'était pas le cas pour l'interrogation rhétorique), et cela, quelle que soit l'intention lointaine de celui qui a parlé. Bien plus, dans tous les cas, si le locuteur a choisi de poser une question, c'est justement parce qu'il a besoin, pour une raison ou pour une autre, de faire parler son auditeur. Il y a donc tout intérêt à distinguer le caractère de question que possède l'acte accompli, et tous les autres caractères que peuvent lui surajouter les intentions du locuteur. C'est pour faire cette distinction que Austin oppose, parmi les actes relatifs à la situation de discours, les illocutionnaires et les perlocutionnaires.

Les premiers sont déterminés par des règles spécifiques du discours (c'est une règle que les énoncés de telle forme, prononcés de telle façon, s'ils sont adressés, dans tel type de circonstances, à des auditeurs déterminés obligent ces auditeurs à répondre; leur énonciation, si les conditions requises sont réalisées, constituent alors l'acte illocutionnaire de question). Les actes perlocutionnaires en revanche font intervenir des lois dont le champ d'application déborde de beaucoup le discours. Pour reprendre l'exemple précédent, ce sont des mécanismes psychologiques très généraux qui font éprouver de l'admiration (ou, dans d'autres cas, du mépris) pour celui qui étale sa science, c'est une nécessité logique sans rapport particulier avec le discours qui fait qu'un aveu d'ignorance contredit la prétention à l'omniscience... etc. Les ressorts mis en œuvre dans l'acte perlocutionnaire et dans l'acte illocutionnaire se distinguent donc clairement (même si l'on peut découvrir des cas limites sur lesquels il serait difficile de se prononcer). De même qu'un acte illocutionnaire peut fournir matière à divers actes illocutionnaires, un acte illocutionnaire est souvent le moyen tactique de stratégies perlocutionnaires tout à fait différentes.

Ces distinctions une fois admises, on voit que les énoncés performatifs cessent d'être une exception dans la langue. On peut dire tout au plus qu'ils montrent d'une façon particulièrement nette et spectaculaire la distinction entre actes locutionnaires et illocutionnaires. Lorsque j'utilise, pour interroger un auditeur, le performatif *Je vous demande s'il fera beau demain*, l'acte locutionnaire accompli est celui d'un énoncé indicatif (comme dans *Il fait beau*), et il se trouve pourtant que l'acte illocutionnaire est une question, qui impose au destinataire l'obligation de répondre. Le phénomène est tout à fait semblable (semblable par symétrie) à ce qui se passe dans l'interrogation rhétorique. Celle-ci ne constitue une interrogation que du point de vue locutionnaire, mais, du point de vue illocutionnaire, elle n'est pas une question, puisqu'elle n'a pas pour effet, selon les lois du discours, de mettre l'auditeur en demeure de répondre.

Alors que la notion de performatif n'avait pas reçu trop mauvais accueil, même chez les linguistes, la doctrine des actes illocutionnaires a suscité, aussitôt connue, de nombreuses réserves, même chez les philosophes [6]. A plus forte raison un linguiste comme E. Benveniste, qui avait reconnu l'importance de la théorie des performatifs, s'est séparé de Austin dès que la notion de force illocutionnaire a commencé à se constituer, et qu'elle a menacé d'englober la théorie des performatifs [7]. On comprend aisément pourquoi. Si la découverte des performatifs a fait apparaître — nous avons essayé de le montrer — la faiblesse de la dichotomie saussurienne selon laquelle les énoncés doivent être décrits indépendamment de l'acte d'énonciation, on trouvait déjà chez certains linguistes — chez Benveniste notamment — des remarques de portée analogue, relatives au pouvoir sui-référentiel de certaines expressions de la langue. Comment décrire le pronom *je* sans mentionner qu'il réfère à la personne qui le prononce ? Que dire de *tu*, sinon qu'il désigne la personne à qui il est adressé, quel sens donner aux morphèmes verbaux de présent, de passé et de futur, si l'on ne précise pas qu'ils servent à indiquer une période contemporaine, antérieure ou postérieure à celle de leur énonciation ? Autant de descriptions que nous avons convenu d'appeler « subjectives ». Arrivés à ce point, les linguistes étaient tout préparés à accueillir l'idée d'énoncé performatif. Ne seraient ce pas en effet les capacités sui-référentielles du langage qui rendent compte du caractère performatif de l'énoncé *Je promets ?* Nous avons vu qu'on peut proposer pour cet énoncé le sens « le locuteur accomplit un acte d'énonciation qui le rend sujet volontaire d'une obligation ». Et

6 Voir par exemple L. J. Cohen « Do illocutionary forces exist ? », *Philosophical Review*, 14 (1964), pp. 118-137. On trouvera une discussion de ces critiques dans un article de P. Gochet, « Performatif et force illocutionnaire », *Logique et Analyse*, 1967, p. 155-172.

7 Cf. *Problèmes de linguistique générale*, Paris 1966, pp. 267-276.

nous trouvions ce sens inadmissible parce qu'il impliquait que l'énonciation de l'énoncé soit équivalente, parfois au moins, à une information sur le comportement du locuteur, ce qui n'est guère le cas en fait : l'énonciation de *Je promets* ne consiste pas à parler d'une promesse, mais à promettre. Mais ce pouvoir particulier de *Je promets* tient peut-être (c'est l'opinion de Benveniste) à ce que l'énoncé est fait à la première personne du présent, c'est-à-dire dans des conditions éminemment sui-référentielles. Comme l'énonciation de *Je mens* porte sur elle-même, et affirme donc qu'elle est un mensonge (d'où les paradoxes connus), celle de *Je promets* porte aussi sur elle-même, et affirme donc qu'elle est une source volontaire d'obligation. Ceci admis, si une parole n'a pas d'autre valeur que de se présenter elle-même comme source volontaire d'une certaine obligation, n'est-il pas naturel que, prononcée sérieusement, elle revienne à prendre cette obligation, qu'elle constitue donc une promesse ? Un linguiste comme Benveniste n'est par suite pas embarrassé pour expliquer que l'énonciation de *Je promets*, tout en ayant l'air d'un commentaire sur un comportement, soit en réalité un comportement. Cela viendrait seulement de ce qu'elle est, d'après la simple constitution grammaticale de l'énoncé utilisé, identique à ce dont elle parle. Le mystérieux pouvoir qu'elle a de créer une obligation tiendrait seulement à ce que, parlant d'elle-même, elle se dénonce comme origine d'obligation. S'il en est ainsi l'emploi d'un pronom et d'un temps verbal sui-référentiels est essentiel pour l'apparition du phénomène performatif [8]. C'est lui qui fait qu'un énoncé peut contenir cette indication que le langage juridique rend, maladroitement, à l'aide d'expressions comme « par la présente ». Et grâce à cette indication l'énonciation peut constituer sa propre glose, et, par suite, accomplir l'action qu'elle déclare accomplir.

Un corollaire de cette analyse est qu'on s'interdira de rapprocher les performatifs d'énoncés non auto-référentiels comme les impératifs *(Viens !)* ou les interrogatifs *(Est-ce qu'il fera beau demain ?)*. Il n'est plus question alors d'admettre une catégorie générale de l'illocutionnaire. Dans ces conditions, on le voit, la critique que nous avons adressée à la notion saussurienne de langue voit sa portée sensiblement restreinte. C'est seulement lorsqu'on considère les énoncés qui comportent une référence explicite à

---

8 Dans un cas seulement Benveniste reconnaît l'existence de la performativité bien que l'énoncé utilisé ne soit pas du type sui-référentiel. C'est lorsque les circonstances de l'énonciation apportent clairement l'indication sui-référentielle, par exemple, lorsque le président d'une assemblée, parlant ès qualité, annonce *La séance est ouverte*. La situation suffit à faire voir qu'il s'agit d'une ellipse pour *Je déclare la séance ouverte*.

l'énonciation (grâce à des expressions sui-référentielles) que le sens de l'énoncé comporte, pour partie intégrante, la valeur de son énonciation. Pour les autres on pourrait maintenir la hiérarchie saussurienne. Supposons en revanche qu'on admette la doctrine austinienne des actes illocutionnaires ; dans ce cas, pour la quasi-totalité des énoncés, il faut introduire à l'intérieur de leur sens l'effet que les lois du discours attribuent à leur énonciation. Le phénomène de la sui-référence ne serait plus alors qu'une application, parmi beaucoup d'autres, d'une loi fondamentale du langage.

Revenons donc aux énoncés impératifs et interrogatifs. Il y a deux façons, tout à fait différentes, de leur refuser le caractère illocutionnaire. On peut dire d'abord que le pouvoir pragmatique lié à leur énonciation est une simple conséquence, un produit, de leur sens ; qu'il est donc logiquement postérieur à ce sens et ne saurait le constituer. Le sens même du tour interrogatif aurait pour effet qu'utiliser ce tour, c'est accomplir l'action bien particulière que l'on appelle « poser une question ». Lorsque je demande *Est-ce qu'il fera beau ?*, l'effet interrogatif de ma parole serait entièrement déductible à partir du « contenu » des mots employés, sans qu'il soit nécessaire de faire intervenir autre chose que les mécanismes linguistiques les plus habituels, ceux, par exemple, en vertu desquels, lorsque j'emploie *hic* et *nunc* le mot *crayon*, je me trouve parler de tel ou tel objet qui possède les caractères spécifiés dans la définition de ce mot. Il nous faut par conséquent chercher si l'on peut imaginer une définition de l'expression *Est-ce que*, qui soit comparable à la définition des mots du lexique ou des morphèmes grammaticaux comme les adjectifs numéraux, la négation, le mode subjonctif... etc., une définition, donc, qui n'indique pas, mais qui permette de comprendre après coup, les modifications que l'emploi du terme défini introduit dans la situation de discours.

Considérons les deux phrases :

1. J'aimerais savoir s'il fera beau demain et
2. Est-ce qu'il fera beau demain ?

On notera d'abord, d'un point de vue tout à fait empirique, que 1 et 2 n'ont pas la même « distribution » dans ce « texte » que constitue le discours : l'observateur le plus positiviste se doit de remarquer que les répliques possibles pour les destinataires de ces deux énoncés sont sensiblement différentes. Après 1 on enregistrera parfois la réplique *Moi aussi*, impossible après 2, et, réciproquement, *Oui*, *Non*, *Je ne sais pas*, très fréquentes après 2, seraient exceptionnelles après 1. Même le linguiste le plus désireux de ne pas s'écarter de la « linguistique pure » est obligé de prendre en considération de tels faits. D'autre part, à moins de s'interdire toute recherche qui n'est pas de simple observation (ce dont nous comprenons mal l'intérêt), il va falloir tenter une explication des faits distributionnels enregistrés. Et, pour cette explication — nous revenons ici au problème des actes illocutionnaires — il est fort difficile de s'appuyer seulement sur les « contenus » respectifs des énoncés, sur ce qu'ils expriment. Car il est bien clair qu'ils expriment la même chose, l'incertitude et le désir de sortir de l'incertitude. On ne peut même pas dire que le tour interrogatif exprime plus que l'affirmatif la croyance que l'interlocuteur est capable de lever cette incertitude. Car il n'est pas interdit de poser une question sans savoir au préalable que le destinataire peut fournir le renseignement demandé : la réponse *Je ne sais pas* est admise parmi les répliques acceptables, et ne constitue pas nécessairement, de la part du questionné, un comportement aggressif, qui « disqualifierait » la question, qui la ferait apparaître comme incongrue ou simplement déplacée.

En fait, il nous semble nécessaire, pour distinguer 1 de 2, de prendre en considération certaines règles de discours, certaines règles de ce jeu particulier que constitue le discours, en vertu desquelles on doit répondre aux questions qui vous sont adressées, c'est-à-dire prononcer, en réplique, des phrases d'un type bien particulier qui sont seules considérées comme ayant la valeur de réponses. Ne pas répondre, ce serait se retirer de la conversation, abandonner le jeu du discours, comme on abandonne une partie de bridge si l'on refuse de donner une carte au moment où on a à le faire. C'est donc en vain que l'on chercherait, pour le morphème de l'interrogation, un quelconque « contenu ». Tout ce qu'on peut dire de lui, c'est que son emploi a pour effet de mettre l'interlocuteur dans une situation particulière, où il est obligé de fournir ce type de comportement particulier que l'on appelle « réponse ». Mais se demander quel est le « sens » de la tournure interrogative, cela nous semble aussi peu prometteur (sauf s'il s'agit d'une interrogation rhétorique, et encore) que de chercher le sens du contre au bridge ou de la touche au rugby; leur seul sens, c'est la façon dont ils transforment, quand on a recours à eux, la situation de l'adversaire [9].

---

9 Le parallèle du langage et du jeu est amplement développé par Searle. Mais nous comprenons mal l'espèce de remords qui l'amène à restreindre ensuite la portée de la comparaison, en ajoutant que le langage, à la différence des échecs, est porteur de sens (cf. p. 83). Pour nous le « sens » d'une question, comme le « sens » d'un coup aux échecs, est tout entier contenu dans les modifications qu'elle apporte, conventionnellement, à

Contre la notion d'acte illocutionnaire on peut envisager une seconde objection (présentée par exemple par Benveniste), tout à fait inverse d'ailleurs de la précédente. On n'essaiera plus de dériver la force pragmatique de l'énonciation à partir du « sens » de l'énoncé; tout au contraire on déclarera que cette force se surajoute à l'énoncé d'une façon imprévisible, et qu'elle n'a rien à voir par suite avec la langue, en quelque acception que l'on prenne ce terme. C'est à propos de l'impératif que Benveniste tente cette démonstration. Il s'efforce de montrer qu'aucune indication de commandement, qu'aucune valeur « jussive » n'appartient à proprement parler à l'énoncé *Viens !* Deux sortes de raisons sont avancées. D'abord que l'impératif n'est pas véritablement un temps verbal, puisqu'il n'est rien d'autre que la simple présentation du radical du verbe (« le sémantème nu »). Dans le sens de l'énoncé *Viens !* il n'y a donc rien de plus que la simple idée de venue [10] : la valeur jussive de l'énonciation n'a aucun point d'ancrage dans la sémantique propre de l'énoncé. Cette vue semble confirmée par la nécessité d'ajouter à l'impératif, dans le langage oral, une intonation particulière si l'on veut obtenir l'effet cherché. Une deuxième raison amène Benveniste au même résultat. L'impératif, nous est-il dit, vise seulement à « agir sur l'auditeur », à produire un « résultat empirique » : en disant *Venez !* il se trouve que l'on tend effectivement à faire venir celui à qui l'on s'adresse. Or il est bien évident que le linguiste n'a pas à tenir compte des résultats empiriques qui peuvent s'attacher aux paroles. Où finirait, sinon, la linguistique? D'ailleurs le fait même qu'il ne soit pas nécessaire de dire *Venez !* pour faire venir l'interlocuteur, et qu'un geste puisse très bien suffire, ce fait prouve que la valeur jussive de l'impératif n'est pas liée de façon nécessaire à sa « réalité linguistique ». L'argument de Benveniste, on l'aura remarqué, est rigoureusement inverse de celui que nous avons présenté auparavant. Il n'est plus question de déduire la valeur de l'énonciation à partir du sens de l'énoncé, mais d'établir au contraire une séparation étanche entre énoncé et énonciation. De ces deux démonstrations cependant la conclusion est identique : il est inutile d'introduire dans la description

---

la situation de discours. Il va sans dire que les conventions déterminant la valeur des énoncés sont infiniment plus complexes que les règles des échecs, et qu'elles possèdent un caractère systématique, alors que les règles des échecs sont relativement indépendantes les unes des autres. Nous avons développé cette idée dans un essai « Le structuralisme en linguistique » (publié dans *Qu'est-ce que le structuralisme?* Paris, Le Seuil, 1968), où nous présentons comme l'achèvement du structuralisme l'assimilation de la langue à un jeu.

10 On sait qu'en latin, par exemple, la deuxième personne du singulier de l'impératif est, formellement, analogue au radical du verbe (cf. Ama, Mone, Audi... etc.).

sémantique des énoncés (sauf dans le cas des performatifs, et, plus généralement, des sui-référentiels) une mention quelconque de la valeur pragmatique de leur énonciation.

Que penser de l'argumentation de Benveniste ? Il est difficile de discuter ici la thèse qui fait de l'impératif la présentation du « sémantème nu », car elle s'insère dans une théorie générale, fort complexe et fort profonde, de la morphologie verbale. Mais l'important, de notre point de vue, c'est surtout ce qui est dit de l'énonciation des impératifs. Celle-ci aurait simplement pour « résultat empirique » de faire venir la personne à qui l'on s'adresse. Et en effet c'est une question tout à fait empirique de savoir si les ordres sont ou ne sont pas exécutés. C'est même une question empirique de savoir si celui qui les donne veut toujours être obéi (Il est bien clair qu'il y a des cas où on donne un ordre pour des raisons toutes différentes; montrer son autorité, humilier l'interlocuteur, ou même l'amener à faire le contraire de ce qu'on lui demande). Mais, ceci reconnu, tout ordre a au moins un autre résultat, et qui n'est plus de nature empirique. C'est que la personne qui a reçu l'ordre se trouve désormais devant une situation tout à fait nouvelle, devant une alternative — obéir ou désobéir — directement issue de l'énonciation, on pourrait même dire, créée par l'énonciation. Une fois que l'ordre a été donné, un certain comportement — celui qui a été prescrit — prend un caractère qu'il n'aurait jamais eu sans cela, il devient un acte d'obéissance, et, symétriquement, le comportement inverse devient un acte de désobéissance. Ainsi, pour la personne à qui le commandement était adressé, le champ des actions possibles a été brusquement restructuré. Une dimension nouvelle s'y est dessinée, qui impose une nouvelle mesure pour les comportements. Et cette réorganisation n'est pas un fait empirique, un accident intervenu à l'occasion de l'énoncé. C'est elle et elle seule qui fait que la phrase prononcée doit être considérée comme un ordre. Il ne servirait à rien d'alléguer qu'un ordre, tout en restant tel, peut n'être pas entendu ou pas compris, et ne pas modifier par suite la situation réelle du destinataire. Car nous pourrions aussi bien restreindre notre analyse aux intentions du locuteur. Pour celui-ci, vouloir donner un ordre, et vouloir provoquer cette modification, les deux projets n'en font qu'un. Si je n'ai pas l'intention de placer mon auditeur, par ma parole, devant l'alternative de l'obéissance et de la désobéissance, ce que je veux n'est plus donner un ordre, mais, tout au plus, exprimer un désir, voire une simple opinion sur ce qui est souhaitable. On ne gagnera rien non plus à objecter qu'un ordre peut être transmis de façon non linguistique, par un geste par exemple.

Car il en va de même pour tout ce que le langage peut exprimer. On peut toujours inventer un autre code qui permette de le signifier : même le théorème de Godel peut être signifié par un geste, si l'on convient d'abord que ce geste signifie le théorème de Godel. Pourquoi une signification cesserait-elle d'être linguistique sous prétexte qu'on peut, aussi, la transposer dans un autre code ? L'important nous semble plutôt que, dans sa présentation linguistique, elle soit liée de façon conventionnelle à certains faits de langage. Et c'est bien le cas pour le commandement.

Les interrogatifs et les impératifs nous ont donc fourni des exemples d'énoncés qui, sans être sui-référentiels, peuvent et doivent se décrire par rapport au résultat conventionnellement attaché à leur énonciation. La démonstration serait peut-être plus convaincante si l'on pouvait montrer que les performatifs eux-mêmes ne doivent pas leur valeur particulière à leur caractère sui-référentiel. Ou, c'est ce que nous allons essayer de faire voir, que leur caractère sui-référentiel lui-même est le résultat d'une nécessité plus profonde, qui est d'ordre illocutionnaire. En disant *Je promets*, je veux dire — nous suivons ici Benveniste — « la parole que je prononce actuellement est une promesse ». Mais à quoi cela est-il dû ? Nous avons fait semblant d'admettre, tout à l'heure, que les morphèmes grammaticaux de première personne et de présent suffisent à expliquer ce fait, et nous avons donné comme preuve que *Je mens* signifie « l'action que je suis en train d'accomplir par ma parole est un mensonge ». Mais, en réalité, c'est seulement dans les livres de philosophie que *Je mens* a ce sens, et si cette phrase était jamais prononcée ailleurs, elle serait interprétée bien différemment, et prendrait le sens d'une affirmation générale équivalent à *Je suis un menteur*. Car, même faite à la première personne du présent, une énonciation ne se commente elle-même que dans des cas très particuliers, et justement, dans le seul cas des énoncés performatifs. *Je vous veux du bien* ne signifie pas « mon actuelle parole est destinée à vous réconforter »; mais *Je vous congédie*, *Je vous engage*, et, bien sûr, *Je vous promets*... sont des paroles qui se réfléchissent elles-mêmes. Pour que l'énonciation soit sui-référentielle il faut donc que l'action dont elle traite soit justement de celles qui, conventionnellement, peuvent s'accomplir en parlant. Si *Je vous promets*... est sui-référentiel, et, par suite, performatif, c'est parce que, dans cet énoncé, il est question de promesse, et que la promesse fait partie, dans nos sociétés, des « actes de langage ». Il se pourrait donc parfaitement que *Je vous veux du bien* soit, lui aussi, sui-référentiel et performatif, si, conventionnellement, une valeur faste était attachée à l'emploi de ces mots, s'il était admis, dans notre collectivité, qu'en disant à quelqu'un *Je vous veux du bien*, on exerçait effectivement sur l'interlocuteur une influence favorable.

En rattachant le caractère performatif des énoncés à leur valeur sui-référentielle, on ne réfute donc qu'en apparence la généralisation qui a abouti, dans la pensée de Austin, à la doctrine des actes illocutionnaires. Car il se trouve que cette valeur sui-référentielle elle-même n'est possible que lorsque sont employés des termes qui renvoient à des actes illocutionnaires. Il est inutile par conséquent de chercher à isoler les performatifs des autres énoncés de la langue. Ils ne sont possibles eux-mêmes que parce que, d'une façon beaucoup plus générale, il est possible d'accomplir certaines actions par l'emploi de certaines formules, et que ces formules ont pour trait sémantique fondamental de permettre ces actions. La proposition que nous faisons d'intégrer à la description des énoncés la valeur pragmatique de leur énonciation pourrait d'ailleurs se réclamer de certains travaux de Benveniste, qui vont beaucoup plus loin, à notre avis, que sa réflexion sur les performatifs. C'est le cas, par exemple, de son étude des verbes « délocutifs [11] ». Benveniste nomme ainsi une classe de verbes qui ne sont dérivés ni de noms ni d'autres verbes, mais de « locutions », et qui signifient : accomplir l'action que l'on fait lorsque l'on emploie cette locution. Ainsi *remercier* ne vient pas du nom *merci* (qui apparaît dans *demander merci*), mais de la formule conventionnelle *Merci !*, et signifie, si l'on nous permet d'employer la terminologie de Austin, « accomplir l'acte illocutionnaire » qui a pour support habituel l'emploi de la formule *Merci !* Les exemples de délocutifs pourraient d'ailleurs être multipliés : Benveniste montre que le phénomène se retrouve dans de très nombreuses langues, et avec une fréquence considérable.

Cette découverte, faite à partir de recherches morphologiques d'ordre strictement linguistique, nous semble corroborer avec éclat la réflexion philosophique de Austin. Si l'on admet en effet que les dérivations auxquelles un mot donne lieu explicitent ce qui, pour les sujets parlants, est l'essentiel, le noyau sémantique de ce mot, il faut conclure que les mots ou expressions à dérivés délocutifs comportent, parmi leurs caractéristiques sémantiques fondamentales, la fonction accomplie par leur énonciation. La langue elle-même (cette personnification ne nous semble

---

11 *Problèmes de linguistique générale*, pp. 277-85. Cette étude, publiée pour la première fois en 1958, est antérieure à l'article sur les performatifs, et a été écrite à une époque où la philosophie analytique anglaise était presque inconnue en France.

guère dangereuse ici) aurait tendance à considérer certains de ses énoncés, non pas comme les représentants de « signifiés » objectifs, mais comme les moyens conventionnels d'obtenir dans le discours certains effets déterminés. Contrairement à la doctrine saussurienne, la valeur du mot ou de la phrase dans l'activité linguistique ne pourrait plus être considérée comme la conséquence d'un sens préalable, enregistré, indépendamment de tout emploi, dans ce trésor que constitue la langue [12]. On ne peut plus admettre la dichotomie entre une langue qui fixerait les significations et une parole qui communiquerait ensuite ces significations de façon à répondre aux divers besoins des sujets parlants. Nous avons montré au contraire que certains des effets de la parole sur la situation de discours (ceux que Austin appelle illocutionnaires) sont régis par des conventions, et que ces conventions relatives à l'emploi constituent dans une large mesure la réalité sémantique des éléments de la langue. Si nous maintenons, pour désigner cette réalité, le terme de « signification », il faudra assimiler, partiellement au moins, la signification que possèdent, dans la langue, les mots et les phrases, avec les règles qui fixent conventionnellement leur effet dans le discours. Il ne s'agit pas de diluer la signification dans l'emploi [13], comme tente de le faire Brunot, il ne s'agit pas de nier que l'emploi se fonde toujours sur une connaissance préalable de la langue; nous voulons seulement faire apparaître que la signification enregistrée par la langue comporte, comme partie intégrante, certaines conventions qui fixent, arbitrairement, les effets de l'emploi sur la situation de discours.

LOCUTIONNAIRE ET ILLOCUTIONNAIRE

La distinction austinienne de l'illocutionnaire et du perlocutionnaire nous a permis d'introduire dans la langue certains effets de discours sans pour autant forcer le linguiste à prendre en considération toutes les intentions possibles des locuteurs : nous pouvons ainsi imposer à notre domaine d'investigation une limite supérieure relativement précise. C'est la notion

12 On sait que Saussure ne parle pas de sens ou de signification, mais de « signifié ». Malheureusement il ne fait pas grand usage, en fait, de cette distinction.

13 Cf. la critique présentée par Searle contre le slogan des wittgensteiniens « Meaning is Use » (p. 197).

d'acte locutionnaire qui doit maintenant être examinée [14]. On se rappelle que Austin désigne ainsi trois sortes d'actes, les actes phonétiques (articulation de phonèmes), phatiques (combinaison de morphèmes) et rhétiques (expression d'une certaine signification), qui seraient indépendants de la force illocutionnaire de l'énonciation, et susceptibles de se maintenir lorsqu'on fait varier celle-ci. On ne peut rien objecter contre les deux premières catégories : les contraintes de la phonologie et de la grammaire sont en effet les mêmes dans un ordre, dans une promesse ou dans une question, en ce sens que les combinaisons de morphèmes ou de phonèmes qui sont interdites dans un de ces actes le sont dans les autres. Mais en quoi peut consister l'acte rhétique? Qu'est-ce que cette signification qui serait sans rapport direct avec la force illocutionnaire?

L'opposition du locutionnaire et de l'illocutionnaire nous semble confondre en réalité deux distinctions qui ne sont pas du tout équivalentes. Une première est la distinction, d'ordre causal, entre les caractères sémantiques attachés à l'énoncé isolé, et ceux qui sont déterminés par le contexte de l'énonciation. Prenons l'énoncé *J'irai à la montagne cet été*. Selon les circonstances dans lesquelles il est employé, sa valeur sera celle d'une information ou d'une promesse (on a la première éventualité si l'énoncé répond à la question « Que ferez-vous cet été? », et la seconde, s'il est destiné à satisfaire un interlocuteur désireux de vous voir aller à la montagne). Mais, quel que soit le contexte de discours, c'est toujours la même annonce qui est faite par la phrase. On peut donc convenir de réserver le terme « illocutionnaire » pour la valeur liée aux circonstances d'énonciation, et d'appeler locutionnaire celle qui subsiste dans tous les cas. Mais cette définition est, on le remarquera, tout à fait différente de celle dont nous nous sommes servi jusqu'ici. Un énoncé performatif comme *Je te promets de venir* garde en effet sa valeur de promesse quelles que soient les situations de discours (sauf si l'on imagine des situations tout à fait exceptionnelles), et nous serions donc obligés, en vertu de la définition précédente, de refuser à cette valeur le caractère illocutionnaire. Si, maintenant, nous refusons une telle palinodie, il nous faut donner à l'opposition du locutionnaire et de l'illocutionnaire une interprétation bien différente, qui ne concernerait plus les conditions déterminant la signification. On appellera

14 La notion austinienne d'acte locutionnaire a été notamment discutée par Searle dans un article de la *Philosophical Review* (oct. 68, pp. 405-24) : « Austin on locutionary and illocutionary acts ».

locutionnaires certains caractères sémantiques d'un énoncé s'ils peuvent être définis indépendamment des résultats produits, dans la situation de discours, par l'énonciation de l'énoncé. Ce serait là, croyons-nous, la seule définition de la signification locutionnaire qui rendrait cette notion symétrique du concept d'acte illocutionnaire tel que nous l'avons utilisé jusqu'ici. Mais cette nouvelle définition, nous allons essayer maintenant de le suggérer, risque de n'avoir pas grand objet, de ne dénoter qu'une classe vide — en ce qui concerne au moins les langues naturelles.

Toute recherche de sémantique linguistique en effet, dès qu'elle s'approfondit quelque peu, tend à faire intervenir des déterminations d'ordre pragmatique. Pour tempérer le caractère abrupt de cette affirmation, précisons qu'il ne s'agit pas là d'une déclaration de principe, mais d'une généralisation, peut-être hasardeuse, à partir de recherches de détail. Aucune justification rigoureuse n'en est donc possible; à plus forte raison les quelques exemples qui vont être présentés ne peuvent-ils prétendre avoir valeur de démonstration.

Beaucoup de linguistes contemporains, s'inspirant de recherches à l'origine philosophiques ou logiques, font un usage de plus en plus étendu du concept de présupposition [15]. Si j'ai à décrire, sémantiquement, l'énoncé *C'est Pierre qui est venu*, il me faut signaler que trois renseignements au moins sont apportés par cette phrase :

(a) Quelqu'un est venu

(b) Une seule personne est venue (parmi celles sur qui porte la conversation)

(c) Pierre est venu.

Il y a, d'autre part, des raisons d'ordre purement syntaxique pour constituer deux catégories parmi ces informations, en opposant *(c)* au groupe formé par *(a)* et *(b)*. La raison la plus immédiate, mais qui est très loin d'être la seule, est que, dans la phrase négative *Ce n'est pas Pierre qui est venu*, on retrouve, inchangées, les informations *(a)* et *(b)*, mais non point *(c)*. Pour exprimer ce fait on dira que *(a)* et *(b)* sont présupposés par l'énoncé, alors que *(c)* est posé. En appliquant systématiquement le

15 L'origine philosophique de concept se trouve, particulièrement claire, dans P. Strawson « On referring », *Mind*, 1950, pp. 320-44. Pour l'application linguistique, voir notamment C. J. Fillmore « Deictic categories in the semantic of come », *Foundations of language*, 1966, pp. 219-27, et O. Ducrot, « La description sémantique des énoncés français et la notion de présupposition », *L'Homme*, 1968, pp. 37-53.

critère de la négation à tous les énoncés de la langue, on s'apercevrait que la plupart d'entre eux exigent la distinction du posé et du présupposé, distinction qui se révèle ainsi d'une portée extrêmement générale. Comment, maintenant, caractériser sémantiquement cette distinction? Quel est le trait commun à toutes les informations présupposées, qui les distingue de ce qui est posé? Aucune réponse ne nous semble possible, qui ne fasse pas intervenir la notion d'illocutionnaire.

Certes on peut essayer de recourir à la notion d'évidence pour décrire la nuance particulière apportée à une information par le fait qu'elle est présupposée. Mais il faut voir que présupposer une connaissance ne revient pas à *affirmer* qu'elle va de soi, à la *déclarer* évidente. Car l'évidence en question n'est pas déclarée ou affirmée — ce qui lui donnerait un caractère explicite et la poserait donc en objet possible de discussion. L'évidence, dans le cas de la présupposition, est *jouée*. En disant *C'est Pierre qui est venu*, on fait comme s'il était impossible de mettre en doute qu'une personne, et une seulement, soit venue, on fait comme si la seule information nouvelle apportée par l'énoncé — la seule donc qui soit discutable — concernait l'identité de la personne venue. Mais que peut vouloir dire *jouer une évidence ?* Comment est-il possible de présenter un certain contenu intellectuel comme indubitable, ce qui est, nous l'avons vu, tout autre chose que de dire qu'on le croit tel? La solution est peut-être, une fois de plus, de considérer les effets de la parole sur la situation respective des interlocuteurs. Car c'est dans le jeu du discours que l'évidence peut être jouée. Une étude psychologique de la stratégie du dialogue, étude qui pourrait être confirmée par des indices linguistiques formels, montre que c'est une attitude tout à fait différente de contester ce que l'interlocuteur a posé et ce qu'il a présupposé. Dans le premier cas la critique peut rester intérieure au dialogue : on refuse ce qui a été dit, mais on reconnaît à l'autre le droit de le dire. Dans le second au contraire la contestation prend un caractère nécessairement aggressif et vise à disqualifier l'interlocuteur. S'il en est ainsi, en introduisant certains présupposés dans mes paroles, je mets mon auditeur dans l'alternative d'avoir ou bien à accepter une certaine base de discussion choisie par moi, ou bien de refuser la discussion elle-même. On comprend mieux alors le type d'évidence attachée aux présupposés. Si les présupposés se donnent comme incontestables, c'est parce qu'ils constituent le cadre même du dialogue que je propose, et qu'ils sont — en même temps que ce dialogue — à prendre ou à laisser. Dans la mesure où ils sont attachés — en vertu des lois du discours — à la poursuite de la conversation, ils s'incorporent l'intérêt que les interlocuteurs peuvent avoir pour cette conversation. Leur poids propre, c'est le poids du dialogue dont ils constituent la condition. Leur nécessité, c'est la nécessité, implicite, de continuer à parler [16].

Si nous nous sommes permis, dans ce qui devrait être une introduction à Searle, de faire intervenir cette notion de présupposition, dont il ne fait pas lui-même un usage systématique, c'est qu'elle montre le rôle que peuvent jouer, en linguistique, les principes généraux de la philosophie du langage [17]. Pour trouver une description sémantique satisfaisante d'un phénomène comme la présupposition, phénomène qui est repérable selon des critères syntaxiques précis, il nous a été nécessaire de la relier aux règles qui définissent conventionnellement le jeu du langage, et de décrire la présupposition par rapport aux manœuvres dont elle fournit le thème : sa réalité, comme celle d'une règle des échecs, consiste seulement à rendre possible un jeu.

Un second type d'exemple sera fourni par des recherches linguistiques de détail, qui ne concernent plus un phénomène général comme la présupposition, mais un morphème déterminé. Ici encore la description sémantique exige que l'on se situe dans l'activité de discours. Supposons que l'on veuille décrire la valeur du mot *même* dans des phrases du type : *p et même q*, où *p* et *q* sont des propositions. Soit par exemple l'énoncé : *Jacques a fait ses devoirs et il a même mangé sa soupe sans rechigner*. On pourrait tenter une définition « objective ». La présence de *même*, dira-t-on, implique que la deuxième proposition est plus étonnante, plus paradoxale, que la première. Ce faisant on laisse cependant échapper une nuance très importante apportée par *même* (justement celle qui explique l'emploi d'un adverbe servant par ailleurs à exprimer l'identité). Supposons en effet que Jacques ait fait une action aussi étonnante que de manger sa soupe, mais, cette fois,

16 Il va sans dire que cette présentation est schématisée à l'extrême; la conversation peut, matériellement, continuer après le refus des présupposés, mais c'est, en réalité, une autre conversation, dont le thème et la structure sont différents, et qui se déroule dans un nouvel univers de discours. Un échange de paroles qui, d'un point de vue spatio-temporel, semble continu, peut contenir en fait plusieurs dialogues successifs. La conservation des présupposés constitue, selon nous, un des critères qui définissent l'identité interne du dialogue.

17 Comme le logicien et philosophe Strawson, qui est à l'origine de la notion, Searle a tendance à présenter les présupposés d'un énoncé comme des conditions d'emploi de cet énoncé. Pour nous il s'agit d'un effet illocutionnaire attaché conventionnellement à l'énoncé.

dans le domaine du répréhensible : soit *r*, par exemple, la proposition exprimant que Jacques a battu sa grand-mère. Il serait absurde de substituer *r*, dans la phrase considérée, à *Il a mangé sa soupe sans rechigner*. En d'autres termes, la proposition introduite par *même* doit « aller dans le même sens » que la proposition qui la précède. Mais que dit-on au juste en disant que deux propositions vont dans le même sens ? Dans le cas en discussion, cela signifie que *p* et *q* me servent à appuyer la même conclusion, que ces propositions s'inscrivent dans la même argumentation. Ce qui doit donc être commun à *p* et à *q*, c'est leur force illocutionnaire, c'est l'acte de langage auquel elles collaborent. Une description sémantique de *même* est donc contrainte, si elle doit être tant soit peu fidèle, de prendre en considération ces actes. Reconnaissons cependant que l'exemple de *même* est assez différent des précédents. Nous n'avons pas donné en effet à ce mot une définition illocutionnaire analogue à celle proposée pour la question, l'ordre ou la présupposition. Pour définir *même* nous n'avons pas cherché quelles modifications son emploi introduit dans la situation de discours : nous ne voyons pas en effet qu'un tel pouvoir lui soit conventionnellement attaché [18]. Nous avons fait seulement remarquer que *même* véhicule un jugement implicite sur les actes illocutionnaires accomplis à l'aide des énoncés qui l'entourent : à ce titre *même* ne peut être décrit dans une linguistique de type saussurien opposant radicalement la langue et l'action d'utiliser la langue, et interdisant au linguiste de prendre en considération cette action.

Comme dernière illustration de la même thèse, nous considérerons un morphème dont l'emploi — au contraire de ce qui se passe pour *même* — constitue en propre un acte illocutionnaire, nous voulons parler de la conjonction française *puisque*, que nous essaierons de décrire par opposition à *parce que*. La différence entre les deux termes est très facile à sentir. Si je veux expliquer un fait, par exemple que mon ami Pierre soit venu me voir, j'introduirai à l'aide de *parce que* la proposition exprimant la cause de ce fait. *Il est venu parce qu'il désirait me voir*. Mais si je veux justifier une affirmation en alléguant une autre affirmation, incontestable selon moi, et qui constitue, me semble-t-il, une preuve de la première, j'utilise plutôt

18 Plus exactement ce pouvoir n'est attaché à *même* que de façon indirecte, dans la mesure où *même* apporte un présupposé (à savoir le caractère paradoxal de la proposition introduite par *même*), et transforme donc la situation respective des interlocuteurs selon les lois générales de la présupposition.

puisque. Il est venu puisque sa voiture est en bas. Une fois délimitées ces conditions d'emploi de *puisque* et de *parce que*, il reste à essayer de décrire les morphèmes. Or une description semble justement suggérée par les conditions d'emploi elles-mêmes. On dira que, dans *p parce que q*, *parce que* présente *q* comme la cause de *p*, et en revanche, dans *p puisque q*, *q* est présenté comme la preuve de *p*. Dans le premier cas, le locuteur annonce que le fait exprimé par *q* explique *p*, et, dans le second, que ce fait permet de conclure *p*. Pour résumer, *parce que* exprimerait la relation de causalité (entendue de façon très large), et *puisque* la relation de déductibilité.

Il se trouve malheureusement que cette définition, qui est purement locutionnaire, laisse de côté certains faits, à notre avis, essentiels. Car, en disant *p puisque q*, je n'entends pas informer mon auditeur que *p* peut se déduire de *q* [19]. Sinon on ne comprendrait guère ce fait, linguistiquement incontestable, qu'il est impossible de transformer négativement ou interrogativement une phrase contenant *puisque*, ou de l'intégrer, à titre de subordonnée, dans un énoncé plus complexe. On ne dit pas en effet — et, ce qui est plus intéressant, on n'est jamais tenté de dire — *Est-ce que Pierre est venu puisque sa voiture est en bas ?* Ni, non plus, *Il est faux que Pierre soit venu puisque sa voiture...* Et, pas davantage : *Je suis heureux que Jacques soit là puisque sa voiture...* [20]. Ce qui est important pour notre démonstration, c'est que les mêmes transformations sont tout à fait possibles pour les phrases construites avec *parce que* (cf. *Est-ce que Pierre est venu parce qu'il désirait me voir ?*). Si donc la différence entre *parce que* et *puisque* résidait seulement dans la nature de la relation exprimée (causalité ou déductibilité), on ne voit guère pourquoi les transformations possibles dans un cas ne le seraient pas dans l'autre. Pourquoi la déductibilité se laisserait-elle moins nier, par exemple que la causalité ? Pourquoi pourrait-on demander si un fait est déterminé par un autre, et non pas si une proposition est impliquée par une autre ?

La seule réponse qui nous a semblé possible exige un recours à l'idée d'acte illocutionnaire. En disant *p puisque q* je n'exprime pas l'idée que *p* se déduit de *q*, mais je déduis effectivement *p* de *q*. Je n'affirme pas la possi-

19 On peut montrer, en utilisant la terminologie présentée tout à l'heure, que cette déductibilité est en fait présupposée par l'énoncé *p puisque q*.

20 Plus exactement, ce qui est impossible, c'est de faire porter la négation, l'interrogation ou la subordination sur le rapport « exprimé » par *puisque*. Mais on peut dire *Il est faux que Pierre soit venu, puisque sa voiture...*

bilité ou la nécessité de l'inférence, mais je procède à cette inférence [21]. De même qu'en utilisant un énoncé interrogatif, je n'exprime pas une question, mais je la pose (je questionne), de même, en utilisant *puisque*, je n'exprime pas une relation d'inférence, mais j'effectue cette inférence (j'infère). Nous voyons donc mal comment il serait possible à un grammairien ou à un lexicologue de donner une définition de *puisque* qui rende compte de son opposition à *parce que*, si mention n'est pas faite de l'acte accompli par l'énonciation de *puisque*, si l'on n'indique pas que ce morphème contribue à transformer une parole en démonstration. Mais comment définir, maintenant, l'idée de démonstration, sans se référer à la stratégie du discours, à la situation dans laquelle elle introduit l'auditeur. Comme la question a pour caractère essentiel d'imposer à l'auditeur l'obligation de répondre, comme l'ordre n'est ordre que s'il crée l'alternative de l'obéissance et de la désobéissance, la notion même de démonstration veut que l'interlocuteur soit tenu, une fois qu'une démonstration lui a été proposée, ou bien d'admettre ce qu'on lui a dit, ou bien d'essayer une réfutation des arguments donnés. L'utilisation de *puisque* a donc pour effet, et cet effet constitue la valeur fondamentale du morphème, de rendre nécessaire un tel choix, et d'interdire les répliques évasives comme *Tiens ?*, *Ah bon !*, *Peut-être !* Une fois encore, la description sémantique revient à expliciter les règles du jeu linguistique.

Que peut-il donc rester de cette signification locutionnaire qui s'oppose, selon Austin, à la force illocutionnaire ? Ou encore, si l'on préfère une version linguistique de la même question, quels sont les caractères qui appartiennent en propre à la « lexis » [22] ? On ne peut guère donner actuellement à ce problème une réponse fondée, mais seulement décrire l'impression qui se dégage de divers travaux récents. Or ces travaux font apparaître le domaine du locutionnaire (de la lexis) comme une peau de chagrin qui ne cesse de se rétrécir, et même si l'on est persuadé que ce mouvement doit bien s'arrêter un jour, on n'arrive pas à imaginer sur quelle ligne il peut le faire : dès qu'une limite est envisagée, elle est aussitôt dépassée. De la signification locutionnaire définie par Austin, Searle essaie de sauver

21 L'erreur d'Achille, dans le paradoxe de la tortue (selon la version « logique » de Lewis Carroll), c'est de ne jamais accomplir l'inférence, et de se contenter de noter sur son carnet des relations de déductibilité.

22 Cf. A. Culioli « La formalisation linguistique ». *Cahiers pour l'analyse*, juillet 1968.

ce qu'il appelle les « actes propositionnels » [23]. Mais la description qu'il donne d'eux, on s'en apercevra, efface presque la différence avec les actes illocutionnaires : dans les deux cas la valeur de l'acte, loin d'être le produit d'une signification préalable, est directement constituée par les règles qui le régissent. Certes, dans les pages consacrées à l'acte de signifier [24], Searle est obligé, pour définir cet acte, de s'appuyer sur l'idée que les phrases elles-mêmes possèdent une signification, qui est peut-être justement celle dont Austin a fait usage dans sa définition du locutionnaire. Mais on remarquera que Searle dit peu de choses de cette signification, qui reste pour ainsi dire à l'horizon de sa recherche, comme l'objet dans certaines philosophies idéalistes.

Malgré les difficultés que l'on rencontre lorsqu'on veut éliminer totalement l'idée d'une signification indépendante de l'acte d'énonciation, et que cette difficulté provienne d'une timidité du chercheur ou d'une résistance des choses, une étape décisive semble bien avoir été franchie depuis Saussure, étape bien nettement marquée par l'ouvrage de Searle. Pour Saussure c'était la même chose d'affirmer le caractère social de la langue et son indépendance par rapport à l'activité linguistique. Mais c'était confondre deux thèses sensiblement différentes. L'une, peu discutable, est que le sujet parlant, au moment où il parle, s'appuie sur des conventions sémantiques ancrées dans la société et préexistant à l'acte de parole particulier qu'elles permettent d'accomplir. On peut appeler *langue* l'ensemble de ces conventions auxquelles l'énonciation doit se référer si elle veut être comprise : en ce sens il est parfaitement raisonnable d'assigner pour objet à la linguistique la découverte de la langue, en précisant, comme fait Saussure, que cette découverte est nécessairement une construction, car il s'agit de conventions non-écrites, et, en bonne partie, non-conscientes. Mais un deuxième aspect de la doctrine saussurienne, mal distingué du premier, consiste à dire que les conventions en question ne déterminent pas directement, pour les différents énoncés, le type d'acte que, dans telle ou telle circonstance, ils permettent d'accomplir : elles associent seulement aux énoncés des « significations » qui, ultérieurement, et en vertu des conditions psycho-sociologiques de l'énonciation, expliqueront les fonctions que les énoncés peuvent remplir dans l'activité linguistique. C'est cette deuxième thèse qui apparaît de plus en plus contestable. La découverte

23 *Op. cit.* chap. 4 et 5.
24 *Op. cit.* p. 83 sq.

des performatifs, puis sa généralisation dans la doctrine des actes illocutionnaires, montrent que certains énoncés ne peuvent se décrire sémantiquement sans que l'on fasse intervenir quelques uns des effets de leur énonciation. Ces effets ne sont pas des conséquences secondaires qu'entraîne, dans certains contextes, et sous l'influence de certaines lois psychologiques ou sociologiques, la transmission de la signification. Tout au contraire, pour définir « la signification » de l'énoncé — ou ses significations, s'il en change selon les contextes — il devient nécessaire de prévoir les répercussions qu'il aura, en vertu des conventions de la langue, sur la situation de discours. Si l'on maintient la croyance saussurienne que l'arbitraire est le critère du linguistique, ce n'est plus le rapport entre le signifiant et le signifié qui est arbitraire, donc linguistique, mais le rapport entre le signifiant et certains effets de son énonciation. L'analogie établie par Saussure entre la langue et le jeu des échecs prend alors une force nouvelle. La valeur sémantique de l'énoncé, comme celle d'une pièce des échecs, devrait se décrire, partiellement au moins, comme une valeur polémique. Faut-il maintenir ce « partiellement »? Les éléments du langage ont-ils, à côté de leur valeur polémique, un contenu conceptuel indépendant? Y-a-t-il, dans la langue, un noyau de signification irréductible à l'activité illocutionnaire, tel est le problème commun devant lequel se trouvent, actuellement, linguistique et philosophie du langage.

OSWALD DUCROT

PREMIÈRE PARTIE

Théorie des actes de langage

1 Méthodes et objet

1.1 LA PHILOSOPHIE DU LANGAGE

De quelle façon les mots se relient-ils à la réalité? Comment se fait-il que, lorsqu'un locuteur se trouve face à un auditeur, et qu'il émet une séquence acoustique, puissent se produire des faits aussi remarquables que les suivants : le locuteur a l'intention de signifier quelque chose, les sons qu'il émet signifient quelque chose, l'auditeur comprend ce qu'on a voulu lui signifier, le locuteur asserte, pose une question, ou donne un ordre? Comment se fait-il, par exemple, que, lorsque je dis : « Durand est rentré » — ce qui, somme toute, n'est, d'une certaine façon, qu'une suite de bruits — ce soit bien : « Durand est rentré » que je veuille effectivement signifier? Quelle différence y a-t-il entre : dire une chose qu'on a l'intention de signifier, et la dire sans avoir cette intention? Et qu'implique le fait de vouloir signifier une chose bien précise et non pas une autre? Comment se fait-il, par exemple, que lorsqu'on dit : « Durand est rentré », on ait presque toujours l'intention de signifier que Durand est rentré, et non pas, disons, que Lebrun est allé à la réunion, ou que Lenoir s'est soûlé. En outre, quelle relation y a-t-il entre ce que j'ai l'intention de signifier lorsque je dis quelque chose et ce que ces paroles signifient, indépendamment du fait qu'il y ait ou non quelqu'un pour les prononcer? Comment les mots renvoient-ils à des objets? Quelle différence y a-t-il entre une suite de mots qui a une signification et une suite de mots qui n'en a pas? Qu'est-ce pour une chose qu'être vraie? être fausse?

La philosophie du langage a pour objet l'étude de telles questions. Il ne faut pas admettre à priori que, sous la forme où je les ai posées, ces questions aient forcément un sens. Cependant, il est certain que, présentées d'une manière ou d'une autre, des questions de ce type ont effectivement un sens; car nous savons que les individus communiquent, qu'ils disent des choses, et parfois, ont vraiment l'intention de signifier ce qu'ils disent, que de temps en temps au moins, ils se font comprendre, qu'ils posent des questions, donnent des ordres, font des promesses, présentent des excuses, que leurs paroles se rapportent à la réalité, et nous pouvons décrire ces rapports en disant de ces paroles qu'elles sont vraies ou fausses, qu'elles n'ont pas de sens, qu'elles sont stupides, exagérées, etc. Et si tous ces phénomènes se produisent effectivement, il s'en suit que leur réalisation est possible, et si leur réalisation est possible, alors, on doit pouvoir poser les questions qui portent sur cette possibilité, et donner des réponses à ces questions.

Je fais une distinction entre la philosophie du langage et la philosophie linguistique. La philosophie linguistique a pour but de résoudre certains problèmes philosophiques particuliers en examinant l'emploi courant de certains mots ou de certains éléments à l'intérieur d'une langue donnée. Quant à la philosophie du langage, elle se propose de donner une description significative du point de vue de la philosophie, de certains traits généraux du langage, tels que la référence, la vérité, la signification et la nécessité; ce n'est qu'accessoirement qu'elle porte son attention sur certains éléments particuliers d'une langue particulière; en revanche, chaque fois que la méthode d'investigation utilisée sera de nature empirique et rationnelle, plutôt que spéculative et fondée sur des a priori, elle sera naturellement amenée à examiner de façon très précise les faits rencontrés dans les langues naturelles.

Le terme « philosophie linguistique » désigne essentiellement une méthode; « la philosophie du langage », elle, est le nom d'un sujet d'étude. J'utiliserai parfois les méthodes de la philosophie linguistique, mais ce livre relève de la philosophie du langage et non de la philosophie linguistique.

Ce livre ne relève pas non plus de la linguistique. Car la linguistique a pour objet la description des structures — phonologiques, syntaxiques, et sémantiques — réalisées dans les langues naturelles. Les « données » utilisées par la philosophie du langage lui viennent normalement des langues naturelles, mais un grand nombre de ses conclusions portant sur des questions du type : qu'est-ce qu' « être vrai »? qu'est-ce qu'une assertion? une promesse?, devraient pouvoir s'appliquer, si elles sont valides, à tout langage capable de produire des vérités, des assertions, des promesses. C'est en ce sens que cet essai ne concerne pas les langues, comme le français, l'anglais, ou le swahili, mais concerne le langage.

1.2 CARACTÉRISATIONS LINGUISTIQUES

Je me propose d'appréhender certains de ces problèmes posés par la philosophie du langage, à travers l'étude de ce que j'appelle : les actes de parole, ou actes linguistiques, ou encore actes de langage. Les raisons de ce choix apparaîtront dans la suite de cet ouvrage. Le but de cette section et de la suivante est de fournir une explication et une justification aux méthodes utilisées dans la conduite de cette recherche.

Au cours de ce travail, je ferai de nombreuses remarques sur le langage. Disons de façon très approximative que ces remarques, dans la majeure partie des cas, se subdiviseront en deux types. En premier lieu, je proposerai certaines *caractérisations* applicables aux éléments linguistiques. En ce sens, je dirai que telle expression a une référence, ou bien que telle combinaison de mots n'a pas de sens, ou encore, que telle proposition est analytique. Il arrivera qu'un terme marquant l'une de ces caractérisations soit de mon invention. Pour avoir un terme à notre disposition, nous appellerons ce type de remarque des *caractérisations linguistiques*. Ensuite, je proposerai un certain nombre d'explications pour les faits rapportés à l'occasion des caractérisations linguistiques, ainsi que des généralisations à partir de ces faits. Ainsi je dirai que telle expression ne pourra être employée car il existe une règle ayant tel ou tel effet. Nous appellerons des affirmations de ce genre des *explications linguistiques*. La distinction introduite ici n'est ni tranchée ni absolue, mais elle convient pour notre but.

Une question se pose maintenant tout naturellement : comment puis-je savoir si ce que j'ai à dire est vrai ? Face à cette question, les philosophes ont été principalement arrêtés par le problème des caractérisations linguistiques qu'ils ont en général abordé sous deux aspects différents. D'abord, ils se sont montrés sceptiques sur les critères d'application de termes tels que : « analytique », « doué de signification », « synonyme », etc. [1] Ensuite, ils ont mis en doute de façon générale le procédé de *vérification* des affirmations faites sur le langage [2]. Ces deux attitudes sont liées, je les examinerai succes-

---

1 Voir par exemple W. Quine, « Two dogmas of empiricism », *Philosophical Review*, janvier 1951, repris dans W. Quine, *From a Logical Point of View*, (Cambridge, 1961); et Morton White, « The analytic and the synthetic, an untenable dualism », in L. Linsky (éd.), *Semantics and the Philosophy of Language* (Urbana, 1952).

2 Voir par exemple B. Mates, « On the verification of statements about ordinary langage », *Inquiry*, vol. I (1958); repris dans V. C. Chappell (éd.), *Ordinary Langage* (Englewood Cliffs, 1964).

sivement. Parmi les termes de caractérisation soumis à la critique, « analytique » et « synonyme » sont ceux qui ont été de loin les plus discutés et je commencerai moi-même par l'examen de ces deux termes; toutefois, l'argumentation, présentée sous l'une ou l'autre forme, s'appliquerait tout aussi bien aux autres termes.

On a souvent insinué que notre analyse du concept d'analyticité n'est pas adéquate, et qu'en conséquence, nous manquons de critères adéquats pour décider si une affirmation est analytique ou non. On ajoute qu'en raison de ce manque d'analyse et de critères adéquats, nous ne comprenons même pas ce terme de façon correcte, et que la notion d'analycité elle-même en devient impropre, incomplète, incohérente, non justifiée empiriquement, etc. Ce type d'argument — à savoir que : nous n'avons ni analyse, ni critère pour définir un concept *C*, donc, que nous ne comprenons pas *C* correctement, et que, tant que nous n'aurons pas fourni d'analyse, ni donné de critères pour définir *C*, *C* sera considéré d'une certaine manière ou à certains égards, comme illégitime — se rencontre fréquemment dans les travaux de philosophie depuis la guerre, et cela vaut la peine de l'examiner plus à fond.

En premier lieu, cela ne suffit pas d'affirmer que nous manquons tout bonnement de critères pour définir l'analyticité ou la synonymie. Au sens plutôt curieux où l'on emploie le mot « critère » dans toutes ces discussions, la définition que nous donnons pour ces termes fournit bien une espèce de critère. La synonymie est définie de la façon suivante : deux mots sont synonymes si, et seulement si, ils ont la même signification; l'analyticité est définie comme suit : une affirmation est dite analytique si, et seulement si, elle est vraie soit en vertu de sa signification, soit par définition. A quelqu'un qui n'aurait aucune idée de la signification de ces mots et qui se poserait des questions à ce sujet, c'est exactement ce genre de définition que l'on donnerait. Bien entendu, pour des raisons pédagogiques, il faudrait y ajouter quelques exemples, afin que notre étudiant maîtrise les techniques d'utilisation de ces mots. Cependant, nous avons donné là un critère tout à fait limpide : pour savoir si deux mots sont synonymes, il faut se demander s'ils veulent dire la même chose. Pour savoir si une affirmation est analytique il faut se demander si elle est vraie par définition ou en vertu de sa signification.

Mais, objectera-t-on encore, ces définitions ne sont pas valables parce qu'elles reposent sur la notion de signification; or, la notion de signification, tout comme les notions de synonymie et d'analyticité, reste encore non définie, et toujours à définir. On voudrait pouvoir disposer d'un critère de nature tout à fait différente — extensionnel, formel ou behaviouriste —; un procédé quelconque, par exemple : l'application automatique d'un certain nombre d'opérations sur les phrases, ou l'observation du comportement des locuteurs, qui permettrait de décider si oui ou non, une affirmation est analytique. On ne peut se contenter d'une simple paraphrase qui utiliserait des notions tout aussi confuses que celles qu'on veut définir. Ce que l'on réclame, c'est un test objectif d'analyticité et de synonymie; et c'est en l'absence d'un tel test pour ces concepts qu'on les juge défectueux.

Au cours de ces dernières années, plusieurs tentatives ont été faites pour répondre à de telles objections. Je n'essaierai pas de le faire ici, mais je démontrerai que ces objections reposent sur certaines hypothèses générales injustifiées ayant trait aux relations qui existent entre notre compréhension d'une notion et notre capacité à fournir des critères d'un certain type, nécessaires à son application.

Posons, pour commencer, un critère qui réponde aux exigences formulées plus haut, et voyons exactement ce qui le rend inadéquat. Supposez que nous prenions pour définir l'analyticité le critère suivant : une affirmation est analytique si, et seulement si, le premier mot de la phrase utilisée pour cette affirmation commence par la lettre « *A* ». Ce critère possède toute l'objectivité formelle requise par les détracteurs de la notion d'analyticité; cependant, il est évidemment absurde, toutes les parties en cause dans cette discussion le reconnaîtraient. Mais pourquoi exactement est-il absurde ? Nous savons tous que ce critère est absurde parce que nous savons que la première lettre du premier mot d'une phrase utilisée à un moment donné pour poser une affirmation, n'a rien à voir avec l'analyticité de cette affirmation; si l'on exige que nous donnions d'autres raisons, nous pourrions fournir alors une infinité d'exemples d'affirmations analytiques qui ne commencent pas par la lettre « *A* », et une infinité d'exemples d'affirmations non analytiques qui, elles, commencent par la lettre « *A* ». Nous pourrions même poursuivre et mettre en évidence ce résultat absurde auquel fait aboutir le critère proposé : une même affirmation peut être à la fois analytique et non analytique lorsqu'elle se trouve présentée dans des phrases différentes (s'il s'agit de langues différentes par exemple). En définitive, il est clair que ce critère), de même qu'aucun des critères de type extensionnel proposés jusqu'à présent pour définir l'analyticité, ne pourra être accepté. Mais une question se pose à présent : si nous savons que le critère proposé est inadéquat et si nous sommes capables de justifier cette affirmation, d'où vient notre connaissance de ce fait ? Comment pouvons-nous même savoir si les arguments avancés ont un rapport quelconque avec ce problème ? Pour répondre à cette question, je voudrais poser et développer l'idée suivante : cette connaissance nous vient précisément du fait que nous savons ce que signifie le mot « analytique »; je dirais même que nous n'aurions pas cette connaissance si nous ignorions la signification de ce mot. Nous savons quelles sortes de considérations entrent en jeu lorsque nous décidons de qualifier une affirmation d'analytique ou de non analytique, et nous savons aussi que les lettres de l'alphabet ne font pas partie de ces considérations. Savoir que le critère d'analyticité est inadéquat suppose précisément que nous savons ce qu'est l'analyticité, et c'est même là une preuve que nous connaissons la signification de ce mot. Ne pas trouver de critères adéquats ne prouve en rien notre incompréhension du concept d'analyticité, mais bien au contraire, présuppose justement que nous comprenons bien ce concept. Nous ne pourrions pas envisager de poursuivre notre recherche si nous ne comprenions pas ce qu'est l'analyticité, car c'est uniquement cette compréhension qui nous a permis d'estimer la valeur des critères proposés.

Tout critère d'analyticité devra être jugé en fonction des résultats qu'il permet d'obtenir. Il devra par exemple fournir comme résultat les affirmations suivantes : « mon fils mange une pomme » n'est pas analytique, « les rectangles ont quatre côtés » est analytique. Toute personne pour qui ces termes sont familiers est capable d'ajouter une infinité d'exemples à cette liste; avoir cette capacité, c'est précisément avoir compris ce que signifie le terme « analytique », et toute recherche de critères formels visant à donner une explication à cette notion, présuppose cette capacité. J'ai choisi ces deux exemples : « les rectangles ont quatre côtés » et « mon fils mange une pomme », parce que je ne les ai jamais rencontrés sur une liste d'affirmations analytiques ou synthétiques. Je les ai choisis pour montrer que notre connaissance des conditions d'adéquation à appliquer aux critères d'analyticité est de nature *projective*. Le terme « analytique » ne désigne pas une classe fermée d'affirmations; il ne présente pas une liste, mais — et c'est là une caractéristique des termes généraux — il a la propriété de projection; c'est-à-dire que nous pouvons toujours l'appliquer à de nouveaux exemples [3].

---

3 Sur l'importance de cette propriété de projection, voir P. Grice et P. F. Strawson, « In defense of a dogma », *Philosophical Review* (avril 1965).

Ainsi, quel que soit le critère proposé, nous ne l'estimons pas d'après la simple possibilité qu'il donne de dresser une classification d'un certain nombre d'exemples rebattus du genre : « aucun célibataire n'est marié », mais d'après son pouvoir projectif dont on devra vérifier qu'il est égal à celui du terme « analytique ». Encore une fois, tout ceci présuppose une bonne compréhension du terme général « analytique ».

Certaines attaques menées contre les notions de synonymie et d'analyticité ont donc ceci de paradoxal que leur force varie en fonction des intentions de leurs auteurs, à supposer que ces notions soient comprises de façon adéquate. Je vais d'ailleurs préciser ce point. Attaquant la notion d'analyticité, Quine déclare : « je ne sais pas si l'affirmation : "tout ce qui est vert est étendu", est analytique ou non [4] ». L'exemple choisi ici est très révélateur, car Quine ne dit pas : « je ne sais pas si l'affirmation : "les oculistes sont des médecins pour les yeux" est analytique ou non », il ne dit pas non plus : « je ne sais pas si "il pleut" est analytique ou non ». En d'autres termes, l'exemple choisi est un cas limite. Et c'est un cas limite en ce sens, par exemple, que certaines personnes affirment qu'il existe des objets, en l'occurrence les données des sens, qui peuvent être verts, tout en refusant d'admettre que les données des sens puissent avoir une étendue dans l'espace. Or, l'effet que produit cet exemple vient précisément du fait qu'il s'agit d'un cas limite. Nous ne savons pas exactement à quelle classe il appartient : est-il analytique, ou non analytique [5] ? Cependant, notre embarras face à cet exemple, bien loin de prouver que nous n'avons pas une notion adéquate de l'analyticité, vient justement donner la preuve du contraire. Nous serions incapables d'identifier comme tels les cas limites d'un concept si auparavant nous n'avions pas bien saisi ce concept. En hésitant à appliquer le concept *vert* à un verre de Chartreuse, nous prouvons que nous maîtrisons ce concept de façon tout aussi certaine qu'en l'appliquant sans hésiter à une pelouse plantureuse, ou en refusant de l'appliquer à de la neige. Moi non plus, je ne suis pas certain qu'il faille considérer « tout ce qui est vert est étendu » comme analytique, et ceci montre (sans constituer une démonstration) que je comprends moi-même fort bien le concept d'analyticité.

---

4 W. Quine, *op. cit.* p. 32.

5 Il ne s'agit pas seulement du fait qu'il puisse ne pas être *vrai*, comme le montrent Grice et Strawson (*op. cit.* p. 153), mais plutôt que l'interprétation que l'on pourrait en donner n'est pas évidente.

Un auteur [6] a proposé pour la synonymie une analyse qui conduit au résultat suivant : deux mots ne peuvent jamais être exactement synonymes [7]. Par exemple, sous prétexte que l'expression « ... médecin des yeux qui ne soit pas oculiste » peut être présentée comme une description s'appliquant à un médecin des yeux, mais non à un oculiste, cet auteur veut en conclure que « l'extension secondaire » de « médecin des yeux » contient un élément qui ne se trouve pas dans celle d' « oculiste [8] ». Et puisque, pour toute paire de mots, on peut obtenir le même raisonnement, il en déduit que deux mots différents ne peuvent jamais avoir « tout à fait la même signification [9] ». Tirons maintenant les conséquences de ce genre d'argument : n'est-il pas évident que preuve est ici faite de ce que les faits relevés à propos des extensions secondaires n'ont tout simplement rien à voir avec la synonymie qui peut exister entre deux termes ? Toute recherche sur le critère de synonymie a pour point de départ, et ceci est obligatoire, des faits du type : « oculiste » signifie : médecin des yeux. Tout critère de type extensionnel choisi pour un concept comme celui de synonymie demanderait avant tout à être testé afin qu'on puisse vérifier s'il mène aux bons résultats, sinon son choix serait arbitraire et non justifié. Or, le critère proposé plus haut ne mène

---

6 N. Goodman, « On likeness of meaning », *Analysis* (octobre 1949). Une version revisée apparaît dans L. Linsky (éd.), *Semantics and the Philosophy of Language* (Urbana, 1952).

7 Il me semble que Quine et Goodman ont modifié leurs positions dans les travaux qui ont suivis les deux articles bien connus que j'ai cités ici; il est vraisemblable en tout cas, qu'actuellement, ils ne soutiendraient plus les *points de vues* qu'ils avaient développés dans ces deux articles. Ce qui m'intéresse ici, ce n'est pas le développement de la pensée de ces deux philosophes, pris individuellement, mais plutôt un certain schéma d'analyse philosophique dont les deux articles en question constituent un exemple probant souvent cité.

Mais il semble que, malheureusement, certaines des modifications apportées ne soient pas des améliorations. Quine propose pour ce qu'il appelle la « stimulus-analyticité », la définition suivante : « je dis qu'une phrase est stimulus-analytique pour un sujet, si, après tout stimulus (dans le module), il accepte toujours la phrase » (*Word and Object*, Cambridge, 1960, p. 55). S'il en est ainsi, il n'y aurait sans doute personne pour reconnaître qu'une phrase est « stimulus-analytique », car, si en guise de stimulus, on nous pointe un revolver entre les yeux avec la sommation suivante : « Refuse la phrase : Aucun célibataire n'est marié , ou je te fais sauter la cervelle », il faudrait vraiment être héroïque pour accepter la phrase. L'information sémantique ne représente qu'une seule des motivations qui nous font accepter ou refuser une phrase, et c'est la raison pour laquelle la disposition des sujets à donner leur accord ne constitue pas en soi une base valable pour définir des notions sémantiques.

8 Les deux termes pris comme exemple sont de mon invention, mais ils illustrent bien le propos de cet auteur.

9 Linsky (éd.), *op. cit.*, p. 74.

pas à des résultats corrects, il n'y aurait aucune raison a priori pour qu'il le fasse; c'est pourquoi il faut l'abandonner.

L'affirmation selon laquelle « oculiste » signifie « médecin des yeux », n'est pas une affirmation qui doive satisfaire à un critère de synonymie quel qu'il soit, que pourraient proposer les philosophes, mais en revanche, tout critère proposé pour la synonymie devra être compatible avec des faits comme : « médecin des yeux » est synonyme d' « oculiste ». Faire appel à la notion d'*exactitude* n'est ici d'aucun secours; car, comme Wittgenstein [10] l'a fait remarquer, l'exactitude dépend du but que l'on vise; le but étant ici l'utilisation de synonymes, « oculiste » est le synonyme exact de « médecin des yeux ». Mon fils, par exemple, sait ce qu'est un médecin des yeux, mais ignore la signification du mot « oculiste »; s'il me demande ce que veut dire « oculiste », je lui répondrai : « l'"oculiste", c'est le médecin des yeux ». Ne lui ai-je pas dit exactement ce qu'il voulait savoir?

Je pense pour ma part, que les notions d'analyticité et de synonymie ne sont pas d'une grande utilité en philosophie. Il y a trop de cas limites, et trop peu d'exemples qui soient clairs. Dans le cas de l'analyticité, sa dénotation comprend une trop grande variété de propositions, et trop de questions restent sans réponse (prenons les propositions relevant de l'arithmétique : leur ressemblance avec les exemples types de propositions analytiques suffit-elle vraiment à les classer parmi les propositions analytiques?) pour que cette notion soit autre chose qu'un outil bien faible pour l'analyse philosophique. Cependant, nous le répétons, reconnaître la faiblesse de ce concept et par la suite mettre en doute son utilité, cela suppose précisément qu'il a été compris, et que l'on a saisi la distinction entre propositions analytiques et propositions non-analytiques. En conclusion, cette forme d'argument qui consiste à prendre un concept que tout le monde utilise, dont l'applicabilité est l'objet d'un consensus général de type projectif, et à dire de ce concept qu'il est défectueux à certains égards, sous prétexte qu'on ne dispose pas d'un certain type de critère pour l'appliquer, cette forme d'argument donc, n'a jamais permis de prouver par elle-même que le concept était mal compris ou non valide. Tout au plus cela a-t-il montré qu'il ne sert à rien de chercher des critères du type de ceux que l'on a proposés.

Il semble que ces objections s'inspirent d'une idéologie implicite selon laquelle les explications de type non-extensionnel ne sont en aucun

10 Ludwig Wittgenstein, *Philosophical Investigations* (New York, 1953), paragraphe 88.

cas des explications, et tout concept non explicable en extension est défectueux. Je pense quant à moi, que cet argument tombe de lui-même, car on ne pourrait pas savoir qu'un critère extensionnel donné est inapplicable si l'on avait auparavant une notion quelconque de ce que représente la possibilité de son application. Mais si l'on sait ce que cela représente, alors, on a compris le concept en question.

Naturellement, je ne veux pas dire qu'il soit absolument impossible de montrer que l'emploi d'un concept est défectueux lorsqu'il est l'objet d'un consensus de type projectif. Imaginons par exemple, que les membres d'une tribu s'entendent pour distinguer les sorcières parmi les autres membres de la tribu; on pourrait toujours montrer que leurs arguments sont confus et non-empiriques à plusieurs égards. Mais comment faudrait-il s'y prendre exactement? Il faudrait chercher par exemple ce que cette tribu entend par « sorcières », et montrer ensuite que les tests employés effectivement pour identifier les sorcières — à savoir : être une vieille femme que certains informateurs accusent de sorcellerie — n'ont jamais prouvé que qui que se soit fût réellement une sorcière, c'est-à-dire en possession des divers pouvoirs surnaturels qu'implique la signification du mot « sorcière ».

Parallèlement, certains expliquent parfois qu'une proposition jugée analytique ne l'est pas réellement, ou bien que deux expressions que l'on pensait synonymes ne le sont pas en fait. Cependant, encore une fois, comment s'y prennent-ils exactement? Par exemple, lorsqu'un étudiant débutant en philosophie déclare : « *X* est bon » signifie « J'aime *X* », pour lui montrer qu'il s'est trompé, on présente des exemples d'objets qu'on peut aimer mais dont on ne dirait pas qu'ils sont bons; on peut aussi montrer que certaines expressions possèdent un sens qu'elles ne pourraient pas avoir si « *X* est bon » signifiait uniquement « J'aime *X* », comme c'est le cas dans : « j'aime bien cela, mais est-ce que c'est vraiment bon? » J'examinerai dans la section suivante les raisonnements sur lesquels s'appuie ce genre d'argumentation.

Si le français est ma langue naturelle, je sais qu' « oculiste » et « médecin des yeux » sont exactement synonymes, je sais que le mot « bande » a (au moins) deux significations, que « chat » est un nom, qu' « oxygène » n'est pas ambigu, que la phrase : « Shakespeare fut meilleur comme dramaturge que comme poète » a un sens, que « les slictueux toves gyraient * » est un non-

* N.D.T. « The slithy toves did gyre ». Traduction d'Henri Parisot.

sens, que « le chien mange sa soupe » est une phrase, etc. Et cependant, je n'ai aucun critère opératoire pour définir la synonymie, l'ambiguïté, le nom, le sens ou la phrase. Je dirais même que, quel que soit le critère adopté pour l'un ou l'autre de ces concepts il doit être conforme à mes connaissances, à nos connaissances, sinon il est inadéquat et doit être abandonné. Le point de départ de cette étude sur le langage est indépendant de la capacité qu'on peut avoir à fournir, pour cette connaissance, un critère du type désiré.

Toute référence à un critère présuppose que le critère est adéquat, ce qui ne peut être établi qu'en vérifiant s'il s'applique à ce genre d'exemple. Le problème n'est pas qu'il soit impossible de justifier les affirmations posées à propos des caractérisations linguistiques en l'absence des types de critères que l'on recherche, mais plutôt, qu'il est impossible de justifier un critère sans tenir compte des connaissances préalables exprimées par les caractérisations linguistiques.

Ces remarques ne visent naturellement pas à sous-estimer cette entreprise que constitue la recherche de critères. Il est bien évident que, menée correctement, cette recherche est en fait une tentative d'explication des concepts, et cela, à mon avis, est l'une des tâches principales de la philosophie. Je veux seulement dire ici que, lorsque certains modèles, choisis pour fournir une explication, ne permettent pas de rendre compte de certains concepts, ce sont les modèles qui doivent tomber, et non les concepts.

1.3 LA « VÉRIFICATION » DES CARACTÉRISATIONS LINGUISTIQUES

Ce que j'ai dit précédemment soulève la question posée plus haut : comment se fait-il que je sache ce que j'affirme savoir à propos du langage ? A supposer même que je n'aie pas besoin d'étayer mesintuition s en faisant appel à certains types de critères, néanmoins, s'il faut démontrer leur validité, ne devrais-je pas leur donner un fondement quelconque ? Quelle sorte d'explication, quelles justifications, quelles raisons d'être pourrais-je donner aux affirmations selon lesquelles : telle suite de mots forme une phrase, « oculiste » signifie « médecin des yeux », ou bien, il est analytiquement vrai que les femmes sont de sexe féminin ? Bref, comment s'y prendre pour vérifier de telles affirmations ? Ces questions prennent une importance toute particulière si l'on considère qu'elles renvoient à la question sous-jacente suivante : « Toute connaissance de ce type ne doit-elle pas, si elle est vraiment valide, être fondée sur une étude empirique du comportement linguistique humain ? Comment parvenir à cette connaissance sans avoir mené une étude statistique réellement exhaustive du comportement linguistique des sujets parlants et découvert par là la manière dont ils se servent effectivement des mots ? En l'attente d'une telle étude, toutes ces discussions ne sont-elles pas pure et simple spéculation préscientifique ?

Pour fournir un premier élément de réponse à ces mises en demeure, je voudrais proposer et développer le point suivant : parler une langue, c'est adopter une forme de comportement régie par des règles, et ces règles sont d'une grande complexité. Apprendre une langue, et en acquérir la maîtrise, c'est — entre autres choses — apprendre ses règles et les maîtriser. Ceci est un point de vue familier à la philosophie et à la linguistique, mais on ne sait pas toujours en tirer les conséquences. En ce qui concerne la présente discussion, la conséquence qui en découle, c'est que lorsque moi, sujet parlant ma langue maternelle, je pose les caractérisations linguistiques données plus haut en exemple, je ne réfère pas au comportement d'un groupe, mais je décris, sous certains aspects, cette faculté régie par des règles, dont j'ai acquis la maîtrise. De plus — ce point est important également —, puisque les caractérisations linguistiques à condition qu'elles soient posées à l'intérieur de la même langue que les éléments caractérisés, sont elles-mêmes des expressions qui obéissent aux règles, alors ces caractérisations sont des manifestations de cette maîtrise [11].

En considérant les éléments linguistiques, je peux proposer des caractérisations linguistiques qui ne se rapportent pas à des expressions particulières, mais qui ont un caractère général du fait que les éléments sont régis par des lois.

La « justification que je donne de mes intuitions linguistiques, exprimées comme elles le sont dans mes caractérisations linguistiques, est simplement celle-ci : en tant que sujet parlant comme langue maternelle un certain dialecte français j'ai maîtrisé les règles de ce dialecte. Cette maîtrise est partiellement décrite par des caractérisations linguistiques que je donne pour les éléments de ce dialecte et elle se manifeste dans ces caractérisations.

---

11 Il existe, naturellement, d'autres types de caractérisations pour lesquelles cette description ne tient pas ; par exemple : « l'Américain prononce en moyenne 2 432 mots par jour ». Ceci est une généralisation empirique qui concerne le comportement linguistique d'un groupe. Je ne m'occuperai pas ici de ces types de caractérisations linguistiques.

La seule réponse que je puisse faire à la question « comment le savez-vous ? » (que la phrase « les femmes sont de sexe féminin » est analytique, par exemple) sera de donner d'autres caractérisations linguistiques (« femme » signifie : personne adulte de sexe féminin) ou bien, alors, poussé entièrement hors des possibilités de caractérisations linguistiques par ces comment-le-savez-vous insistants, je répondrai « je parle français ».

Il est possible (c'est-à-dire : ce n'est pas contradictoire) que d'autres membres de ce que je suppose être mon groupe dialectal, aient intériorisé des règles différentes, et donc, que mes caractérisations linguistiques ne correspondent pas aux leurs. Mais il n'est pas possible que mes caractérisations linguistiques, qui sont faites sur mon propre parler et qui appartiennent au type donné comme exemple plus haut, soient de fausses généralisations statistiques qui seraient établies à partir de données empiriques insuffisantes, pour la bonne raison qu'il ne s'agit absolument pas de généralisations statistiques, ni d'autres types de généralisations empiriques. Que mon dialecte corresponde au dialecte d'un groupe donné, c'est bien là une hypothèse empirique (la « preuve » en est donnée par l'expérience de toute une vie), mais le fait que, dans mon dialecte, « oculiste » signifie médecin des yeux, est une vérité qui ne peut être réfutée par des arguments se référant au comportement d'autres personnes (pourtant, si je m'aperçois que mes règles ne correspondent pas à celles des autres, je modifierai les miennes en conséquence). La suite de l'exposé va d'ailleurs permettre cette possibilité que j'ai de connaître et de spécifier les faits auxquels se rapportent les caractérisations linguistiques du type que nous avons considéré, et ceci, sans tenir compte des paradigmes orthodoxes de vérification empirique. Savoir parler une langue implique la maîtrise d'un système de règles, et c'est cela qui me permet d'utiliser les éléments de cette langue de façon régulière et systématique. En réfléchissant sur l'emploi que je fais des éléments de la langue, je peux arriver à connaître les faits auxquels se rapportent les caractérisations linguistiques. Et ces caractérisations peuvent avoir une généralité qui aille bien au-delà de tel ou tel emploi particulier des éléments en question, même si les caractérisations ne sont pas fondées sur un échantillonnage diversifié ou même statistiquement révélateur des occurrences de ces éléments, car ce sont les règles qui garantissent leur généralité.

Je propose l'analogie suivante : je sais qu'au baseball, si le batteur a bien envoyé la balle, il court en direction de la première base, et non pas, par exemple, vers la troisième, ou vers une tribune. Quelle sorte de connaissance entre en jeu ici ? Sur quoi est-elle fondée ? Comment ai-je pu l'acquérir?

Il s'agit ici d'une question d'ordre général qui ne porte donc pas sur telle ou telle instance particulière de comportement d'un batteur. Je n'ai jamais fait d'études de ce type de comportement, je n'ai même pas lu de livre sur ce sujet. Bien plus, je sais que, si un tel livre — même s'il exposait les règles du jeu — me contredisait d'une quelconque façon, ou bien il se tromperait, ou bien il s'agirait de la description d'un autre jeu, ou n'importe quoi d'autre. Ce que je sais est fondé sur ma connaissance du jeu de base-ball; et avoir cette connaissance c'est, entre autre, avoir intériorisé un ensemble de règles. Je veux suggérer par là que ma connaissance des caractérisations linguistiques est du même ordre.

Si ce point est juste, alors la réponse à la question du philosophe «Que dirions-nous si... ? » n'est pas une prédiction concernant un comportement verbal futur, mais seulement l'affirmation d'une intention, affirmation posée comme hypothèse à l'intérieur d'un système de règles où la maîtrise de ces règles dicte la réponse (à condition, bien entendu, qu'à la fois les règles et la question soient assez déterminées pour dicter une réponse, conditions qui ne sont pas toujours satisfaites, il s'en faut de beaucoup).

A cet égard, les caractérisations linguistiques n'ont aucun caractère d'infaillibilité; c'est un fait bien connu que les intuitions des sujets parlants sont sujettes à erreurs. Il n'est pas toujours facile d'apprécier les facultés de quelqu'un, et le fait que, dans le cas présent, l'une de ces facultés se trouve impliquée dans l'attribution des caractérisations, ne simplifie en rien les problèmes [12]. Il y a également la difficulté d'ordre général que l'on éprouve à formuler de façon correcte une connaissance encore non formulée, et indépendante de toute formulation; difficulté à passer du *savoir faire* (quelque chose) au *savoir que*... Nous savons bien en un sens (qui est essentiel), ce que signifient « faire que », « avoir l'intention de », « signifier », mais il n'est pas facile d'établir de façon exacte le contenu de cette signification. Les erreurs que nous faisions, et celles que je ferai sûrement au cours de ce travail à propos des caractérisations linguistiques sont dues en particulier au nombre insuffisant d'exemples pris en considération, ou bien à une mauvaise description des exemples choisis, sans parler de la négligence, ou de l'insuffisance et de la grossièreté de la perception; mais, encore une fois, ces erreurs ne seront jamais dues à une généralisation trop hâtive, faite à partir de données empiriques insuffisantes sur le comportement

12 Noam Chomsky, dans un contexte légèrement différent, fait une remarque du même ordre dans *Aspects of the Theory of Syntax* (Cambridge, 1965), pp. 21-4.

linguistique de certains groupes, car il n'y aura ni généralisation, ni données de ce type.

Il nous est nécessaire de faire une distinction entre : (*a*) parler, (*b*) parler pour caractériser, (*c*) parler pour expliquer — c'est la différence qui existe par exemple entre : (*a*) « c'est une pomme », (*b*) « pomme » est un nom, et (*c*) « l'article s'accorde en genre et en nombre avec le nom qu'il précède ». (*b*) est une caractérisation linguistique, et (*c*) une explication. Jusqu'ici j'ai constamment insisté sur le fait que la capacité à produire (*a*) est justement ce qui constitue le fondement et surtout l'explication du fait que nous puissions connaître certaines affirmations de type (*b*). Ce sont les données de type (*a*), mentionnées dans des affirmations de type (*b*) qui se trouvent expliquées par des explications de type (*c*). Les querelles philosophiques à propos des affirmations (*b*) m'ont incité à engager cette discussion sur le problème de leur statut épistémologique. En revanche, les affirmations de type (*c*) n'ont pas soulevé cette vague de protestations, je n'en parlerai donc pas, je dirai seulement qu'elles sont soumises aux contraintes habituelles (formulées de façon imprécise, et difficiles à expliquer) qui régissent toute explication, que ce soit dans les sciences exactes ou ailleurs. Comme toutes les bonnes explications, elles doivent rendre compte des données, elles doivent être compatibles avec des données autres, et posséder d'autres caractéristiques aussi peu définies que le sont la simplicité, la généralité et la testabilité.

Ainsi, en cette ère de méthodologies suprêmement élaborées, la méthodologie dans ce livre apparaîtra d'une naïve simplicité : je parle une langue, et je cherche à caractériser et expliquer de certaines façons l'emploi que je fais des éléments de cette langue. L'hypothèse sur laquelle je me fonde est que mon emploi des éléments linguistiques est régi par certaines règles. Je proposerai donc des caractérisations linguistiques et j'expliquerai ensuite les données auxquelles s'appliquent ces caractérisations en donnant une formulation aux règles sous-jacentes.

Cette méthode, je l'ai constamment mise en évidence, repose pour une grande part sur l'intuition du sujet parlant. Mais tout ce que j'ai pu lire en philosophie du langage, même les travaux des auteurs les plus behaviouristes et les plus empiristes, s'appuient également sur cette intuition. A vrai dire, on voit mal comment il pourrait en être autrement, car si l'on exige que je justifie mon intuition qui me dit que « célibataire » signifie « personne qui n'est pas mariée », — à supposer que cela soit cohérent —, alors, il faudrait exiger également que je justifie cette autre intuition qui me fait dire qu'une occurrence donnée du mot « célibataire » a la même signification qu'une autre occurrence de ce mot. Il est effectivement possible de justifier ces intuitions, mais on retombe immanquablement sur d'autres intuitions.

1.4 POURQUOI ÉTUDIER LES ACTES DE LANGAGE?

Dans la section précédente, j'ai émis l'hypothèse selon laquelle parler une langue c'est adopter une forme de comportement régie par des règles. Je n'ai pas essayé de prouver cette hypothèse, ou plutôt, j'en ai proposé une preuve en expliquant qu'il est possible de posséder ce type de connaissance auquel renvoient les caractérisations linguistiques données plus haut comme exemple. En un sens, tout ce livre pourrait s'interprêter comme une tentative visant à explorer, à extirper quelques-unes des conséquences qu'implique cette hypothèse, pour pouvoir ensuite la tester. Cette procédure n'a rien de circulaire, car je me sers de l'hypothèse du langage compris comme comportement intentionnel régi par des règles, dans le but d'expliquer la possibilité des caractérisations linguistiques, et non de fournir une preuve pour celles-ci. Cette hypothèse sera de la forme suivante : premièrement, parler une langue, c'est réaliser des actes de langage, des actes comme : poser des affirmations, donner des ordres, poser des questions, faire des promesses, et ainsi de suite, et, dans un domaine plus abstrait, des actes comme : référer, prédiquer; deuxièmement : ces actes sont en général rendus possibles par l'évidence de certaines règles régissant l'emploi des éléments linguistiques, et c'est conformément à ces règles qu'ils se réalisent.

La raison pour laquelle cette étude est centrée sur les actes de langage est tout simplement la suivante : toute communication de nature linguistique implique des actes de nature linguistique. L'unité de communication linguistique n'est pas — comme on le suppose généralement — le symbole, le mot ou la phrase ni même une occurrence de symbole, de mot ou de phrase, mais bien la production ou l'émission du symbole, du mot, ou de la phrase au moment où se réalise l'acte de langage. Considérer l'occurrence comme étant un message, c'est la considérer comme occurrence produite ou émise. Plus précisément la production ou l'émission d'une occurrence de phrase dans certaines conditions, est un acte de langage, et les actes de langage (certains d'entre eux vont être étudiés plus loin) sont les unités minimales de base de la communication linguistique. Pour comprendre ce point de vue, on pourra se demander quelle différence il y a entre considérer un objet comme un exemple de communication linguistique et ne pas le considérer sous cet angle? Car cette différence est décisive : lorsque je considère qu'un bruit ou une inscription sur une feuille de papier constitue, en tant que message, un exemple de communication linguistique, je dois admettre, entre autres choses, que ce bruit ou cette inscription ont été produits par un être ou par des êtres qui me ressemblent plus ou moins, et produits avec certaines intentions. Si je considère le bruit ou l'inscription comme un phénomène naturel, comme l'est le vent dans les arbres ou une tache sur le papier, je l'exclus de la classe des communications linguistiques, même si le bruit ou l'inscription ne peuvent se distinguer de mots parlés ou écrits. Bien plus, il me faut admettre non seulement que le bruit ou l'inscription sont le produit d'un comportement intentionnel mais que ces intentions sont d'une nature tout à fait spéciale, particulière aux actes de langage. Il serait très possible par exemple, de communiquer en disposant les meubles d'une pièce de certaines façons. La réaction que l'on pourrait avoir devant l'un de ces arrangements serait, à supposer qu'on le « comprenne », de nature tout à fait différente de la réaction que j'ai devant la disposition des meubles dans la pièce où je me trouve, par exemple et cela, même si dans l'un et l'autre cas il m'est toujours possible d'interprêter la disposition des meubles comme résultat d'un comportement intentionnel. Certains types d'intentions seulement s'appliquent de façon adéquate au comportement que j'appelle acte de langage. (Ces intentions seront étudiées au chapitre 2.)

On pourrait reprocher à cette approche de n'envisager que le point d'insertion d'une théorie du langage et d'une théorie de l'action. Je répondrais à cela que, si ma conception du langage est juste, une théorie du langage fait partie d'une théorie de l'action, tout simplement parce que parler est une forme de comportement régi par des règles. S'il est régi par des règles il possède donc des traits formels susceptibles d'une étude indépendante. Cependant se contenter d'étudier ces traits formels sans tenir compte de leur rôle dans les actes de langage, équivaudrait à étudier d'un point de vue formel la monnaie et les systèmes de crédits dans l'économie de divers pays sans tenir compte du rôle qu'ils jouent dans les transactions économiques. On peut dire bien des choses sur le langage sans parler des actes de langage, mais toute théorie purement formelle de ce genre est forcément incomplète. Cela reviendrait à étudier le baseball comme système formel de règles, et non pas en tant que jeu.

On pourrait encore croire que mon point de vue représente simplement, au sens que Saussure a donné à ces termes, une étude de la « parole » plutôt que de la « langue ». Je prétends cependant, qu'une étude appropriée des actes de langage est une étude de la *langue*. Et ceci est vrai, pour une raison importante qui va au-delà de la thèse selon laquelle la communication implique nécessairement les actes de langage. Je considère comme analytiquement vraie la proposition suivante sur le langage : tout ce que l'on peut vouloir signifier, peut être dit. Il se peut qu'une langue ne dispose pas d'une syntaxe ou d'un vocabulaire assez riche pour me permettre de dire tout ce que j'ai l'intention de signifier dans cette langue, mais en principe, rien ne m'empêchera de compléter cette langue insuffisante ou d'en trouver une plus riche, qui me permette de dire ce que je désire signifier.

On ne pourra donc pas considérer qu'il existe deux sortes d'études sémantiques distinctes et irréductibles l'une à l'autre, l'une qui étudierait les phrases et leurs significations, l'autre qui aurait pour objet la production des actes de langage. Car, si la notion que nous avons de la signification d'une phrase implique que la simple énonciation de cette phrase, avec cette signification précise dans de telle situation, constitue l'accomplissement d'un acte de langage particulier, de la même façon, la notion d'acte de langage impliquera également pour nous qu'il existe une phrase possible (ou plusieurs) dont l'énonciation dans une certaine situation, constitue, en vertu de sa signification, une réalisation de cet acte de langage particulier.

L'acte de langage, ou les actes de langage réalisés dans l'énonciation d'une phrase, sont fonction de la signification de la phrase en question. La signification d'une phrase ne permet pas de déterminer dans tous les cas de façon univoque, quel est l'acte de langage réalisé dans l'énonciation de cette phrase particulière, car un locuteur peut vouloir dire plus qu'il ne dit effectivement; cependant, il lui est toujours possible, en principe, de dire exactement ce qu'il a l'intention de signifier.

Tout acte de langage, réalisé ou réalisable, peut donc, en principe, être déterminé de façon univoque à partir d'une phrase donnée, ou d'un ensemble de phrases si l'on admet que le locuteur ne veut pas dire autre chose que ce qu'il dit, et que la situation s'y prête. Et c'est en cela qu'une étude de la signification des phrases, ne se distingue pas en principe d'une étude des actes de langage. Si l'on a bien compris ces notions, elles ne forment plus qu'une seule et même étude. Puisque toute phrase douée de sens peut, de par sa signification même, être utilisée pour effectuer un ou une série d'actes de langage particuliers, et puisque tout acte de langage réalisable peut en principe recevoir une formulation exacte à l'intérieur d'une ou plusieurs phrases (en admettant que la situation le permette), il s'en suit que l'étude de la signification des phrases et l'étude des actes de langage ne forment pas deux domaines indépendants, mais seulement un seul, vu sous deux aspects différents.

On peut distinguer au moins deux tendances dans les travaux contemporains de philosophie du langage — l'une est centrée sur l'emploi des expressions à l'intérieur de situations de discours, et l'autre, sur la signification des phrases — les tenants de chacune de ces deux tendances semblent penser que les deux approches sont irréductibles l'une à l'autre, et ce point de vue se trouve quelque peu renforcé par le fait que les deux tendances ont été associées au cours de l'histoire à des positions incompatibles en ce qui concerne la signification. C'est ainsi que Wittgenstein, par exemple, dans ses premiers travaux, qui relèvent de la seconde tendance, soutient un point de vue qu'il rejettera dans ses travaux ultérieurs qui, eux, appartiennent à la première tendance. Cependant, bien qu'historiquement de vifs désaccords aient séparé les tenants de ces deux approches, il est important de se rendre compte que ces deux tendances, conçues non pas en tant que théories, mais en tant qu'orientations données à une recherche, sont complémentaires et non concurrentes. La seconde tendance pose la question-type suivante : « comment la signification des différents éléments d'une phrase détermine-t-elle la signification de la phrase entière [13] ?

Celle que pose la première tendance est celle-ci : « Quels sont les différents types d'actes de langage réalisés par les locuteurs lorsqu'ils parlent ? [14] » Il est nécessaire, pour qu'une philosophie du langage soit complète, que ces deux questions reçoivent une réponse; de plus — et ceci est capital — les deux questions sont nécessairement liées. Elles sont liées parce qu'à tout acte de langage possible correspond une phrase ou un ensemble de phrases possibles dont l'énonciation littérale à l'intérieur d'une situation particulière constitue l'accomplissement d'un acte de langage.

1.5 LE « PRINCIPE D'EXPRIMABILITÉ »

Le principe selon lequel tout ce que l'on peut vouloir signifier peut être dit, et que j'appellerai « principe d'exprimabilité », est un principe important

13 Cf. J. Katz, *The Philosophy of Language*, (New York, 1966).
14 Cf. J. L. Austin, *How to Do Things with Words*, (Oxford, 1962).

pour la suite de cet ouvrage. Je l'expose ici brièvement, en particulier parce qu'il est possible d'en donner une fausse interprétation, ce qui le rendrait lui-même faux.

Il nous arrive bien souvent de vouloir en dire plus que nous ne disons effectivement. Si l'on me demande « Est-ce que vous allez au cinéma ce soir ? », je peux répondre « oui », mais il est bien évident, d'après le contexte que ce que je veux signifier, c'est bien : « oui, je vais au cinéma ce soir », et non pas « oui, il fait beau », ou « oui l'important c'est la rose ». De la même façon, je pourrais dire « je viendrai », entendant donner par là une promesse que je viendrai, comme cela serait le cas dans la phrase : « je promets de venir » où j'exprime littéralement ce que je veux signifier. Dans des exemples de ce genre, même si je ne dis pas exactement tout ce que j'entends signifier, il reste que j'ai toujours la possibilité de le faire; et si jamais mon interlocuteur risque de ne pas me comprendre, je peux toujours me servir de cette possibilité. Mais il arrive bien souvent que je sois incapable d'exprimer exactement ce que j'entends signifier, quand bien même je le voudrais, et cela, soit parce que je ne maîtrise pas assez la langue dans laquelle je m'exprime (si je parle en espagnol par exemple), soit, au pire, que la langue que j'utilise n'a pas les mots ou les tournures qui me seraient nécessaires. Cependant, même si je me trouve dans l'un ou l'autre de ces deux cas, c'est-à-dire, dans l'impossibilité de fait de dire exactement ce que je veux signifier, je peux toujours, en principe, surmonter cette impossibilité. Je peux, en principe donc sinon en fait, améliorer ma connaissance de la langue ou bien, procédé plus radical, si, quelle que soit la langue utilisée, elle est inadéquate pour l'usage que je veux en faire ou simplement ne dispose pas des moyens qui me seraient nécessaires, je peux, toujours en principe, enrichir cette langue en y introduisant de nouveaux termes ou de nouvelles tournures. Toute langue dispose d'un ensemble fini de mots et de constructions syntaxiques au moyen desquels nous pouvons nous exprimer, mais si une langue donnée, ou même toute langue quelle qu'elle soit, oppose à l'exprimable une limite supérieure, s'il y a des pensées qu'elle ne permet pas d'exprimer, c'est là un fait contingent, et non une vérité nécessaire.

Nous pourrions formuler ce principe de la façon suivante : pour toute signification *X*, et pour tout locuteur *L*, chaque fois que *L* veut signifier (a l'intention de transmettre, désire communiquer, etc.) *X*, alors il est possible qu'il existe une expression *E*, telle que *E* soit l'expression exacte ou la formulation exacte de *X*. Ceci peut être représenté de la façon suivante : $(L)\,(X)\,(L \text{ veut signifier} \rightarrow X\,P\,\exists\,E)\,(E \text{ est l'expression exacte de } X$[15]).

Deux erreurs d'interprétation de ce principe sont possibles, et pour les éviter il faut insister sur le fait que le principe d'exprimabilité n'implique aucunement qu'il soit toujours possible de trouver ou d'inventer une expression dont la forme produira sur les interlocuteurs tous les effets recherchés. Tels sont, par exemple, les effets littéraires ou poétiques, les émotions, les croyances, etc. Il faut savoir distinguer ce qu'un locuteur a l'intention de signifier de certains types d'effets qu'il cherche à produire sur ses auditeurs. Ce point sera développé au chapitre 2. D'autre part, le principe d'exprimabilité n'implique pas non plus que tout ce qui peut être dit puisse être compris par d'autres; car cela excluerait la possibilité d'avoir un langage à soi, un langage qui soit logiquement incompréhensible pour tout autre que celui qui le parle. Il se peut fort bien que l'existence de tels langages soit impossible d'un point de vue logique, cependant je ne me hasarderai pas à trancher la question au cours de la présente recherche.

Le principe d'exprimabilité a de multiples conséquences et présente un grand nombre de ramifications. Ainsi, par exemple (voir chapitre 4), il nous permettra de rendre compte de caractéristiques importantes de la théorie du sens et de la référence exposée par Frege. Il a pour conséquence que, d'un point de vue théorique, il n'est pas essentiel pour la communication linguistique d'envisager les cas où le locuteur ne dit pas exactement ce qu'il veut signifier. Parmi ces cas, les principaux sont : les sous-entendus, les imprécisions, les ambiguïtés, et les expressions incomplètes. Mais la conséquence la plus importante pour l'objet dont nous traitons ici, sera que ce principe nous permet de poser comme équivalentes les règles qui portent sur la réalisation des actes de langage, et les règles qui portent sur l'énonciation de certains éléments linguistiques. Cette équivalence peut être posée puisque, pour tout acte de langage possible, il existe un élément linguistique possible, dont la signification suffit (les conditions de production étant définies) à établir que le simple énoncé de cet élément, sous sa forme littérale constitue une réalisation de cet acte de langage. Pour étudier les actes de langage que sont les promesses que l'on fait ou les excuses que l'on présente, il nous suffira d'étudier les phrases dont l'énoncé correct

15 Cette formulation implique un emploi explicite des quantificateurs en contexte modal; mais puisque dans tous les cas l'entité quantifiée est définie de façon « intensionnelle », la présence d'un contexte modal ne semble pas devoir poser de problème spécial.

sous la forme littérale représente ce qu'est faire une promesse ou présenter des excuses.

Associée au principe d'exprimabilité, l'hypothèse selon laquelle l'acte de langage est l'unité de base de la communication suggère qu'il existe une série de connexions analytiques entre la notion d'acte de langage, ce que le locuteur veut signifier, ce que la phrase (ou tout autre élément linguistique) énoncée signifie, les intentions du locuteur, ce que l'auditeur comprend, et la nature des règles auxquelles obéissent les éléments linguistiques. Les quatre chapitres suivants ont pour but l'étude de quelques-unes de ces connexions.

2 Expressions, signification et actes de langage

L'hypothèse sur laquelle repose cette étude est donc que parler une langue, c'est adopter une forme de comportement régi par des règles. Disons plus brièvement que parler c'est accomplir des actes selon les règles. Afin d'étayer cette hypothèse et d'expliquer ce qu'est le langage, je vais poser certaines de ces règles auxquelles nous obéissons lorsque nous parlons. La procédure que je suivrai consistera à poser un ensemble de conditions nécessaires et suffisantes à la réalisation de certains types particuliers d'actes de langage; à partir de ces conditions, je déduirai ensuite des ensembles de règles sémantiques gouvernant l'emploi des procédés linguistiques qui caractérisent l'appartenance des énoncés à tel ou tel type d'acte de langage. Le travail que cela représente est passablement plus important qu'il n'apparaît sans doute au premier abord; le présent chapitre sera consacré à préparer le terrain pour ce travail, ce qui lui permettra d'introduire certaines distinctions à faire entre *différents types d'actes de langage* et d'examiner les notions de *proposition*, de *règle*, de *signification* et de *faits*.

2.1 EXPRESSIONS ET DIFFÉRENTS TYPES D'ACTES DE LANGAGE

A cette première étape de notre recherche, commençons par poser quelques distinctions qui nous viennent tout naturellement à l'esprit dès que nous nous mettons à évoquer des situations de langage élémentaires (la simplicité des phrases données en exemple n'enlève rien à la généralité des distinctions que nous essayons de poser). Imaginez un locuteur et un auditeur, et supposez que le locuteur énonce, dans les circonstances appropriées, les phrases suivantes :

1. Jean fume beaucoup.
2. Jean fume-t-il beaucoup ?
3. Fume beaucoup, Jean !
4. Plût au ciel que Jean fumât beaucoup !

Et maintenant, cherchons à savoir comment nous pourrions caractériser ou décrire l'énonciation de ces phrases par le locuteur; comment décrirons-nous ce que fait le locuteur lorsqu'il énonce l'une d'entre elles ?

Une chose saute aux yeux, c'est que, quelque soit le locuteur, on pourra toujours dire qu'il a énoncé là une phrase formée de mots appartenant à la langue française. Mais il est clair que ceci ne constitue qu'une amorce de description, car, lorsqu'il prononce l'une de ces phrases, le locuteur n'aligne pas simplement des mots, il dit effectivement quelque chose. Un locuteur, en énonçant 1, fait (ce que les philosophes appellent) une assertion; dans 2, il pose une question; pour 3, il donne un ordre; dans 4, il exprime (sous une forme un peu archaïque) un souhait ou un désir. Et en effectuant chacun de ces quatre actes, le locuteur accomplit certains autres actes qui sont communs aux premiers : lorsque le locuteur énonce l'une de ces phrases il *réfère à* un certain objet qui est Jean (il le mentionne ou le désigne), et il prédique à propos de cet objet auquel il réfère, l'expression « fume beaucoup » (ou l'une de ses formes fléchies). Nous dirons donc que l'énoncé des quatre phrases données comporte la même référence et la même prédication, bien que dans chaque cas, cette même référence et cette même prédication se présentent comme faisant partie d'un acte de langage complet, différent des trois autres. Ainsi, nous isolons les notions de référence et de prédication de celles qui renvoient à des actes de langage complets tels que l'assertion, la question, l'ordre, etc., et la justification de cette séparation repose sur le fait que la même référence et la même prédication peuvent se trouver réalisées dans des actes de langage complets différents. Austin a baptisé ces actes de langage complets du nom d' « actes illocutionnaires », et c'est ce terme que j'utiliserai désormais [1].

Voici quelques-uns des verbes désignant des actes illocutionnaires : « affirmer », « décrire », « asserter », « avertir », « remarquer », « commenter »,

1 J. L. Austin, *How to Do Things with Words* (Oxford, 1962). Ce n'est pas sans appréhension que j'adopte l'expression « acte illocutionnaire », étant donné que je refuse la distinction faite par Austin entre les actes *locutionnaires* et les actes *illocutionnaires*. Cf. J. R. Searle : « Austin on Locutionary and Illocutionary Acts » *Philosophical Review*, vol. LXXVII, octobre 1968, pp. 405-424.

« commander », « ordonner », « demander », « critiquer », « présenter des excuses », « blâmer », « approuver », « souhaiter la bienvenue », « promettre », «reprocher », « exiger » et « alléguer ». Austin a affirmé qu'il y avait plus d'un millier d'expressions de ce type en anglais.

Le premier résultat de nos réflexions préliminaires est donc que, lorsqu'un locuteur énonce l'une quelconque des quatre phrases données en exemple, il accomplit effectivement au moins trois types d'actes distincts :

(*a*) énoncer des mots (morphèmes, phrases); (*b*) référer et prédiquer; (*c*) affirmer, poser une question, donner un ordre, promettre, etc.

Donnons un nom à ces différents actes, sous le titre général d'actes de langage :

(*a*) énoncer des mots (morphèmes, phrases) = effectuer des *actes d'énonciation ;*
(*b*) référer et prédiquer = effectuer des *actes propositionnels ;*
(*c*) affirmer, poser une question, ordonner promettre, etc. = effectuer des *actes illocutionnaires* [2].

Naturellement, je ne veux pas dire que ces actes sont des actes indépendants, que les locuteurs exécutent, comme par hasard, simultanément, de la même façon qu'on pourrait simultanément fumer, lire, et se gratter la tête; mais je dis que lorsqu'on accomplit un acte illocutionnaire, on accomplit par le fait même des actes propositionnels et des actes d'énonciation. Il ne faudrait pas non plus déduire de ceci que les actes d'énonciation et les actes propositionnels sont aux actes illocutionnaires ce qu'acheter un billet et monter dans un train sont au fait de partir faire un voyage en train. Il ne s'agit pas de moyens servant à une fin. Je dirais plutôt que les actes d'énonciation sont aux actes propositionnels et illocutionnaires ce que, par exemple, écrire un « X » sur un bulletin de vote est au fait de voter.

Isoler chacun de ces types d'actes pose un problème dû au fait que les 'critères d'identité' varient pour chaque cas envisagé. Nous avons déjà vu que le même acte propositionnel peut apparaître dans différents actes illocutionnaires, et il va de soi que l'on peut effectuer un acte d'énonciation sans qu'il y ait pour cela accomplissement d'un acte propositionnel ou d'un acte illocutionnaire. (On peut toujours aligner des mots, et ne rien dire pour autant.) De même, si nous considérons l'énonciation d'une phrase comme :

2 Austin, *op. cit.*, p. 149.

5. Monsieur Samuel Martin est un grand fumeur,

nous pouvons dire avec raison qu'un locuteur, en prononçant cette phrase dans certaines situations, exécute le même acte propositionnel que dans 1-4 (référence et prédication étant identiques), le même acte illocutionnaire qu'en 1 (la même affirmation ou la même assertion étant posée), mais l'acte, d'énonciation serait différent des quatre premiers, car il s'agit ici d'une phrase différente, qui ne contient aucun des mots et seulement quelques-uns des morphèmes des autres phrases. Ainsi, tout en effectuant des actes d'énonciation différents, un locuteur peut accomplir des actes propositionnels et illocutionnaires identiques. Naturellement, il n'est pas nécessaire non plus que la réalisation du même acte d'énonciation par deux locuteurs différents, ou par le même locuteur à différentes occasions, corresponde aux mêmes actes propositionnels et illocutionnaires : la même phrase pourra être énoncée, par exemple, pour poser deux affirmations différentes. Les actes d'énonciation supposent simplement que l'on énonce une suite de mots. Mais il est essentiel pour les actes illocutionnaires et propositionnels, que les mots soient prononcés à l'intérieur de phrases, dans certaines situations, sous certaines conditions, et avec certaines intentions; cela nous le verrons plus loin.

Jusqu'ici je n'ai pas affirmé qu'il faille obligatoirement séparer ainsi les choses, j'affirme seulement qu'il est permis de le faire de cette manière, même si cela manque de précision. En particulier, je ne déclare pas que ce soit la seule façon de procéder. Par exemple, pour certaines raisons, on pourrait vouloir scinder ce que j'ai appelé les actes d'énonciation en actes phonétiques, actes morphémiques, etc. Et naturellement, pour la plupart des buts que se propose la science linguistique, il n'est pas nécessaire du tout de parler d'actes. On peut se contenter de parler de phonèmes, de morphèmes, de phrases, etc.

A ces trois notions, je voudrais maintenant ajouter la notion *d'acte perlocutionnaire*, proposée par Austin. Si l'on considère la notion d'acte illocutionnaire, il faut aussi considérer les conséquences, les effets que de tels actes ont sur les actions, les pensées ou les croyances, etc. des auditeurs. Par exemple, si je soutiens un argument je peux *persuader*, ou *convaincre* mon interlocuteur; si je l'avertis de quelque chose, je peux *l'effrayer* ou *l'inquiéter;* si je lui demande quelque chose, je peux *l'amener à faire* ce que je lui demande; si je lui fournis une information je peux le *convaincre, (l'éclairer, l'édifier, l'inspirer, lui faire prendre conscience)*. Les expressions notées en italique ci-dessus désignent des actes perlocutionnaires.

Aux notions d'actes propositionnels et d'actes illocutionnaires correspondent certains types d'expressions caractéristiques que l'on énonce lorsque l'on accomplit ces actes : la forme grammaticale caractéristique de l'acte illocutionnaire est la phrase complète (qui peut ne comporter qu'un seul mot) ; quant aux actes propositionnels, ils ont pour forme grammaticale caractéristique des parties de phrase : prédicats grammaticaux pour l'acte de prédication, noms propres, pronoms, et certains autres types de groupes nominaux pour la référence. Les actes propositionnels n'apparaissent jamais seuls c'est-à-dire qu'on ne peut pas *uniquement* référer ou prédiquer sans faire une assertion, poser une question, ou exécuter quelqu'autre acte illocutionnaire. Cela se traduit, sur le plan linguistique, par le fait que ce sont des phrases, et non des mots, que l'on utilise pour dire quelque chose. C'est cela également qu'entendait Frege lorsqu'il dit que c'est uniquement dans le contexte d'une phrase que les mots possèdent une référence « Nur im Zusammenhang eines Satzes bedeuten die Wörter etwas [3] ». Il en est de même pour la terminologie que j'ai adoptée : toute référence suppose l'accomplissement d'un acte illocutionnaire, et la forme grammaticale caractéristique de l'acte illocutionnaire est la phrase complète. L'énoncé d'une expression référentielle n'a de valeur de référence que si le locuteur dit effectivement quelque chose.

Bien entendu, le parallèle établi entre les expressions de tel ou tel type et les actes propositionnels n'est pas exact. Si je dis par exemple : « Il m'a laissé dans le pétrin », je ne fais référence à aucun pétrin particulier dans lequel on m'aurait laissé, bien que les syntagmes de la forme « le » soient le type même de l'expression référentielle.

2.2 LA PRÉDICATION

L'emploi que je fais du verbe « prédiquer » s'écarte nettement de son emploi traditionnel en philosophie, et cela demande à être justifié. Tout d'abord, ce sont des expressions et non des universaux que l'on prédique à propos d'objets [4]. J'adopte cette convention car l'introduction des univer-

3 G. Frege, *Die Grundlagen der Arithmetik* (Breslau, 1884), p. 73.

4 Cependant, l'identité des expressions utilisées comme prédicats n'est pas une condition nécessaire à l'identité de la prédication. On peut employer des expressions différentes, pourvu qu'elles soient synonymes, pour la même prédication, exemple : « est un grand fumeur », et « fume beaucoup ».

saux est à mon avis source d'erreur et ne me paraît pas nécessaire pour rendre compte de l'emploi de ces expressions que sont les prédicats (cf. chapitre 5), et aussi parce que je voudrais mettre en évidence la relation qui existe entre la notion de prédication et celle de vérité. Ce sont les expressions, et non les universaux, qui sont dites vraies ou fausses à propos d'objets. D'autre part, selon ma terminologie, c'est la même prédication qui est représentée dans les exemples 1-5, tandis que la plupart des philosophes parlent de la prédication comme si elle avait lieu uniquement dans les assertions (il n'y aurait donc pas prédication pour 2-4). Ceci non seulement me semble inadéquat du point de vue de la terminologie, car cela ne permet pas de faire apparaître que diverses flexions d'un même prédicat sont employées dans différents types d'actes illocutionnaires, et de plus, ce point de vue témoigne d'une profonde incompréhension de la similarité qui existe entre l'assertion et les autres actes illocutionnaires, ainsi que de la distinction à observer entre tous les actes illocutionnaires d'une part et les propositions d'autre part; je reviendrai brièvement sur cette distinction (à la section 2.4).

2.3 LA RÉFÉRENCE COMME ACTE DE LANGAGE

J'essaierai ici de rendre un peu plus claire la notion de référence. Comme exemple de ce que j'appellerai des expressions référentielles définies uniques (expressions référentielles en abrégé), on a des expressions telles que « toi », « la bataille de Waterloo », « mon exemplaire du journal d'hier », « César », « la constellation d'Orion ». La caractéristique de chacune de ces expressions est d'être utilisée pour isoler ou identifier un « objet » ou une « entité », ou un « élément particulier », à l'exclusion des autres objets, sur lequel le locuteur va pouvoir dire quelque chose, poser une question, etc.

J'appellerai « expression référentielle » toute expression servant à identifier une chose, un procès, un événement, une action, ou tout autre type d'être « individuel » ou « particulier ».

Les expressions référentielles désignent des objets particuliers; elles répondent aux questions : « qui ? », « que ? », « lequel ? ». C'est à leur fonction que l'on reconnaît les expressions référentielles, et non pas toujours à leur forme grammaticale superficielle ou à la manière dont elles remplissent leur fonction.

Nous pourrions peut-être rendre un peu plus claires ces remarques si nous plaçions en contraste les exemples types d'expressions référentielles définies uniques d'une part, et certains autres types d'expressions d'autre part. On pourrait dire des expressions commençant par l'article indéfini, telles que « un homme », sous la forme où celle-ci apparaît dans la phrase : « un homme est arrivé », qu'elles font référence à un homme particulier [5], cependant, elles ne peuvent pas servir à identifier (ou à indiquer que le locuteur a l'intention d'identifier) un objet de la même façon que les expressions où intervient l'article défini (telles que « l'homme »), dans quelques-uns de leurs emplois. Il nous faut donc faire une distinction entre les expressions référentielles définies uniques et les expressions référentielles indéfinies uniques. De même, nous devrons distinguer les expressions référentielles définies multiples (exemple : les hommes), des expressions référentielles indéfinies multiples (exemple : « quelques hommes », comme dans « quelques hommes sont arrivés »). Il nous faut également distinguer les emplois référentiels des emplois non-référentiels d'expressions faisant intervenir l'article indéfini par exemple : il faut distinguer l'emploi de « un homme » dans l'énoncé « un homme est arrivé », de son emploi dans l'énoncé « Jean est un homme ». Le premier est référentiel, le second, prédicatif. Russell [6], à un moment donné, a soutenu que ces emplois étaient tous deux référentiels, la seconde phrase étant utilisée pour poser une identité. Ceci est visiblement faux, puisque, si la seconde phrase représentait une affirmation d'identité, alors, considérant la forme négative : « Jean n'est pas un homme », cela aurait un sens de demander : quel est l'homme que Jean n'est pas, ce qui est absurde.

Nous pourrions encore faire une distinction entre ces expressions, qui font référence à des individus ou à des objets particuliers, et celles qui font référence à ce que les philosophes ont appelé des universaux; distinguer par exemple des expressions comme : « l'Everest », « cette chaise », d'expressions telles que « le nombre trois », « la couleur rouge », et « l'ivresse ». Sauf indication contraire, je réserverai le terme d' « expression référentielle » aux expressions employées pour renvoyer à des objets particuliers, et je remets au chapitre 5 la discussion sur la référence à des universaux. J'utiliserai le terme d' « expression référentielle » comme abréviation pour

---

5 Il existe un cas pour lequel on pourra refuser d'accepter comme exemple de *référence* de tels énoncés. Je ne discuterai pas de ce problème, mon seul but étant ici d'établir un contraste entre les expressions référentielles définies uniques et d'autres types d'expressions.

6 B. Russell, *Introduction to Mathematica Philosophy* (Londres, 1919), p. 172.

« expression définie particulière employée pour renvoyer à des objets particuliers ». On ne doit pas déduire du terme « expression référentielle » que ces expressions réfèrent. Au contraire, cela a déjà été mis en évidence, la référence est un acte de langage, et les actes de langage sont accomplis, non par des mots, mais par des locuteurs qui prononcent des mots. Dans ma terminologie, dire d'une expression qu'elle réfère (qu'elle prédique, asserte, etc.), ou bien cela n'a aucun sens, ou bien c'est une façon abrégée de dire qu'elle est utilisée par un locuteur pour poser une référence (pour prédiquer, asserter, etc.); je me servirai d'ailleurs souvent de cette abréviation.

La notion de référence définie, et celle d'expression référentielle définie qui lui est associée, n'ont pas de limites bien précises. On peut donner un ensemble de phrases contenant des expressions qui illustrent les cas typiques de référence définie, mais, dans bien des cas on hésitera à décrire l'emploi d'un mot comme étant un exemple de référence. Est-ce faire référence à soi-même que d'apposer sa signature au bas d'un document ? Les temps de la conjugaison du verbe réfèrent-ils au temps de l'énonciation ? Apparemment, il manque à ces exemples bien des traits qui justifieraient l'établissement d'une liste des cas typiques de référence définie. L'erreur souvent commise en philosophie est de supposer que de telles questions doivent obligatoirement recevoir une réponse juste et non équivoque, ou bien — ce qui est pire — qu'en l'absence d'une réponse juste et non équivoque, le concept de référence est un concept sans valeur. La méthode je pense la plus adéquate consiste à examiner les cas qui forment le centre de variation du concept de référence, pour étudier ensuite les cas marginaux à la lumière des ressemblances et des différences qu'ils présentent par rapport aux exemples types. Tant que nous pouvons distinguer *à la fois* ressemblances et différences, cela n'a peut-être pas beaucoup d'importance que nous considérions ou non ces exemples comme des cas de référence.

On expliquera donc l'acte de langage qu'est la référence en donnant des exemples caractéristiques d'expressions référentielles, en rendant compte de la fonction que remplit l'emploi de ces expressions dans l'acte de langage complet (acte illocutionnaire), et en comparant l'emploi de ces expressions par opposition à d'autres. Les exemples types d'expressions référentielles en anglais se répartissent en trois classes d'après la structure de surface des phrases anglaises : les noms propres, les groupes nominaux commençant par l'article défini, par un adjectif possessif, ou par un nom au génitif et suivis d'un nom au singulier, et enfin les pronoms. L'expression référentielle est employée comme telle pour isoler ou identifier un objet particulier, à l'exclusion de tout autre. Son emploi s'oppose non seulement à celui des expressions prédicatives et des phrases complètes, mais aussi à celui des expressions référentielles indéfinies, des expressions renvoyant à des universaux, et des expressions référentielles définies multiples. On ne devra pas supposer que le concept de référence définie est délimité de façon précise.

2.4 LES PROPOSITIONS

Chaque fois que deux actes illocutionnaires contiennent la même référence et la même prédication, et si la signification de l'expression référentielle est la même dans les deux cas, je dirai que c'est la même proposition qui est exprimée [7]. Ainsi, dans les exemples 1-5, c'est la même proposition qui est exprimée. De même dans :

6. Si Jean fume beaucoup, il ne vivra pas vieux.
7. La proposition que Jean fume beaucoup est sans intérêt.

C'est la même proposition que dans 1-5 qui est exprimée, bien que dans 6 et 7, elle se présente emboîtée dans une autre proposition. C'est pourquoi *l'on devra très nettement distinguer une proposition, de l'assertion ou de l'affirmation de cette proposition*, car si la même proposition se trouve dans 1-7; c'est seulement dans 1 et 5 qu'elle est assertée. Affirmer et asserter sont des actes, mais une proposition n'est pas un acte. Une proposition, c'est ce qui est asserté dans l'acte d'assertion, ce qui est affirmé dans l'acte d'affirmation. Cela revient à dire, sous une autre forme, que l'assertion d'une proposition engage (de façon très particulière) vis-à-vis de la vérité de cette proposition.

Exprimer une proposition, c'est accomplir un acte propositionnel et non un acte illocutionnaire. Or, nous l'avons vu, un acte propositionnel ne peut se réaliser seul. On ne peut, par la seule expression d'une proposition, et rien d'autre, accomplir un acte de langage complet. A ceci, correspond, sur le plan grammatical, le fait que les subordonnées commençant par « que... » (l'une des caractéristiques de cette construction étant

7 Ceci représente une condition suffisante mais ne peut représenter une condition nécessaire. Les affirmations d'existence par exemple n'ont pas de référence.

d'isoler les propositions de façon explicite) ne sont pas des phrases complètes. Lorsque l'on exprime une proposition, on l'exprime toujours à l'intérieur d'un acte illocutionnaire [8].

Je ne dis pas, je le fais remarquer, que la phrase « exprime » une proposition, je ne vois pas comment des phrases pourraient accomplir des actes, quels qu'ils soient. Mais je dirai qu'en énonçant une phrase, le locuteur exprime une proposition.

Je pourrais résumer ce premier ensemble de distinctions en disant que je veux distinguer l'acte illocutionnaire et son contenu propositionnel. Naturellement les actes illocutionnaires n'ont pas tous un contenu propositionnel, exemple : « Bravo! », « aïe! ».

Les lecteurs qui sont au courant des travaux réalisés sur ce sujet, reconnaîtront dans ce que j'ai dit une variante de la vieille distinction notée par des auteurs aussi différents que Frege, Sheffer, Lewis, Reichenbach et Hare, pour ne mentionner que ceux-là.

A partir de ce point de vue sémantique, nous pouvons établir une distinction entre deux éléments (qui ne seront pas forcément séparés) de la structure syntaxique de la phrase, nous pourrions les appeler : marqueur propositionnel, et marqueur de force illocutionnaire. Le marqueur de force illocutionnaire indique la façon dont il faut considérer la proposition, c'est-à-dire, quelle sera la force illocutionnaire à attribuer à l'énonciation; ou encore quel est l'acte illocutionnaire accompli par le locuteur lorsqu'il énonce la phrase. Les procédés utilisés en Anglais pour marquer cette force illocutionnaire comprennent entre autre : l'ordre des mots, l'accent tonique, l'intonation, la ponctuation, le mode du verbe, et les verbes dits « performatifs ». Je spécifierai le type d'acte illocutionnaire que je suis en train d'accomplir en faisant précéder la phrase de « je demande », « je préviens », « j'affirme », etc. Bien souvent, dans les situations concrètes de discours, c'est le contexte qui permettra de fixer la force illocutionnaire d'un énoncé, sans qu'il soit nécessaire de faire appel au marqueur explicite approprié.

Si cette distinction d'ordre sémantique a réellement quelque importance, il semblerait probable qu'il lui corresponde une distinction analogue sur le plan syntaxique, et cela, même si la représentation syntaxique des faits

---

8 Ainsi, à la distinction établie entre l'acte d'affirmer et l'affirmation qui est posée, on fait correspondre la distinction entre l'acte d'exprimer une proposition, et la proposition exprimée elle-même.

sémantiques ne repose pas toujours sur le niveau superficiel de la phrase.

Par exemple, dans la phrase « je promets de venir », la structure superficielle de la phrase ne semble pas permettre de distinguer le marqueur de force illocutionnaire du marqueur de contenu propositionnel. A cet égard, cette phrase diffère de la suivante : « je promets que je viendrai » où la différence entre le marqueur de force illocutionnaire (« Je promets »), et le marqueur de contenu propositionnel (« que je viendrai ») repose directement sur le niveau de surface. Cependant, si nous recherchons la structure profonde de la première phrase, nous trouvons que la structure de constituants qui lui est sous-jacente contient, comme pour la seconde : « je promets + je viendrai ».

Au niveau de la structure profonde, nous pouvons souvent identifier les éléments qui correspondent au marqueur de force illocutionnaire, tout à fait indépendamment de ceux qui correspondent au marqueur de contenu propositionnel, et cela, même dans les cas où, par exemple, des transformations d'effacement appliquées à des éléments répétés, dissimulent la distinction au niveau de la structure superficielle.
Cela ne signifie pas naturellement qu'il existe en général dans l'indicateur syntagmatique sous-jacent à chaque phrase, un élément unique qui marque sa force illocutionnaire. Au contraire il semble que, dans les langues naturelles, la force illocutionnaire se marque par toute une gamme de procédés dont certains sont assez compliqués au point de vue de leur syntaxe.

Cette distinction posée entre les marqueurs de force illocutionnaire et les marqueurs de proposition, nous sera très utile au chapitre 3, lorsque nous ferons l'analyse d'un acte illocutionnaire.

Étant donné qu'une même proposition peut appartenir à différents types d'actes illocutionnaires, nous pouvons séparer l'analyse de la proposition de celle des types d'actes illocutionnaires. Il y a des règles pour exprimer les propositions, des règles pour la référence et la prédication, mais je pense que ces règles peuvent être discutées indépendamment de celles qui régissent les marqueurs de force illocutionnaire, c'est pourquoi je remets leur étude aux chapitres 4 et 5.

Nous pouvons représenter les distinctions que nous avons faites au moyen du symbolisme suivant : les actes illocutionnaires (un très grand nombre d'entre eux au moins) sont de forme générale :

$F(p)$

où la variable « *F* » prend ses valeurs parmi les procédés marqueurs de force illocotionnaire, « *p* » représentant des expressions qui expriment des propositions [9]. Nous pouvons donc symboliser les différents types d'actes illocutionnaires de la façon suivante :

⊢ (*p*) pour l'assertion
Pr (*p*) pour la promesse
! (*p*) pour la demande
A (*p*) pour l'avertissement
? (*p*) pour la question de type « est-ce que ? »
etc.

Sauf dans le cas des questions de type « est-ce que ? » le symbolisme adopté pour la question représente obligatoirement une fonction propositionnelle et non une proposition complète, car, sauf dans le cas de ces questions un locuteur qui pose une question n'exprime pas une proposition complète. Ainsi la question : « combien de personnes y avait-il à la réunion ? » se représente :

? (il y avait un nombre *X* de personnes à la réunion)

De même « pourquoi a-t-il fait cela ? » est représenté par :

? (il a fait cela parce que...)

Mais « avez-vous fait cela ? » est une question de type « est-ce que ? » et se représente par :

? (vous l'avez fait)

Tant que nous ne faisons intervenir dans notre discussion que des propositions simples sujet-prédicat, dont le sujet est un terme référentiel défini unique, nous pouvons représenter les distinctions que nous avons posées, de la façon suivante :

F (R *P*)

« R » représentant l'expression référentielle et le « *P* » majuscule, l'expression prédicative.

---

9 Tous les actes illocutionnaires ne rentreraient pas dans ce modèle. Par exemple : « Allez Manchester ! » ou « A bas César » seraient quant à eux, de la forme F (*n*) où « *n* » peut être remplacé par des expressions référentielles.

Nous avons une raison supplémentaire puissante pour poser ces distinctions : elles nous permettent de rendre compte de la différence, généralement laissée dans l'ombre, qui existe entre la négation illocutionnaire et la négation propositionnelle, différence que nous pouvons maintenant représenter par :

$$\sim F(p)$$
et $$F(\sim p)$$

Ainsi la phrase : « je promets de venir » aura deux négations : « je ne promets pas de venir », et « je promets de ne pas venir ». La première est une négation illocutionnaire, la seconde une négation propositionnelle. Les négations propositionnelles conservent sans le modifier le caractère de l'acte illocutionnaire, car elles ont pour résultat une autre proposition présentée avec la même force illocutionnaire. Les négations illocutionnaires modifient généralement le caractère de l'acte illocutionnaire. Ainsi l'énoncé de la phrase : « je ne promets pas de venir » n'est pas une promesse, mais bien un refus de faire une promesse. L'énoncé de la phrase : « je ne vous demande pas de la faire » sert à nier l'existence d'un ordre, et est en cela tout à fait différent de l'ordre négatif donné dans : « ne le faites pas ». La même distinction s'applique aux affirmations. Soit l'affirmation : « il y a des chevaux » :

$$\vdash (\exists x)\ (x \text{ est un cheval})$$

Aux distinctions que l'on fait habituellement entre : « Il n'y a pas de chevaux » :

$$\vdash \sim (\exists x)\ (x \text{ est un cheval})$$

et : « Il y a des êtres qui ne sont pas des chevaux » :

$$\vdash (\exists x) \sim (x \text{ est un cheval})$$

il nous faut ajouter : « je ne dis pas qu'il y ait des chevaux »

$$\sim \vdash (\exists x)\ (x \text{ est un cheval})$$

Il est tentant de penser (mais c'est une erreur) que la négation d'une forme marquant la force illocutionnaire revient, pour ce qui est du locuteur, à une assertion négative portant sur la non-exécution d'un acte illocutionnaire; ce qui consisterait à dire que :

$$\sim F(p)$$

est toujours de la forme : $\vdash (\sim q)$

De ce point de vue tout refus d'accomplir un acte illocutionnaire serait immanquablement une affirmation de type autobiographique posant comme donnée empirique que tel ou tel acte n'a pas été accompli. Cependant, par exemple, « je ne promets pas », dans « je ne promets pas de venir » n'est pas plus autobiographique que « je promets » dans « je promets de venir ».

Après avoir décomposé les actes illocutionnaires (un grand nombre d'entre eux) selon les éléments représentés par des lettres dans la notation « F (RP) », nous proposons maintenant d'analyser séparément la force illocutionnaire (F), la référence (R) et la prédication (P). Je discuterai ces trois points aux chapitres 3, 4 et 5 respectivement. Il est important de mettre l'accent sur la portée limitée d'une telle entreprise. Nous n'envisagerons que des actes illocutionnaires très simples, de ceux qui impliquent une référence à un objet unique (habituellement par l'énoncé d'un groupe nominal au singulier), et une prédication au moyen d'expressions simples. Je ne considérerai pas les modes plus complexes d'expression du sujet, ni les expressions prédicatives relationnelles, ni les propositions moléculaires. Tant que nous n'aurons pas mis au clair les cas les plus simples, il est fort peu probable que nous puissions venir à bout de cas plus complexes.

2.5 LES RÈGLES

Je veux préciser ici une distinction qui porte sur deux sortes de règles différentes, que j'appellerai règles *normatives* et règles *constitutives*. Je suis bien certain que cette distinction est fondée, mais elle ne se laisse pas aisément clarifier. Je pourrais dire, comme point de départ, que les règles normatives gouvernent des formes de comportement pré-existantes ou existant de façon indépendante; les règles de politesse, par exemple, gouvernent les relations inter-personnelles qui existent indépendamment des règles. Mais les règles constitutives, elles, n'ont pas une fonction purement normative, elles créent ou définissent de nouvelles formes de comportement. Les règles du football ou du jeu d'échecs, par exemple, ne disent pas seulement comment on joue aux échecs ou au football, mais elles créent pour ainsi dire la possibilité même d'y jouer. Jouer au football ou jouer aux échecs sont des activités constituées par l'application des règles à ces jeux (ou au moins, d'une grande partie de ces règles) [10]. Les règles normatives ont pour fonction de régir une activité pré-existante, une activité dont l'existence est logiquement indépendante des règles. Les règles constitutives fondent (et régissent également) une activité dont l'existence dépend logiquement de ces règles.

Les règles normatives se présentent typiquement sous la forme de tournures impératives ou peuvent être paraphrasées sous cette forme; par exemple : « lorsque vous coupez quelque chose, tenez le couteau de la main droite », ou bien : « A un dîner, les officiers doivent porter une cravate. » Certaines règles constitutives prendront une forme tout à fait différente, par exemple : « un roi est échec et mat lorsqu'il se trouve attaqué de façon telle qu'il ne peut ni se défendre, ni fuir », « un joueur marque un touché à terre lorsqu'en cours de jeu il prend possession du ballon dans l'en-but de l'adversaire ». Comme les règles habituellement données en exemple sont des règles normatives impératives, les règles constitutives non-impératives données ici risquent de surprendre, peut-être même avons-nous quelque difficulté à les concevoir comme des règles. Il est à noter qu'elles ont un caractère quasi tautologique, car il semble que l'apport de la ‘ règle ’ soit seulement une partie de la définition de « l'échec et mat » ou du « touché à terre ». Le fait, par exemple qu'un échec et mat se réalise aux échecs de telle ou telle façon peut apparaître soit comme une règle, soit comme une vérité analytique fondée sur la signification du terme « échec et mat aux échecs ».

Que de telles affirmations puissent être interprétées comme des affirmations analytiques est l'indice qui permet de considérer la règle en question

---

10 Il faut donner à cette affirmation une interprétation particulière. Lorsque je dis que jouer aux échecs par exemple consiste à agir conformément aux règles du jeu, j'entends bien qu'il ne s'agit pas simplement des règles qui définissent les coups possibles. On pourrait très bien suivre ces règles sans pour cela jouer aux échecs comme ce serait le cas si par exemple les différents coups faisaient partie d'une cérémonie religieuse, ou si le déplacement des pièces entrait dans le cadre d'un jeu plus complexe. Dans cette notion d' « agir conformément aux règles », j'inclus les règles qui déterminent quel est le 'but du jeu'. De plus, je pense que les jeux de compétition comportent des règles essentielles qui ne sont pas particulières à un jeu donné. C'est par exemple à mon avis une règle caractéristique des jeux de compétition que chaque camp en présence ait pour but d'essayer de gagner. Je fais remarquer à ce propos que notre attitude sera la même vis-à-vis d'une équipe ou d'un joueur qui perd une partie volontairement, que vis-à-vis d'une équipe ou d'un joueur qui triche. Dans les deux cas les règles sont violées, bien qu'il s'agisse de règles tout à fait différentes.

comme une règle constitutive. La règle de l'échec et mat ou celle du touché à terre doit ' définir ' *l'échec et mat aux échecs* ou *le touché à terre au football rugby*, de la même façon que les règles du football définissent « le football » ou les règles des échecs définissent « les échecs ». Ceci ne signifie naturellement pas que la légère modification d'une règle de détail en fera un jeu différent; il y aura toujours, dans tout système de règles constitutives des éléments plus ou moins marginaux.
Les règles normatives ont comme forme caractéristique « Faites *X* » ou « si *Y*, alors faites *X* »; on peut en toute sécurité leur attribuer cette paraphrase. A l'intérieur des systèmes de règles constitutives, certaines règles se présenteront sous cette forme, mais certaines d'entre elles seront du type « *X* revient à *Y* », ou « *X* revient à *Y* dans la situation *S* ».

Ne percevoir ni l'existence, ni la nature des règles constitutives, a de sérieuses répercussions sur le plan philosophique. Ainsi, par exemple, certains philosophes demanderont : « Comment se fait-il que faire une promesse puisse créer une obligation ? » On poserait une question du même ordre en demandant « Comment se fait-il que marquer un touché à terre puisse donner six points ? » Telles qu'elles sont formulées, la seule réponse qu'on puisse donner à ces deux questions sera l'énoncé d'une règle de la forme « *X* revient à *Y* », ceci n'implique naturellement pas qu'il soit impossible de poser, sous une autre formulation, des questions fondamentales sur cette institution qu'est la promesse ou sur ce qu'est le football.

Telle que j'ai essayé de l'esquisser, la distinction (entre les deux sortes de règles) reste encore assez vague. Je vais tenter de la préciser en commentant les deux formules que j'ai utilisées pour caractériser les règles constitutives : « la création de règles constitutives engendre pour ainsi dire la possibilité de nouvelles formes de comportement », et « les règles constitutives sont souvent de la forme « *X* revient à *Y* dans la situation *S* ».

« *Nouvelles formes de comportement* » : En un certain sens il est trivial de dire que la création d'une règle rend possible une nouvelle forme de comportement, à savoir le comportement qui obéit à cette règle. Ce n'est pas là le sens que je voulais donner à ma remarque. Je me ferai peut-être mieux comprendre en m'exprimant sur le plan formel. Lorsque la règle est purement normative, on peut donner la même description ou la même spécification (c'est-à-dire la même réponse à la question : « qu'a-t-il fait ? ») au comportement qui obéit à cette règle, que celle-ci ait existé ou non, à condition que la description ou la spécification ne fasse pas explicitement référence à la règle. Mais, lorsque la règle (ou le système de règles) est constitutive, le comportement qu'elle régit peut recevoir des spécifications ou des descriptions qu'il serait impossible de donner si cette règle ou ces règles n'existaient pas. Et je donnerai quelques exemples pour illustrer ce point.

Supposons que dans les milieux où j'évolue, il existe une règle de politesse selon laquelle les invitations à des réunions doivent être envoyées au moins quinze jours à l'avance. Il est possible de spécifier l'action : « Il a envoyé les invitations au moins quinze jours à l'avance », que cette règle existe effectivement ou non. Supposons encore, que dans mon club sportif le football soit un jeu qui se joue conformément à telles et telles règles. Il est alors impossible de spécifier : « Ils ont joué au football », si de telles règles n'existent pas. Vingt-deux hommes pourraient éventuellement accomplir physiquement les mêmes mouvements qu'accomplissent les joueurs de deux équipes de football, mais s'il n'y avait pas de règles de football, c'est-à-dire, si le jeu de football n'existait pas auparavant, cela n'aurait aucun sens de décrire le comportement de ces hommes en terme du jeu de football.

De façon générale, on pourrait spécifier de la même manière un comportement social, même s'il n'y avait pas de règles de politesse. Mais les règles constitutives, elles, telles que sont les règles de jeux, forment la base des spécifications qu'il serait impossible de donner au comportement en l'absence de règles. Évidemment, il arrive souvent que les règles normatives servent de base aux appréciations que l'on porte sur un comportement, par exemple : « Il a été grossier », « il a été immoral », « il a été poli », et peut-être ne pourrait-on pas porter ce genre d'appréciations si elles n'étaient fondées sur de telles règles. Mais les appréciations ne sont pas des *spécifications* ou des *descriptions* au sens que je donne ici à ces termes. « Il a voté pour Willkie », et « Il a marqué un but » sont des spécifications qu'il serait impossible de donner sans règles constitutives tandis que « Il portait une cravate au dîner », et « il s'est assis », sont toutes des spécifications que l'on pourrait très bien donner en dehors de l'existence des règles selon lesquelles on doit porter une cravate au dîner, on doit tenir la fourchette de la main droite, etc. [11].

11 Il se peut que les objets fabriqués, comme par exemple : « cravate », « fourchette », ne puissent être décrits que si l'on fait appel à des règles constitutives. Je ne crois pas que cela soit le cas, mais je n'envisage pas ce problème ici car il n'apporte rien pour ce qui m'occupe en ce moment.

« *X revient à Y dans la situation S.* » Ceci n'est pas un critère formel qui permettrait de distinguer les règles constitutives des règles normatives. N'importe quelle règle normative pourrait être tournée sous la forme suivante : « Ne pas porter de cravate à un dîner revient à mal se comporter pour un officier. » Mais ici, le syntagme qui suit « revient à » est employé comme appréciation et non comme spécification.
Lorsque la règle peut être formulée de façon naturelle sous cette forme, et lorsque le terme Y est un terme de spécification, il est probable que la règle soit constitutive. Mais il faut ajouter deux remarques à ceci. En premier lieu, puisque les règles constitutives apparaissent à l'intérieur de systèmes de règles, il se peut que ce soit au système entier que convienne cette formulation, et non aux règles particulières prises dans le système. Ainsi, bien que la règle nº 1 du basket-ball — le jeu se joue avec cinq joueurs par camp — ne se prête pas à cette formulation, on dira qu'agir conformément à l'ensemble des règles, ou au moins à une grande partie d'entre elles, revient effectivement à jouer au basket-ball. Et deuxièmement à l'intérieur de ces systèmes, le syntagme représenté par le terme *Y* ne sera généralement pas un simple label. Il notifiera un fait qui a des conséquences. C'est ainsi que « hors-jeu », « marquer un but », « touché à terre », « échec et mat », ne sont pas de simples labels indiquant un état de fait spécifié par le terme *X*, mais ces expressions impliquent qu'il y aura des conséquences telles que des pénalités, des points marqués, et également une victoire ou une défaite.

J'ai dit que l'hypothèse sur laquelle est fondée cet ouvrage est que parler une langue, c'est accomplir des actes conformément à des règles. Cette hypothèse se présentera sous la forme suivante : d'une part la structure sémantique d'une langue peut être considérée comme l'actualisation, suivant des conventions, d'une série d'ensembles de règles constitutives sous-jacentes, et d'autre part, les actes de langage ont pour caractéristique d'être accomplis par l'énoncé d'expressions qui obéissent à ces ensembles de règles constitutives. L'un des buts du chapitre suivant est de donner une formulation aux ensembles de règles constitutives qui permettront la réalisation de certains types d'actes de langage, et si ce que j'ai dit à propos des règles constitutives est juste, nous ne devrons pas nous étonner si ces règles ne prennent pas toutes une forme impérative. Bien entendu, nous ferons en sorte que ces règles se répartissent selon des catégories tout à fait différentes, aucune d'entre elles ne pouvant s'identifier exactement aux règles de politesse. On pourra également considérer cette tentative visant à établir les règles suivant lesquelles s'accomplissent les actes de langage, comme la vérification de l'hypothèse selon laquelle il existe des règles constitutives sous-jacentes aux actes de langage. Si nous sommes incapables de donner pour ces règles une formulation qui soit satisfaisante, notre échec pourrait être considéré comme un démenti partiel de cette hypothèse.

Le sens que j'entends donner à ce fait — que parler une langue suppose l'existence de règles constitutives — peut être éclairci par la question suivante : quelle est la différence existant entre promettre et, par exemple, pêcher, qui puisse m'inciter à dire que le premier acte peut être réalisé dans une langue uniquement parce qu'il existe des règles constitutives portant sur les éléments de la langue utilisée, tandis que dans le second cas, de telles règles ne sont pas nécessaires ? Après tout, il s'agit dans les deux cas d'activités (de pratiques) humaines, dans les deux cas le comportement implique un but à atteindre, dans les deux cas l'erreur est possible.

La différence repose essentiellement en ceci que dans le cas de la pêche, la relation moyens-fins, c'est-à-dire la relation qui me permet d'atteindre mon but, se situe au niveau des faits physiques naturels : le fait que, par exemple, le poisson mord parfois à l'hameçon garni d'un vers, mais très rarement à l'hameçon nu, le fait que les hameçons d'acier supportent le poids d'un poisson et qu'un hameçon fait de beurre ne le supporterait pas. Bien sûr, il existe des techniques, des procédés et même des stratégies que les pêcheurs habiles mettent en pratique, et tout ceci, en un certain sens, suppose indubitablement des règles (normatives). Mais le fait que l'on puisse attraper un poisson sous telle ou telle condition n'est pas une affaire de convention et n'a rien à voir avec une convention quelle qu'elle soit. Cependant, dans le cas des actes du langage accomplis à l'intérieur d'une langue, c'est par convention — et non en vertu d'une stratégie, d'une technique, d'un procédé ou d'un fait naturel — que l'emploi de telle expression sous certaines conditions revient à faire une promesse.

« Mais, pourrait-on nous reprocher, vous nous avez seulement parlé jusqu'ici de la différence entre des actes comme promettre et pêcher, cela ne suffit pas à éclaircir le sens des remarques que vous avez faites à propos des règles. » Je pense que cette objection est réellement fondée et je veux essayer maintenant d'expliquer plus à fond ce que recouvre l'hypothèse générale de cet ouvrage : parler une langue suppose que des actes de langage sont accomplis conformément à des systèmes de règles constitutives. Commençons par poser trois questions qui se rapportent à cette remarque. En première approximation nous pourrions les poser sous la forme suivante : premièrement, les langues (par opposition au langage) sont-elles conventionnelles? Deuxièmement, les actes illocutionnaires sont-ils régis par des règles? Troisièmement, le langage est-il régi par des règles? J'espère que les réponses que je vais proposer rendront plus claires ces questions. La réponse à la première question est évidemment affirmative. Ce livre est écrit conformément aux règles du français et non à celles de l'allemand ou du swaluli, par exemple. C'est en ce sens que les langues (par opposition au langage) sont conventionnelles. La seconde question, elle, est plus difficile et aussi plus importante. Donnons-lui une formulation légèrement différente : Est-il nécessaire qu'il existe une convention quelconque (le français, l'allemand, ou toute autre langue) pour que l'on puisse accomplir un acte illocutionnaire tel que l'affirmation, la promesse ou la demande? Je dirai simplement qu'en général, la réponse à cette question est « oui ».

Il est certain que certains types d'actes illocutionnaires très simples peuvent être exécutés indépendamment de tout emploi de conventions quelles qu'elles soient, lorsqu'il s'agit simplement, à travers un certain comportement, d'amener l'auditeur à identifier certaines de nos intentions [12]. Et ces possibilités nous montrent combien est faible et limitée l'analogie avec les jeux : il est en effet impossible de marquer un but, par exemple, si l'on ne se réfère pas à certaines conventions (ou règles). Mais le fait qu'il soit possible d'accomplir certains actes illocutionnaires sans se servir d'une langue naturelle ou de tout autre système de règles constitutives, ne devrait pas faire oublier que, de façon générale, les actes illocutionnaires sont réalisés à l'intérieur d'une langue, en vertu de certaines règles, et ils ne pourraient certainement pas se réaliser si la langue ne permettait de les accomplir. Dans certaines circonstances particulières, on peut inviter son interlocuteur à sortir, sans utiliser pour cela une convention quelconque, mais il est impossible, sans se servir d'une langue, de demander à quelqu'un d'entreprendre une recherche, par exemple, sur le problème du diagnostic et du traitement de la mononucléose chez les étudiants des universités américaines. De plus, je voudrais démontrer qu'il faut nécessairement un système d'éléments qui soient régis par des règles pour que puissent exister certains *types* d'actes de langage, comme promettre ou asserter. Mon chien peut accomplir certains actes illocutionnaires simples. Il peut exprimer son contentement, il peut demander (ou exprimer le désir) qu'on le laisse

---

12 Le nombre de cas de ce type est plus limité qu'on ne pourrait le supposer. Les expressions du visage, et les gestes, montrer du doigt par exemple, sont en grande partie conventionnels.

sortir. Mais son répertoire est très limité, et même en ce qui concerne les types d'actes qu'il peut accomplir, on est tenté de penser que c'est uniquement par un emploi plus ou moins métaphorique du terme qu'on les décrit comme actes illocutionnaires.

Afin de compléter ma réponse à la seconde question et de commencer à répondre à la troisième, je voudrais présenter deux situations fictives qui me permettront d'illustrer certaines relations existant entre les règles, les actes, et les conventions.

Tout d'abord, imaginons que le jeu d'échecs se joue suivant des conventions différentes selon le pays où l'on se trouve. Supposons par exemple, que dans un pays, le roi soit représenté par une grosse pièce, et que dans un autre, il soit plus petit que la tour. Dans un pays, le jeu se jouera sur un échiquier, comme nous le pratiquons, dans un autre, l'échiquier sera remplacé par une séquence de nombres, un nombre étant associé à toute pièce qui se « place » sur lui. Nous pourrions dire que dans ces divers pays, c'est le même jeu qui se joue, suivant des *formes* conventionnelles. Notons également que, pour que le jeu puisse se jouer, il faut que les règles soient appliquées, sous une forme ou sous une autre. Quelque chose au moins, même si ce n'est pas un objet matériel, devra représenter ce que nous appelons le roi, ou l'échiquier.

Imaginons, en second lieu, une société de sadiques dont les membres aiment à se faire mal entre eux en se criant dans les oreilles. Supposons que pour satisfaire ce penchant, il adoptent la convention de toujours crier BANG afin de produire cet effet. Dans ce cas, comme dans celui des échecs, il s'agit d'une activité impliquant une convention. Mais, à la différence des échecs, la convention ne manifeste pas ici des règles constitutives sous-jacentes. Contrairement au cas des échecs, ce procédé conventionnel vise à obtenir un résultat naturel. Aucune règle n'a pour effet d'établir que crier BANG *revient à* faire mal; n'importe qui peut avoir mal, sans pour cela connaître les conventions. Et on peut aussi faire mal sans faire usage d'aucune convention.

Que dire maintenant des langues? du langage? et des actes illocutionnaires? Tout comme ces deux derniers exemples, les langues impliquent des conventions (ceci est une réponse à la première question). Mais, en ce qui concerne la deuxième et la troisième question, je dirai que l'emploi d'une langue et l'accomplissement d'actes illocutionnaires se ramènent au cas des échecs en ce sens qu'ils sont irréductibles au cas des sadiques. On peut considérer que, dans la mesure où elles sont inter-traduisibles, des langues naturelles différentes représentent des applications conventionnelles différentes des mêmes règles sous-jacentes. Que le français dise « je promets » pour faire une promesse, quand l'anglais dit « I promise », c'est là une affaire de conventions. Mais le fait qu'employer certains procédés pour exprimer une promesse (dans une situation appropriée) revienne à se soumettre à une obligation, est ici affaire de règles et non de conventions propres au français ou à l'anglais. De même que, selon l'exemple donné plus haut, nous pouvons traduire une partie d'échecs jouée dans un pays dans une partie d'échecs d'un autre pays parce que les règles sous-jacentes sont les mêmes, de même, nous pouvons traduire les énoncés d'une langue dans une autre parce qu'elles ont en commun les mêmes règles sous-jacentes. (A ce propos, il faut considérer comme un fait non-évident, et qui demande à être expliqué, le fait que les phrases d'une langue puissent se traduire en phrases d'une autre langue.)

De plus, pour en revenir à la seconde question, il est nécessaire qu'il existe, dans la majorité des cas, un procédé conventionnel quelconque qui permette d'accomplir un acte illocutionnaire, car ces actes ne peuvent s'accomplir en dehors de règles, et il faut que l'on puisse se référer, d'une manière ou d'une autre, aux règles sous-jacentes. Pour ce qui est des promesses et des affirmations il doit exister des éléments conventionnels dont l'utilisation revient à assurer une obligation dans le premier cas et à s'engager vis-à-vis de l'existence d'un certain état de fait dans le second, pour qu'il soit possible d'accomplir les actes de langage que sont la promesse ou l'affirmation. Ce qui est spécifié dans les règles ne concerne pas les effets naturels, comme avoir mal par exemple, que l'on peut ressentir sans se référer à une règle, quelle qu'elle soit. C'est en ce sens que, pour moi, non seulement les langues sont conventionnelles, mais encore certains types d'actes illocutionnaires sont régis par des règles.

Les trois questions que j'ai posées se ramènent donc à ceci : premièrement : les langues impliquent-elles l'existence de conventions ? Deuxièmement : doit-il y avoir des règles (appliquées d'une façon ou d'une autre) pour que puisse s'accomplir tel ou tel acte illocutionnaire ? Et troisièmement : les conventions sont-elles réalisations des règles ?

Je réponds par l'affirmative à la première question; pour la seconde, je dirai qu'effectivement, la plupart des types d'actes illocutionnaires sont régis par des règles, et même la majorité des actes à l'intérieur des autres types le sont également. Je répondrai « oui, en général » à la troisième question.

L'analogie repose en ceci que le cas des sadiques est l'exemple de ce qu'est, pour une pratique, le fait d'avoir un mode de réalisation conventionnel sans posséder de règles constitutives et sans nécessiter ni règles ni conventions pour que soit accompli l'acte en question. Le cas des échecs montre quant à lui, ce qu'est, pour une pratique, le fait d'avoir des modes de réalisation conventionnels lorsque les conventions résultent de l'application de règles sous-jacentes et lorsque ces règles ainsi que certaines conventions sont nécessaires à la réalisation de ces actes.

Quand je dis que parler une langue c'est adopter une forme de comportement régie par des règles, je ne me réfère pas spécialement aux conventions particulières auxquelles on obéit en parlant telle ou telle langue (et c'est essentiellement pour cette raison que mon point de vue diffère radicalement de celui de la linguistique, comprise comme l'étude des structures effectivement réalisées dans les langues naturelles), mais aux règles sous-jacentes actualisées et manifestées dans les conventions, comme dans l'exemple des échecs. Donc, lorsque je dis que parler une langue c'est adopter une forme de comportement régie par des règles, on doit entendre cette remarque dans le sens d'une réponse donnée à la question trois. Même s'il s'avérait que ma réponse à la question deux est fausse, à savoir que les actes illocutionnaires peuvent tous être exécutés en dehors de tout système de règles constitutives, il ne s'en suivrait pas pour autant que leur réalisation dans le langage ne suppose pas une forme de comportement régie par des règles. Je soutiens les deux points de vue, mais c'est uniquement la réponse à la troisième question qui est déterminante pour ce que j'ai entrepris de démontrer dans cet ouvrage, car c'est la réponse à cette question qui justifie l'hypothèse selon laquelle *parler une langue* c'est adopter une forme de comportement régie par des règles.

Deux questions pour clore cette discussion sur les règles : *premièrement*, si la règle est vraiment une règle, sa violation doit-elle entraîner une sanction ? — Toutes les règles doivent-elles être normatives en ce sens ? — Non, les règles constitutives ne comportent pas toutes des sanctions; après tout quelle sanction encourt-on pour avoir violé la règle disant qu'au base-ball il y a neuf joueurs dans chaque camp ? On ne voit vraiment pas comment même on pourrait violer la règle qui définit l'échec et mat aux échecs ou le touché à terre au football. *Deuxièmement :* peut-on appliquer une règle sans la connaître ? Cela gêne certaines personnes lorsque j'affirme qu'il existe dans la langue des règles que nous *découvrons*, bien que, je le maintiens, nous les appliquions depuis toujours. Que l'on prenne en phonologie un exemple limpide : dans mon dialecte, « linger » ne rime pas avec « singer », ni « anger » avec « hanger », bien que, d'après l'orthographe, on ait tendance à penser que ces paires devraient rimer. Mais pour « linger » et « anger », le phonème /ŋ/ est suivi d'un phonème /g/, tandis que « singer » et « hanger » n'ont que le phonème /ŋ/; on a ainsi /siŋer/ mais /liŋger/. Si l'on trouve une liste d'exemples de ce type, on découvre qu'il y a une règle : lorsque le mot est dérivé d'un verbe, le phonème /g/ n'apparaît pas; s'il n'est pas dérivé d'un verbe, alors le /g/ est prononcé distinctement. On a ainsi « sing » : « singer »; « hang » : « hanger »; « bring » : « bringer »; mais « linger », « anger », « finger », « fing », « longer » ne dérivent pas de verbes « ling », « ang », « fing », ou « long ». J'affirmerai de plus que ceci est une règle, et non pas seulement une régularité, nous le reconnaissons à deux faits : d'abord, nous identifions tout écart à une « mauvaise prononciation », et ensuite la règle, de par sa nature projective, recouvre de nouveaux cas. Ainsi, supposons que nous inventions un nom « longer » dérivé du verbe « to long » (attendre). « Longer : df. *one who longs* (quelqu'un qui attend). Dans la phrase : « this longer longs longer than that longer », le premier et le dernier « longer » sont donc prononcés sans le phonème /g/, alors que le « longer » du milieu est prononcé avec le /g/ dur. Tous les dialectes anglais n'ont pas cette règle, et je ne dis pas qu'il n'y ait aucune exception — néanmoins, c'est une règle satisfaisante. Il me semble évident qu'il s'agit bien là d'une règle, et qu'elle fait partie de celles que nous suivons sans nécessairement savoir que nous le faisons (c'est-à-dire, sans être nécessairement capable de les formuler).

La portée de ces exemples quant à l'étude ici menée est la suivante : il nous faut parfois supposer, afin d'expliquer un comportement humain de façon adéquate, que celui-ci est réalisé conformément à une règle, bien que le sujet lui-même ne soit peut-être pas capable de formuler la règle, ni même conscient du fait qu'il agit selon cette règle. Le fait que le sujet sache faire quelque chose ne peut s'expliquer de façon adéquate que si l'on fait l'hypothèse qu'il connaît (qu'il a acquis, intériorisé, appris) une règle ayant un certain effet, bien qu'il puisse, d'une certaine façon qu'il importe de déterminer, ne pas savoir qu'il connaît cette règle ou qu'il agit en partie à cause de cette règle. Le comportement régi par des règles s'oppose au comportement simplement régulier, particulièrement en ceci que nous reconnaissons généralement comme plus ou moins faux ou erronés les écarts par rapport au schéma établi, et que, contrairement à la simple régularité, la règle s'applique à de nouveaux cas. Face à un cas qu'il n'a jamais rencontré auparavant le sujet sait ce qu'il faut faire.

2.6 LA SIGNIFICATION

Les actes illocutionnaires ont pour caractéristique d'être réalisés lorsqu'on émet des sons ou lorsqu'on écrit quelque chose. Quelle différence y a-t-il entre *uniquement* émettre des sons, ou écrire, et accomplir un acte illocutionnaire? Première différence : on dit pour caractériser les sons ou les signes graphiques que l'on produit en accomplissant un acte illocutionnaire, qu'ils ont une signification; seconde différence, liée à la première : on dit pour caractériser l'emploi de ces sons ou de ces signes graphiques, qu'ils sont utilisés pour *signifier quelque chose*. Lorsqu'on parle, il est caractéristique qu'on ait l'intention de signifier quelque chose par ce que l'on dit; et ce que l'on dit, la suite des sons que l'on émet, a pour caractéristique d'avoir une signification.
Notons en passant que, sur ce point encore, l'analogie posée entre l'accomplissement d'actes de langage et les jeux, ne tient plus. Les pièces d'un jeu comme les échecs n'ont pas pour caractéristique d'avoir une signification, et de plus, le déplacement d'une pièce n'a pas pour caractéristique de signifier quoi que ce soit.

Mais que représente le fait de signifier quelque chose par des paroles, et qu'est-ce pour une chose qu'avoir une signification? Pour répondre à la première de ces questions, je propose d'emprunter à Paul Grice quelques unes de ses idées, tout en les révisant. Dans un article intitulé *Meaning* (Signification) [13], Grice analyse la notion de « signification non naturelle [14] » de la façon suivante : dire qu'un locuteur L a voulu signifier quelque chose par X, c'est dire que L a eu l'intention, en énonçant X, de produire un effet sur l'auditeur A grâce à la reconnaissance par A de cette intention. Bien qu'à mon avis cette formulation ne soit pas adéquate, pour des raisons que l'on verra plus loin, je pense qu'il est très utile, pour commencer, d'envisager la signification sous cet aspect, tout d'abord parce que cette formulation met en rapport signification et intention, et ensuite parce qu'elle met en valeur ce trait essentiel de la communication linguistique que je précise dans ce qui suit : lorsque je parle, j'essaie de transmettre certaines choses à mon interlocuteur en l'amenant à reconnaître mon intention de lui communiquer précisément ces choses. J'obtiens l'effet

13 *Philosophical Review* (juillet 1957), pp. 377-88.
14 Grice distingue la « signification *nn* » (« signification non naturelle ») d'autres sens du terme « signifier » (f. « nuage signifie pluie » ou « fumée signifie feu »).

attendu si je l'amène à reconnaître mon intention de produire sur lui cet effet, et dès que mon interlocuteur reconnaît ce qu'il est dans mon intention d'obtenir, le résultat est atteint, en général. Il comprend ce que je dis dès qu'il reconnaît dans l'intention que je manifeste en énonçant quelque chose, une intention de dire cette chose précisément.

J'illustrerai ce point par un exemple simple. Quand je dis « Bonjour » à quelqu'un, mon intention est de faire savoir à mon interlocuteur que je le salue. S'il interprète ce mot comme une intention de ma part de produire sur lui cet effet, c'est alors que l'effet est produit.

Si appréciable que soit cette façon d'envisager la signification, elle semble être défectueuse sous au moins deux aspects qui sont fondamentaux : tout d'abord, elle ne dit pas dans quelle mesure la signification peut dépendre de règles ou de conventions; elle ne rend pas compte de la relation existant entre ce que l'on veut signifier en disant quelque chose et ce que cette chose signifie effectivement dans la langue. Deuxièmement, définir la signification en terme d'effet recherché revient à confondre les actes illocutionnaires et les actes perlocutionnaires. Dit de façon sommaire, Grice définit en fait la signification comme l'intention d'accomplir un acte perlocutionnaire, mais dire quelque chose, et vouloir le signifier, cela concerne l'intention de réaliser un acte illocutionnaire, et pas nécessairement un acte perlocutionnaire.
Je vais expliquer ici ces objections et essayer de corriger le point de vue de Grice sur ce problème.

Pour illustrer le premier point, je présenterai un contre-exemple à cette analyse de la signification. Et ce contre-exemple doit montrer la relation qui existe entre ce qu'un locuteur a l'intention de signifier et ce que les mots qu'il emploie signifient par eux-même.

Imaginons que je sois un soldat américain pendant la seconde guerre mondiale, et que j'aie été capturé par les troupes italiennes. Imaginons encore que je veuille faire croire à ces Italiens que je suis un soldat allemand, à seule fin d'être relâché. Ce que je voudrais, c'est leur dire, en allemand ou en italien, que je suis un soldat allemand. Mais supposons que je ne sache pas assez l'allemand ou l'italien pour le faire. J'essaierai alors, pour leur faire croire que je suis un soldat allemand, de leur réciter le peu d'allemand que je sais, espérant qu'ils ne connaissent pas assez l'allemand pour voir dans mon jeu. Admettons que la seule chose que je sache en allemand soit la première ligne d'un poème que j'avais eu à apprendre par cœur à l'école au cours d'allemand. Moi, prisonnier américain je m'adresserai donc aux Italiens qui m'ont capturé, par cette phrase : *Kennst du das Land wo die Zitronen blühen* [15] ?

Décrivons maintenant la situation selon les termes de Grice. Je veux produire sur mes ennemis un certain effet, à savoir qu'ils croient que je suis un soldat allemand, et je veux produire cet effet en les amenant à identifier mon intention. Je veux qu'ils pensent que ce que j'essaie de leur dire, c'est que je suis un soldat allemand. Mais peut-on déduire de ceci que lorsque je dis : *Kennst du das Land... etc.*, ce que je veux signifier est bien « je suis un soldat allemand » ? Non seulement on ne peut pas tirer cette conclusion, mais je ne me sens pas justifié à dire qu'en prononçant cette phrase allemande, je veuille signifier : « je suis un soldat allemand » ou même « Ich bin ein deutscher Soldat », car ce que les mots signifient, et le souvenir que je peux avoir de leur signification, est bien : « connais-tu le pays où fleurissent les citronniers ».

Bien entendu, je veux tromper mes ennemis et leur faire croire que ce que j'entends signifier est bien « je suis un soldat allemand », mais ceci implique entre autre que j'arrive à leur faire croire que c'est précisément cela que signifient en allemand les mots que j'utilise. Dans ses *Philosophical Investigations* [16], Wittgenstein écrit (à propos d'un problème différent) : « Dites » « il fait froid ici », pour *signifier* « il fait chaud ici ». La raison pour laquelle ceci nous est impossible sans avoir à préciser tout un contexte, est que ce que nous pouvons avoir l'intention de signifier dépend, au moins quelquefois, de ce que nous disons effectivement. La signification est plus qu'une affaire d'intention, c'est également, quelquefois au moins, une affaire de conventions. On pourrait dire que, selon le point de vue de Grice, il semblerait que toute phrase puisse être utilisée pour renvoyer à n'importe quelle signification, pourvu que les circonstances rendent possible l'existence des intentions appropriées. Mais ceci a pour conséquence que la signification d'une phrase se réduit alors à une circonstance parmi d'autres.

---

15 Si cela paraît trop improbable que l'on puisse avoir l'intention de produire l'effet recherché au moyen d'une telle phrase et en de telles circonstances, il devrait suffire d'imaginer quelques détails supplémentaires pour rendre la situation plus possible ; par exemple je sais que mes ennemis sont au courant de la présence dans les alentours de soldats allemands porteurs d'uniformes américains. Je sais qu'ils ont reçu des instructions pour identifier ces allemands et les relâcher aussitôt identifiés. Je sais qu'ils ont menti à leur supérieur, qu'ils lui ont dit qu'ils savaient l'allemand, alors qu'en fait ils l'ignorent etc.

16 Paragraphe 510.

Le point de vue de Grice peut être corrigé pour rendre compte de contre-exemples de ce genre. Nous sommes ici en présence d'un cas où j'entends produire un certain effet en amenant mon interlocuteur à reconnaître que j'ai l'intention de produire cet effet, mais le procédé que j'utilise à cette fin appartient à ce type de procédés employés conventionnellement, suivant les règles gouvernant leur usage, pour produire des effets illocutionnaires d'un tout autre ordre, et la situation ou les conditions, qui nous permettraient de dire une chose, et de signifier par là quelque chose n'ayant aucun rapport, ne sont pas présentés dans ce cas. Il nous faut donc reformuler le point de vue de Grice sur la signification de façon à rendre clair qu'il y a, entre ce que l'on veut signifier en prononçant une phrase et ce que cette phrase signifie dans la langue qu'on utilise, une relation qui n'est pas quelconque. Dans notre analyse des actes illocutionnaires, nous devons retenir à la fois l'aspect intentionnel et l'aspect conventionnel, et spécialement la relation qui existe entre ces deux aspects. En accomplissant un acte illocutionnaire, le locuteur entend produire un certain effet sur son interlocuteur en l'amenant à reconnaître l'intention qu'il a de produire cet effet; et de plus, s'il utilise les mots de façon littérale, il compte obtenir cette reconnaissance en vertu du fait que les règles d'emploi des expressions qu'il utilise associent ces expressions à la production de l'effet recherché. Et c'est cette *combinaison* des éléments entre eux dont il nous faudra rendre compte dans notre analyse des actes illocutionnaires.

J'en viens maintenant à ma seconde objection au point de vue de Grice. En effet, selon ce point de vue, dire quelque chose en voulant effectivement le signifier, c'est avoir l'intention d'accomplir un acte perlocutionnaire. Dans les exemples donnés par Grice, les effets cités sont invariablement des effets perlocutionnaires. Je voudrais démontrer que dire quelque chose en voulant effectivement signifier ce que l'on dit, c'est avoir l'intention d'accomplir un acte illocutionnaire. Premièrement, il serait impossible que l'effet recherché dans l'emploi littéral d'un énoncé soit de façon générale un effet perlocutionnaire, car de nombreux types de phrases utilisées pour accomplir des actes illocutionnaires n'ont aucun effet perlocutionnaire attaché à leur signification. Ainsi il n'y a pas d'effet perlocutionnaire qui se rattache au fait de saluer. Lorsque je dis « Bonjour » en attachant à ce mot sa signification, je n'ai pas forcément l'intention de créer chez mon interlocuteur ou d'obtenir de lui une réaction autre que la simple identification par lui de mon salut. Cette identification consiste simplement pour lui, à *comprendre* ce que je lui dis, il ne s'agit pas d'une réaction ou d'un effet supplémentaire. De plus, il n'y a pas, pour la promesse par exemple, d'effet perlocutionnaire qui permettre de distinguer la promesse d'une déclaration ferme d'intention ou d'une prédiction faite avec emphase. Toutes trois tendent à créer chez l'interlocuteur une attente se rapportant au futur, et pourtant, « je promets » ne signifie pas « je prédis », ou « j'ai l'intention de ». Toute explication de ce qu'est la signification doit montrer que lorsque je dis « je promets », ou « bonjour », avec l'intention de signifier ce que je dis, le mot « signifier » a ici exactement le même sens que lorsque je dis « sortez » en voulant réellement signifier ce que je dis. Pourtant, l'explication de Grice semble ne s'adapter qu'au dernier des trois exemples, puisque c'est le seul dont la signification soit telle que dans les cas les plus courants, le locuteur qui l'emploie en voulant signifier ce qu'il dit, entend produire sur son interlocuteur un effet du type discuté par Grice. La signification de la phrase « Sortez » la rattache à un effet perlocutionnaire particulier qu'on a l'intention de produire, à savoir, faire sortir l'interlocuteur. Ce qui n'est pas le cas pour « bonjour » et « je promets ».

Deuxièmement, même s'il y avait en général un effet perlocutionnaire associé, je peux toujours dire quelque chose en voulant le signifier sans avoir l'intention en fait de produire cet effet. Je peux ainsi poser une affirmation sans me préoccuper de savoir si mon auditeur y croira ou non, mais tout simplement parce que je sens qu'il est de mon devoir de le faire.

Troisièmement, lorsqu'on parle à quelqu'un avec l'intention, par exemple, de lui transmettre une certaine information, on ne s'attend pas en général à ce que le fait qu'on ait l'intention de lui faire accepter cette information soit la raison, ou l'une des raisons, pour laquelle notre interlocuteur croira ce qu'on lui dit. Si je lis, mettons, un livre de philosophie, j'ai toutes sortes de raisons de croire ou ne pas croire ce que dit l'auteur, mais le fait que je reconnaisse qu'il a l'intention de me faire croire ce qu'il dit n'entre pas dans les raisons que j'ai de le croire. Et, à moins qu'il ne s'agisse d'un auteur suprêmement égocentrique, il ne se sera pas non plus attendu à ce que je le croie uniquement du fait que je reconnais son intention d'être cru. L'intention réflexive postulée par Grice ne s'applique pas aux effets perlocutionnaires.

Comment fonctionne-t-elle donc? Rappelons-nous certains des faits que nous cherchons à expliquer. La communication humaine a des propriétés peu communes, qui sont absentes de la plupart des autres types de comportement humain. L'une des plus remarquables de ces propriétés est la suivante : si j'essaie de dire quelque chose à quelqu'un, alors, dès qu'il reconnaît que je cherche à lui dire quelque chose et, plus précisément, ce que j'essaie de lui dire, (pourvu que certaines conditions soient satisfaites) j'ai vraiment réussi à le lui dire. De plus, s'il ne se rend pas compte que j'essaie de lui dire quelque chose, et s'il ne reconnaît pas ce que je cherche à lui dire, je ne parviens pas réellement à le lui dire. Dans le cas des actes illocutionnaires, nous parvenons à réaliser ce que nous voulons en amenant notre interlocuteur à reconnaître ce que nous cherchons à faire. Mais « l'effet » produit sur l'auditeur n'est ni une croyance, ni une réaction, il consiste simplement pour l'auditeur, à comprendre ce que dit le locuteur. C'est cet effet que j'ai jusqu'ici appelé effet illocutionnaire. Voici donc une formulation préliminaire de la façon dont fonctionne l'intention réflexive : le locuteur *L* a l'intention de produire un effet illocutionnaire *EI* sur l'auditeur *A* en amenant *A* à reconnaître l'intention qu'a *L* de produire *EI*[17].

L'effet recherché caractéristique de la signification est la compréhension, mais la compréhension ne rentre dans aucun des types d'effets donnés par Grice en exemple. Ce n'est pas un effet perlocutionnaire. Nous ne pouvons pas non plus modifier l'explication de Grice en analysant la signification en terme de compréhension. Ce serait trop circulaire, car on se rend bien compte que signification et compréhension sont trop étroitement liées pour que la seconde puisse servir de base à l'analyse de la première. C'est pourquoi j'essaierai, dans mon analyse des actes illocutionnaires, de démêler ce qui constitue la compréhension littérale d'un énoncé, par référence aux règles (ou à quelques-unes d'entre elles) qui portent sur les éléments de la phrase utilisée et par référence au fait que l'auditeur reconnaît que la phrase obéit à ces règles. Les deux premières objections que j'ai faites à l'explication de Grice sont indissociables, et si elles sont valides, le tableau suivant devrait commencer à se préciser : du côté du locuteur, dire quelque chose en voulant signifier cette chose est étroitement lié à l'intention de produire

17 Cette formulation permet d'éliminer les contre-exemples du type de ceux qu'introduit Strawson (P. F. Strawson, « Intention and convention in speech acts », *Philosophical Review* (octobre 1964), pp. 439-60). Dans l'exemple de Strawson, *L* a l'intention de faire croire quelque chose à *A* en amenant *A* à reconnaître l'intention qu'il a de lui faire croire cette chose. Mais *L*, dans ce cas, n'accomplit pas d'acte illocutionnaire. Dès qu'il est spécifié que l'intention consiste à produire un effet illocutionnaire, ce type de contre-exemple est éliminé. Il reste bien entendu le problème plus large qui consiste à spécifier ce qu'est un effet illocutionnaire, sans faire de raisonnement circulaire ou sans remonter à l'infini d'intention en intention. Mais cela, nous aurons à en traiter plus tard.

certains effets sur l'auditeur; du côté de l'auditeur, la compréhension de ce que dit le locuteur est étroitement lié à la reconnaissance de ses intentions. Dans le cas où seuls les termes de l'énoncé entrent en jeu, le passage du côté du locuteur au côté de l'auditeur se fait par leur langue commune. Voici comment fonctionne ce passage :

1. Comprendre une phrase c'est connaître sa signification.

2. La signification d'une phrase est déterminée par des règles, et ces règles spécifient à la fois les conditions d'utilisation de la phrase et aussi à quoi revient son emploi.

3. Prononcer une phrase en voulant la signifier concerne : *(a)* l'intention *i*-1 d'amener l'auditeur à savoir (reconnaître, se rendre compte) que certaines situations spécifiées par quelques-unes des règles sont réalisées; *(b)* l'intention d'amener l'auditeur à savoir (à reconnaître, à se rendre compte de) ce fait en l'amenant à reconnaître *i*-1 [18]; et *(c)* l'intention de l'amener à reconnaître *i*-1 en vertu de la connaissance qu'il a des règles s'appliquant à la phrase prononcée.

4. La phrase fournit alors un moyen conventionnel de réaliser l'intention de produire chez l'auditeur un certain effet illocutionnaire. Si le locuteur prononce une phrase en voulant signifier ce qu'il dit, il le fait avec les intentions *(a)*, *(b)* et *(c)*. Dire que le locuteur s'est fait comprendre, c'est simplement dire que ces intentions sont réalisées. Et ces intentions seront en général réalisées si l'auditeur comprend la phrase en question, c'est-à-dire, s'il connaît les règles auxquelles obéissent les éléments de cette phrase.

Illustrons ces différents points par l'exemple très simple utilisé plus haut (l'emploi de l'expression « bonjour »). 1. Comprendre l'expression « bonjour », c'est connaître sa signification. 2. La signification de « bonjour », est déterminée par des règles sémantiques qui spécifient à la fois les conditions de son emploi et à quoi revient cet emploi. Ces règles spécifient que, sous certaines conditions, dire « bonjour » revient pour le locuteur, à saluer

---

18 Ne peut-on tout simplement se passer de (*b*) ? Je ne le peux pas. Non seulement *L* doit avoir l'intention de produire *EI* par la connaissance qu'a *A* de la signification de la phrase, mais il doit aussi chercher à ce que *A* reconnaisse son emploi de la phrase comme marqué par l'intention de produire *EI*. Et ceci implique l'intention qu'il reconnaisse comme tel l'emploi de la phrase. Tant qu'il n'a pas reconnu l'intention *I*, *A* ne comprend pas *L*. Dès qu'il reconnaît effectivement l'intention *I*, alors, il comprend *L*. Il semble donc, que l'intention de faire comprendre implique l'intention que *A* reconnaisse l'intention *I*.

son interlocuteur. 3. Dire « bonjour » en ayant l'intention de signifier « bonjour » comporte :

(a) l'intention d'amener l'auditeur à reconnaître qu'on le salue, *(b)* l'intention de l'amener à reconnaître ce fait en l'amenant à reconnaître l'intention qu'on a de le saluer, *(c)* l'intention de l'amener à reconnaître l'intention qu'on a de le saluer en vertu de sa connaissance de la signification de l'expression « bonjour ». 4. L'expression « bonjour » représente un moyen conventionnel de saluer quelqu'un. Si un locuteur dit « bonjour » en attachant sa signification à ce mot, il le fait avec les intentions *(a)*, *(b)* et *(c)*, et, de la part de l'auditeur, dire qu'il a compris le locuteur, c'est simplement dire que ces intentions sont réalisées. Ces intentions seront en général réalisées si l'auditeur comprend l'expression « bonjour », c'est-à-dire s'il comprend ce qu'elle signifie, donc s'il comprend que, sous certaines conditions, son emploi revient à un salut. Pour caractériser mon exemple, j'ai utilisé le mot « saluer », qui désigne un acte illocutionnaire : l'exemple serait donc circulaire s'il était présenté comme étant par lui-même une analyse de la signification, puisque la notion de salut implique déjà la notion de signification. Mais ceci n'est qu'une caractéristique de l'exemple donné, et non de l'analyse, puisque finalement, l'analyse est faite par référence à des règles, et à la connaissance que l'auditeur a de ces règles, elle ne fait donc, dans sa formulation, aucun usage explicite d'un terme qui comporte le mot « signifie » comme élément de sa propre signification.

Nous pouvons résumer de la façon suivante la différence qui existe entre l'analyse originale de la signification *nn* donnée par Grice et ma version corrigée de l'analyse du concept différent que représente dire quelque chose avec l'intention de signifier ce qu'on dit :

1. Analyse originale de Grice :

Dire que le locuteur *L* signifie de façon *nn* quelque chose au moyen de *X*, c'est dire que :
(a) *L*, par l'emploi *E* de *X*, a l'intention *i*-1 de produire chez l'auditeur *A* un certain effet perlocutionnaire *EP*.
(b) *L*, a l'intention, par *E*, de produire *EP* par la reconnaissance de *i*-1.

2. Analyse corrigée :

Dire que *L* énonce la phrase *T* avec l'intention de signifier *T* (c'est-à-dire qu'il signifie littéralement ce qu'il dit), c'est dire que : *L* énonce *T* et que
(a) *L*, par l'énoncé *E* de *T*, a l'intention *i*-1 de faire connaître (reconnaître

prendre conscience) à *A* que la situation spécifiée par les règles de *T* (ou certaines d'entre elles) est réalisée. (Appelons cet effet, l'effet illocutionnaire *EI*.)

(b) *L* a l'intention, par *E*, de produire *EI* par la reconnaissance de *i*-1.

(c) L'intention de *L* est que *i*-1 soit reconnue en vertu (ou au moyen) de la connaissance qu'a *A* des règles (certaines d'entre elles) gouvernant (les éléments) *T*.

2.7 DISTINCTION ENTRE FAITS BRUTS ET FAITS INSTITUTIONNELS.

Nous nous faisons une certaine représentation de ce qui constitue le monde, et donc de ce qui constitue la connaissance du monde. Cette représentation est facile à identifier, mais difficile à décrire. Elle représente le monde, comme composé de faits bruts, et elle représente la connaissance comme en réalité une connaissance de faits bruts. Ce que je veux dire par là, entre autres choses, c'est qu'il existe certains types spécifiques de connaissance, et que ces types spécifiques sont considérés comme représentant le modèle de toute connaissance. Leur portée est en fait extrêmement variable, depuis : « cette pierre-ci est à côté de cette pierre-là », jusqu'à : « tous les corps s'attirent en raison directe du produit de leurs masses et en raison inverse du carré de leur distance », en passant par « je ressens une douleur », mais ils ont certains traits communs : ainsi ils ont en commun ce fait que les concepts constituant cette connaissance sont essentiellement d'ordre physique, ou bien, si l'on parle en termes dualistes, que ces concepts sont soit d'ordre physique, soit d'ordre mental. Le modèle d'un système de connaissance de ce type est donné par les sciences de la nature, et l'on suppose généralement que la base de toute connaissance de ce type est fournie par de simples observations qui rapportent empiriquement les données des sens.

Il est bien évident qu'une grande partie des discours où sont apparemment affirmés des faits, ne contiennent aucun des concepts constituant cette représentation [19]. C'est un fait bien connu que les jugements d'ordre moral ou esthétique ne peuvent être assimilés à cette représentation sans difficulté, et les philosophes qui soutiennent ce type de représentation ont été portés

---

19 Cf. G. E. M. Anscombe, On Brute Facts, *Analysis*, vol. 18, nº 3 (1958).

à leur refuser le statut de jugement et à les considérer comme la simple expression d'émotions, ou de simples affirmations autobiographiques d'ordre psychologique relatant, selon les termes de Hume, des sentiments. Si peu plausible que soit cette façon d'envisager les problèmes posés par l'éthique et l'esthétique, sa popularité n'en a pas souffert; mais cette popularité montre au moins la puissance de ce type de représentation.

Mise à part la question, que nous laisserons de côté, du statut des jugements moraux ou esthétiques, question qui reste controversée, il existe bien des types de faits, et de faits qui ont toutes les caractéristiques de l'objectivité, qui n'ont rien à voir avec le jugement, le sentiment ou l'émotion, et qu'il est très difficile, sinon impossible, d'assimiler à la représentation dont on a parlé. N'importe quel journal relate des faits de type suivant : Monsieur Martin a épousé Mademoiselle Durand; les Dodgers ont battu les Giants à trois contre deux en onze tours; Lenoir a été accusé de vol; le Congrès a voté le budget. Il est certain que la représentation classique ne permet pas de rendre compte aisément de faits de ce genre. C'est-à-dire qu'il n'y a pas de type d'affirmations portant sur des propriétés ou des situations d'ordre physique ou psychologique auquel puisse se ramener l'affirmation de faits comme ceux que nous présentons ici. Une cérémonie de mariage, un match de base-ball, un procès ou un acte législatif impliquent toute une variété de processus, d'états physiques et de perceptions brutes, mais donner uniquement dans ces termes une description de l'un de ces événements ne suffit pas à spécifier cet événement comme étant une cérémonie de mariage, un match de base-ball, un procès ou un acte législatif. L'aspect physique et les perceptions brutes ne constituent qu'une partie de tels événements, qui sont soumis à d'autres conditions et se réalisent à l'intérieur de certains types d'institutions.

Je propose d'appeler ces faits auxquels se rapporte le groupe d'affirmations mentionné plus haut, des faits *institutionnels*. Il s'agit bien de faits, mais leur existence, à la différence des faits bruts, suppose l'existence de certaines institutions humaines. C'est seulement à l'intérieur de l'institution du mariage que certaines formes de comportement constituent le fait que Monsieur Martin se marie avec Mademoiselle Durand. De même, c'est uniquement parce que l'institution qu'est le base-ball existe, que certains mouvements accomplis par certains hommes constituent le fait que les Dodgers aient battu les Giants à trois contre deux en onze tours. Et, à un niveau encore plus simple, c'est seulement parce qu'existe l'institution de la monnaie, que j'ai en ce moment dans la main un billet de cinq dollars.

Retirez l'institution et je n'aurai plus qu'un morceau de papier sur lequel sont inscrites des choses en gris et en vert [20].

Ces « institutions » sont des systèmes de règles constitutives. Tout fait institutionnel repose sur une règle (un système de règles) de la forme « X revient à Y dans la situation S ». Notre hypothèse selon laquelle parler une langue c'est accomplir des actes conformément à des règles constitutives, nous amène à poser l'hypothèse suivante : le fait d'accomplir un certain acte de langage, comme par exemple, faire une promesse, est un fait institutionnel. Il n'est donc pas question pour nous d'analyser de tels faits en terme de faits bruts.

Examinons sous ce rapport l'inadéquation de la conception du fait brut appliquée à la connaissance, lorsqu'il s'agit de rendre compte de faits institutionnels. Et voyons pour cela la thèse que j'ai proposée, selon laquelle les concepts qui composent la représentation classique ne sont pas assez puissants pour décrire les faits institutionnels. Représentons-nous, pour illustrer cette inadéquation, ce que donnerait la description des faits institutionnels en terme de faits bruts. Imaginons un groupe d'observateurs hautement qualifiés qui décrivaient un match de football-rugby en ne retenant que les faits bruts. Que pourraient-ils dire dans une telle description? Ils pourraient dire beaucoup de choses bien sûr, à l'intérieur de certaines limites, ils pourraient même, en employant des techniques statistiques, dégager certaines lois. Nous pouvons imaginer par exemple qu'au bout de quelque temps notre observation finira par découvrir la loi du regroupement périodique : à intervalles réguliers du point de vue statistique, des individus portant un vêtement de même couleur se regroupent d'une certaine façon qu'on peut qualifier d'à peu près circulaire (la mêlée). De plus, à intervalles également réguliers, le regroupement en cercle est suivi d'un regroupement en ligne (les équipes se rangent en ligne avant de jouer), et à ce regroupement en ligne succède un phénomène d'interpénétration des lignes entre elles. Des lois de genre seraient de nature statistique, ce n'est pas cela qui les rend plus mauvaises que d'autres. Mais peu importe la quantité de données imaginables de ce genre que pourraient rassembler nos observateurs, et peu importe le nombre de généralisations inductives qu'ils pour-

---

20 Les faits bruts du genre : peser 72 kilos, nécessitent évidemment certaines conventions concernant les mesures de poids, ils nécessitent également certaines institutions linguistiques pour pouvoir être posés à l'intérieur d'une langue; mais le fait, une fois posé, n'en reste pas moins un fait brut, contrairement au fait qui consiste à le poser, qui, lui, est un fait institutionnel.

raient tirer de ces données, ils n'auront toujours pas décrit le football-rugby. Que manque-t-il donc à leur description? Il manque tous ces concepts définis par des règles constitutives, des concepts comme : le touché à terre, le hors-jeu, la partie, les points, l'essai, l'envoi, etc., et ce qui manque, par conséquent, ce sont toutes les affirmations vraies que l'on peut faire sur le football en se servant de ces concepts. Or ce sont précisément ces affirmations qui décrivent *comme étant une partie de football*, l'action qui se déroule sur le terrain. Les autres descriptions, celles des faits bruts, peuvent se donner en terme de faits institutionnels. Mais les faits institutionnels, eux, ne peuvent s'expliquer que par référence aux règles constitutives sous-jacentes.

Personne, je suppose, n'entreprendrait de décrire le football en termes de faits bruts, et pourtant, aussi curieux que cela puisse paraître, il s'est trouvé des gens qui ont tenté d'analyser la sémantique de langues naturelles en se servant uniquement d'une structure conceptuelle de faits bruts et en ne tenant aucun compte des règles sémantiques qui sous-tendent les régularités perceptibles dans les faits bruts. Quelques-unes de ces analyses offrent, de prime abord, une *apparence* de plausibilité car certaines régularités peuvent se déduire du comportement linguistique, exactement comme se déduisaient certaines régularités de notre étude « scientifique » fictive du football. Mais de telles régularités ne doivent pas pouvoir s'expliquer pour quiconque s'en tient en sémantique, à la doctrine du fait brut; et cela aussi bien si ces régularités apparaissent sous forme de rapport naturel entre stimulus et réponse (si je produis la suite de bruits : « y a-t-il du sel ici? », et si il y a effectivement du sel, le sujet produit le bruit : « oui »), ou bien sous forme de rapport entre énoncé et situation (la suite de sons « passez-moi le sel, s'il vous plaît » ne s'utilise en général que lorsqu'il y a du sel en vue). Les régularités perceptibles dans les faits bruts d'ordre linguistique (certains bruits produits par les hommes s'effectuent généralement à l'intérieur de certaines situations ou face à certains stimuli) s'expliquent de façon évidente par le fait que lorsqu'on parle, on adopte une forme de comportement intentionnel régie par des règles. Les règles rendent compte des régularités exactement de la même manière que les règles de football rendent compte des régularités que présente une partie de football, et sans les règles, il n'y a, semble-t-il aucun moyen de rendre compte de ces régularités.

3 Structure des actes illocutionnaires

Le terrain est maintenant prêt pour une analyse en bonne et due forme de l'acte illocutionnaire. J'ai choisi de m'attaquer à la promesse en premier lieu car, pour un acte illocutionnaire, il est assez clair, et assez bien analysable ; comme un terrain montagneux, il présente des contours nets. Mais nous verrons qu'il n'est pas uniquement d'un intérêt local, les leçons que nous devons en tirer ont une application générale.

Afin d'analyser l'acte illocutionnaire qu'est la promesse, je chercherai à savoir quelles conditions sont nécessaires et suffisantes pour que l'acte de promesse soit accompli effectivement et sans défaut dans l'emploi d'une phrase donnée. Je tâcherai de répondre à cette question en exposant des conditions sous la forme d'un ensemble de propositions tel que la conjonction des membres de l'ensemble entraîne une proposition établissant que le locuteur a fait une promesse qui est effective et sans défaut, et réciproquement. Chaque condition sera donc une condition nécessaire à la réalisation d'un acte de promesse effectif et sans défaut, et l'ensemble de toutes ces conditions sera lui-même une condition suffisante pour une telle réalisation. Il existe plusieurs types de défauts pouvant affecter les actes illocutionnaires, mais ces défauts ne suffisent pas tous à vicier l'acte dans sa totalité. Dans certains cas, il pourra fort bien se trouver qu'une condition, appartenant en propre à la notion de l'acte en question, ne soit pas satisfaite pour un cas donné, et néanmoins, l'acte aura été accompli. Dans de tels cas, je dis que l'acte est « défectueux ». Cette notion de défaut que j'introduis pour l'acte illocutionnaire est étroitement liée à la notion d' « insuccès » posée par Austin [1]. Les conditions ne sont pas toutes logiquement indépendantes les unes des autres. Il est parfois utile d'établir une

1 J. L. Austin, *How to Do Things with Words* (Oxford, 1962), spécialement les cours II, III, IV.

condition séparément, même si à proprement parler elle découle d'une autre condition.

Si nous obtenons un tel ensemble de conditions, il nous sera possible d'en déduire un ensemble de règles d'emploi du procédé marquant la force illocutionnaire. La méthode est ici analogue à celle par laquelle on découvre les règles des échecs en se demandant quelles sont les conditions nécessaires et suffisantes qui permettent de dire qu'on a roqué, déplacé un cavalier, fait mat, etc. correctement. Nous sommes dans la position de ce joueur qui a appris à jouer aux échecs sans jamais en avoir entendu formuler les règles, et qui désire obtenir cette formulation. Nous avons appris à jouer à ce jeu que sont les actes illocutionnaires, mais cela s'est fait en général sans formulation explicite des règles, et la première étape vers une telle formulation consiste à établir les conditions de réalisation d'un acte illocutionnaire particulier. Notre recherche répondra donc à un double but philosophique. L'ensemble des conditions que nous établirons, pour que puisse s'accomplir un acte illocutionnaire particulier, constituera une explication de cette notion et de plus préparera la seconde étape, c'est-à-dire la formulation des règles.

Ainsi décrite, mon entreprise apparaîtra peut-être un peu surannée et marquée par une époque. L'une des conclusions les plus importantes qui se dégage des travaux récents de philosophie du langage, est que la plupart des concepts du langage courant n'ayant pas un caractère technique sont absolument dépourvus de règles strictes. Les concepts de *jeu*, de *chaise*, ou de *promesse* ne sont pas soumis à des conditions nécessaires et suffisantes qui soient absolument déterminantes, des conditions telles que, si elles ne sont pas satisfaites, il est impossible qu'il y ait quelque chose qui soit un jeu, une chaise ou une promesse, et telles que, si elles sont satisfaites pour un objet donné, cet objet est obligatoirement, et ne peut qu'être un jeu, une chaise, ou une promesse. Mais cette thèse qui souligne l'imprécision des concepts, et tout le jargon qui s'y rattache (cf. : les « ressemblances de famille [2] ») ne devraient pas nous amener à rejeter le projet même de l'analyse philosophique, il faudrait plutôt en conclure que certaines formes d'analyse, et spécialement l'analyse qui fait apparaître des conditions nécessaires et suffisantes supposent vraisemblablement, à des degrés divers, une certaine

2 Cf. Ludwig Wittgenstein, *Philosophical Investigations* (New York, 1953), paragraphe 66-67.

idéalisation du concept analysé. Dans le cas présent, notre analyse portera sur ce qui forme le centre du concept de promesse. Je ne traiterai pas ici des cas marginaux, des cas limites, ni des cas présentant certains défauts. Cette approche a pour conséquence que l'on peut trouver des emplois ordinaires du mot « promettre » qui constituent des contre-exemples pour notre analyse. Je discuterai quelques-uns de ces contre-exemples, car leur existence, sans remettre en cause l'analyse, exige que l'on explique pour quelles raisons, et de quelle manière ils s'écartent des exemples types donnés pour la promesse.

En outre, au cours de cette analyse, je me contenterai de discuter des promesses qui sont clairement explicites, et laisserai de côté celles qui sont effectuées au moyen de tournures elliptiques, de sous-entendus, de métaphores, etc. je laisserai aussi de côté celles qui sont inclues dans des phrases comportant des éléments qui ne relèvent pas de la promesse. De plus, je ne traiterai que des promesses catégoriques et non des promesses conditionnelles, car on peut facilement rendre compte des promesses conditionnelles à partir de l'analyse des promesses catégoriques. En un mot, je ne m'occuperai que d'un cas simple et idéalisé de promesse. Cette méthode qui consiste à construire un modèle idéal est analogue à la façon dont la plupart des sciences construisent une théorie; cf. la construction des modèles économiques, les descriptions du système solaire où les planètes sont considérées comme des points. Sans abstration et sans idéalisation, il n'y a pas de systématisation possible.

Une autre difficulté surgit dans l'analyse, qui tient à ce que je désire établir des conditions en éliminant certaines formes de circularité. Je veux donner une liste des conditions pour que soit accompli un acte illocutionnaire donné, sans qu'il soit fait mention dans ces conditions du fait qu'un acte illocutionnaire quelconque ait été accompli. Il me faut répondre à cette exigence afin de donner un modèle d'explication des actes illocutionnaires en général, sinon je ne ferais qu' « indiquer la relation qui existe entre les différents actes illocutionnaires. Cependant, même s'il n'est fait aucune référence à des actes illocutionnaires, certains concepts d'ordre institutionnel, tel que « l'obligation » par exemple, apparaîtront toujours, aussi bien dans l'analyse que dans le terme analysé. Je ne cherche pas à réduire les faits institutionnels à des faits bruts; il n'y a donc aucune volonté de réduction dans l'analyse que je présente. Mais ce que je veux faire ici, c'est analyser certaines formulations de faits institutionnels (formulation de la forme « X fait une promesse ») en formulations utilisant des notions du type :

intention, règles et situations spécifiées par les règles. Il arrivera parfois que ces situations impliquent par elles-mêmes des faits institutionnels [3].

Je présenterai les conditions en considérant tout d'abord le cas de la promesse sincère, je montrerai ensuite comment modifier ces conditions de façon à rendre compte des promesses qui ne sont pas sincères. Étant donné que notre but est d'ordre sémantique plutôt que syntaxique, je supposerai simplement l'existence de phrase grammaticalement bien formée.

3.1 LA PROMESSE : UN ACTE COMPLEXE

Si un locuteur *L* prononce la phrase *T* en présence d'un auditeur *A*, *T* étant employé littéralement, *L* fait à *A* la promesse sincère et sans défaut *p*, si, et seulement si les conditions suivantes 1-9 sont remplies :

1. *Les conditions normales de départ et d'arrivée sont remplies.*

Les termes « départ » et « arrivée » permettent de recouvrir le domaine vaste et indéfini des conditions sous lesquelles toute forme de communication linguistique, pourvu qu'elle soit stricte et littérale [4], est rendue possible.
Le terme de « départ » recouvre les conditions à remplir pour parler de façon intelligible, et « arrivée », les conditions présidant à la compréhension. Les deux termes impliquent par exemple que lecteur et auditeur connaissent tous deux la langue en question, tous deux se rendent compte de ce qu'ils font, rien ne les empêche physiquement de communiquer, que ce soit surdité ou laryngite; ils ne sont pas en train de jouer un rôle, ou de se raconter de bonnes histoires, etc. Il faut remarquer que cette condition exclut *à la fois* les obstacles à la communication comme la surdité et les formes parasites de communication comme faire des plaisanteries ou jouer un rôle au théâtre.

---

3 Alston, lui, essaie d'analyser les actes illocutionnaires à l'aide de notions concernant les faits bruts uniquement (mise à part la notion de règles). Comme il le fait remarquer, son analyse n'aboutit pas. Je pense quant à moi, que son analyse ne pouvait aboutir tant qu'elle n'incluait pas de notions portant sur les faits institutionnels. Cf. W. P. Alston « Linguistic acts », *American Philosophical Quarterly*, vol. 1, nº 2 (1964).

4 J'oppose les emplois « stricts » au fait de jouer un rôle au théâtre, enseigner une langue, réciter un poème, s'exercer à prononcer, etc., et j'oppose « littéral » à métaphorique, ironique etc.

2. *L exprime la proposition que p, en employant T.*

Cette condition isole la proposition du reste de l'acte de langage et nous permet de nous centrer sur les particularités de la promesse en tant qu'acte illocutionnaire dans le reste de l'analyse.

3. *Dans l'expression de p, L prédique à propos de L un acte futur C.*

Dans le cas de la promesse, le procédé marqueur de force illocutionnaire inclut dans son champ certaines caractéristiques de la proposition. Dans une promesse, un acte doit être prédiqué à propos du locuteur, et cet acte ne peut se situer dans le passé. Je ne peux pas promettre d'avoir fait quelque chose, et je ne peux pas promettre que quelqu'un d'autre fera quelque chose (bien que je puisse promettre de veiller à ce qu'il le fasse). Telle que je l'envisage pour le but ici poursuivi, la notion d'acte inclut le refus d'agir, l'accomplissement d'une suite d'actions et peut aussi inclure des états, et des situations : je peux promettre de ne pas faire quelque chose, je peux promettre de faire quelque chose plusieurs fois ou de faire plusieurs choses à la suite, je peux promettre d'être ou de rester dans un certain état, dans une certaine situation. J'appelerai les conditions 2 et 3 des conditions de contenu propositionnel. Plus précisément, puisque ce sont des expressions et non des actes qui sont prédiquées à propos d'objets, il faudrait donner à cette condition la formulation suivante : par l'expression de *p*, L prédique à propos de L une expression dont la signification est telle que si l'expression est vraie de l'objet, il est vrai que l'objet accomplira un acte C dans le futur [5]. Mais cette formulation est un peu longue, c'est pourquoi j'ai eu recours à la métonymie donnée plus haut.

4. *A préfèrerait l'accomplissement de C par L à son non-accomplissement, et L pense que c'est le cas.*

Une différence essentielle entre la promesse d'une part et la menace d'autre part réside en ceci, que la promesse consiste à s'engager à faire quelque chose pour quelqu'un et non à quelqu'un. Une promesse sera défectueuse si la réalisation de la chose promise n'est pas désirée par celui à qui on promet; elle sera également défectueuse si celui qui promet ne croit pas que l'interlocuteur désire la réalisation de la promesse, puisqu'une promesse, pour être sans défaut doit être envisagée comme promesse par le locuteur

5 Cf. la discussion sur la prédication au chapitre 2.

et non comme une menace ou comme un avertissement. De plus, contrairement au cas de l'invitation, il faut pour la promesse une circonstance quelconque, une situation qui la provoque. Il semble que l'une des caractéristiques essentielles de ces circonstances ou de ces situations soit que celui à qui l'on promet quelque chose souhaite (a besoin, ou désire) que cette chose se réalise, et d'autre part celui qui promet a conscience de ce souhait (de ce besoin ou de ce désir). A mon avis les deux faces de cette condition sont nécessaires pour éviter des contre-exemples assez évidents [6].

On peut cependant trouver des contre-exemples apparents à cette condition, telle qu'elle a été posée. Supposez que je dise à un étudiant paresseux : « si vous ne rendez pas votre devoir à temps, je vous promets que je vous mettrai une note au-dessous de la moyenne ». Cet énoncé est-il une promesse? Je penserais plutôt que non; il serait plus naturel de la qualifier d'avertissement ou peut-être même de menace. Mais pourquoi, dans ce cas, est-il possible d'employer l'expression : « je promets »? Je pense que si nous l'utilisons en ce sens, c'est parce que « je promets » est, parmi les procédés marqueurs de force illocutionnaire, celui qui marque l'*engagement* du locuteur de la façon la plus forte. C'est pour cette raison que nous utilisons cette expression lorsque nous accomplissons un acte de langage qui n'est pas à proprement parler une promesse, mais dans lequel nous voulons mettre l'accent sur la force de notre engagement. Pour illustrer ceci, considérez ce qui constitue apparemment un autre contre-exemple à notre analyse, quoiqu'à un niveau différent : on entend parfois dire : « je promets » dans le cas d'une assertion emphatique. Supposez par exemple que je vous accuse d'avoir volé de l'argent. Je dis « vous avez volé cet argent, n'est-ce pas? ». Et vous répondez : « Non, je ne l'ai pas volé, je vous promets que je ne l'ai pas volé ». Avez-vous fait une promesse dans ce cas? Je trouve qu'il est très peu naturel de qualifier votre énoncé de promesse. Cet énoncé serait bien mieux décrit comme dénégation emphatique, et nous pouvons expliquer cet emploi du marqueur de valeur illocutionnaire « je promets » comme étant dérivé de la promesse proprement dite et servant ici à ajouter une marque d'emphase à votre dénégation.

Ce qu'établit la condition 4 de façon générale, c'est que, si une promesse donnée ne comporte pas de défaut, la chose promise doit offrir les caractéristiques suivantes : l'auditeur désire qu'elle soit réalisée, il considère

6 Pour une discussion intéressante de cette condition, voir Jerome Schneewind : « A note on promising », *Philosophical Studies*, vol. 17, nº 3 (avril 1966), pp. 33-5.

qu'il a intérêt à sa réalisation, ou bien il préfère sa réalisation à sa non réalisation, etc. et le locuteur doit se rendre compte, doit penser ou doit savoir, etc. que c'est le cas. Je pense qu'une formulation plus élégante et plus exacte de cette condition nécessiterait probablement l'introduction d'une terminologie technique ressortissant par exemple au domaine de l'économie.

5. *Il n'est pas évident, ni pour L, ni pour A, que L serait conduit de toute façon à effectuer C.*

Cette condition est l'application d'une condition plus générale qui porte sur de nombreux types différents d'actes illocutionnaires et qui établit que tout acte doit avoir un objet. Par exemple si je demande à quelqu'un de faire une chose dont il est très clair qu'il est déjà en train de l'accomplir ou sur le point de la faire, tout à fait indépendamment de ma requête, alors ma demande est sans objet, donc défectueuse. Dans une situation de discours précise, les auditeurs, qui connaissent les règles de réalisation des actes illocutionnaires, supposent satisfaite cette condition. Imaginez par exemple qu'au milieu d'un cours, je dise à l'un des membres de l'assistance : « S'il vous plaît, Smith écoutez bien ce que je dis en ce moment ». En interprétant cet énoncé, l'assistance devra supposer que Smith n'écoutait pas ou qu'en tout cas, s'il écoutait, ce n'était pas absolument évident, et que le fait a pu être mis en doute à un moment donné, et ceci à cause de la condition voulant que pour faire une demande qui ne comporte pas de défaut, on doit ne pas être certain que l'auditeur a déjà commencé à faire ce qu'on lui demande ou qu'il s'apprêtait à le faire.

Il en est de même pour la promesse. Il est pour moi hors de propos de promettre de faire quelque chose s'il est évident aux yeux de tous ceux que concerne cette promesse, que cette chose, je vais la faire de toute façon. Si je fais une telle promesse, mes interlocuteurs ne pourront interprêter mes paroles que dans un seul sens : ils devront supposer que, pour moi, il n'allait pas de soi que j'accomplisse la chose promise. Si un mari heureux promet à sa femme de ne pas l'abandonner la semaine suivante, il provoque probablement plus d'anxiété que de réconfort.

Incidement, je pense que cette condition constitue un exemple de type de phénomènes défini dans la loi de Zipf. A mon avis, il existe, agissant dans notre activité de langage, comme dans la plupart des types de comportement humain, un principe du moindre effort, et dans le cas présent, un principe selon lequel on vise un maximum d'effet illocutionnaire avec un minimum d'effort sur le plan phonique; et je pense que la condition 5 est une application de ce principe.

J'appellerai : *conditions préliminaires*, les conditions du type de 4 et 5. Bien qu'elles ne fournissent pas la caractéristique essentielle d'une promesse parfaite, ce sont des conditions nécessaires.

6. *L a l'intention d'effectuer C.*

La différence entre promesses sincères et promesses non-sincères réside en ceci : dans le cas des promesses sincères, le locuteur a l'intention d'effectuer l'acte promis, dans le cas des promesses non-sincères, il n'a pas l'intention de l'effectuer. En outre, quand la promesse est sincère, le locuteur pense qu'il lui sera possible d'effectuer l'acte (ou de s'en abstenir), mais pour moi, la proposition qu'il a l'intention de l'effectuer, implique qu'il pense pouvoir effectuer l'acte, ou s'en abstenir, ceci ne représente donc pas une condition supplémentaire. J'appellerai cette condition : *la condition de sincérité.*

7. *L'intention de L est que l'énoncé de T le mette dans l'obligation d'effectuer C.*

La caractéristique essentielle d'une promesse est qu'elle consiste, pour le locuteur, à contracter l'obligation d'accomplir un certain acte. Je pense que cette condition permet de distinguer les promesses (et les autres membres de cette famille, le vœu par exemple) d'autres types d'actes illocutionnaires. Notez que, telle qu'elle est formulée, la condition spécifie uniquement l'intention du locuteur; des conditions supplémentaires établiront clairement la façon dont cette intention se réalise. Il est cependant clairement nécessaire d'avoir cette intention pour faire une promesse, car si un locuteur peut démontrer qu'il n'avait pas cette intention en prononçant telle phrase, il peut alors prouver qu'il ne s'agissait pas d'une promesse. Nous savons, par exemple que M. Pickwick n'a pas vraiment promis le mariage, parce que nous savons qu'il n'avait pas l'intention appropriée. J'appelle cette condition : *la condition essentielle.*

8. *L a l'intention i-1 d'amener A à la connaissance K que l'énoncé de T doit revenir à mettre L dans l'obligation d'effectuer C. L a l'intention de produire K par la reconnaissance de i-1, et son intention est que i-1 soit reconnue en vertu (ou au moyen) de la connaissance qu'a A de la signification de T.*

Ceci reprend notre version révisée de l'analyse de Grice examinant ce que c'est pour un locuteur que dire quelque chose, en y attachant la valeur d'une promesse. Le locuteur entend produire un certain effet illocutionnaire en amenant l'auditeur à reconnaître son intention de produire cet effet; de plus, il a l'intention d'obtenir cette reconnaissance par le fait que la signification de ce qu'il dit associe, par convention, ses paroles à la production de cet effet. En ce cas, le locuteur suppose que les règles sémantiques (qui déterminent la signification) de l'expression employée sont telles que l'énoncé de cette expression revient à contracter une obligation.

En résumé, les règles, comme nous le verrons dans la condition suivante, permettent la réalisation de l'intention définie dans la condition essentielle 7, par l'énoncé de l'expression donnée. Le processus de cette réalisation, et la manière dont s'y prend le locuteur pour y parvenir, sont décrits dans la condition 8.

9. *Les règles sémantiques de la langue parlée par L et A sont telles que T est employée correctement et sincèrement si, et seulement si les conditions 1-8 sont réalisées* [7].

Cette condition doit établir clairement que la phrase utilisée fait partie, de par les règles sémantiques de la langue, de celles dont on se sert pour faire une promesse. Avec la condition 8, cette condition permet d'éliminer les contre-exemples, cf. celui du soldat prisonnier examiné plus haut. La signification d'une phrase est entièrement déterminée par la signification de ses éléments (aussi bien de niveau lexical que de niveau syntaxique). Ceci revient à dire que les règles qui gouvernent son emploi sont déterminées par les règles qui gouvernent ses éléments. Nous essaierons bientôt de formuler les règles qui gouvernent le ou les éléments servant à marquer que la force illocutionnaire est celle de la promesse.

Je conçois la condition 1 de façon assez large pour qu'avec les autres conditions, elle garantisse que *A* comprend l'énoncé, c'est-à-dire qu'avec les conditions 2-9, elle implique que l'effet illocutionnaire *K* est produit chez *A* au moyen de la reconnaissance par *A* de l'intention qu'a *L* de produire cet effet; et cette reconnaissance est obtenue en vertu de la connaissance qu'a *A* de la signification de *T*. Cette condition peut toujours être établie séparément, et si le lecteur pense que c'est trop demander aux condi-

7 Par rapport à la condition 1 ceci est un peu ambigu. La condition 1 est une condition générale portant sur toute communication linguistique stricte, et n'est pas spécifique à telle ou telle langue. De plus l'emploi de la bi-conditionnelle dans cette condition-ci exclut les phrases ambiguës. Nous devons supposer que *T* est non ambiguë.

tions imposées au départ et à l'arrivée, qu'elles garantissent que l'auditeur comprenne ce qu'on lui dit, alors il peut traiter ceci comme condition séparée.

3.2 PROMESSES NON-SINCÈRES

Jusqu'ici, nous avons seulement considéré le cas de la promesse sincère. Mais les promesses non-sincères n'en sont pas moins des promesses, et il nous faut indiquer à présent les modifications à apporter aux conditions pour pouvoir en rendre compte. En faisant une promesse non-sincère, le locuteur n'a pas toutes les intentions qui correspondent à la promesse sincère; en particulier, il lui manque l'intention d'accomplir l'acte promis. Cependant, il prétend avoir cette intention. Et c'est précisément parce qu'il prétend avoir des intentions qu'il n'a pas réellement, que nous décrivons son acte comme étant non-sincère.

Une promesse implique qu'une intention, sincère ou non, est exprimée. Aussi, pour rendre compte des promesses non-sincères, il nous faudra seulement revoir nos conditions et dire que le locuteur répond de l'intention qu'il a, au lieu de dire qu'il l'a, en fait. Le fait qu'un locuteur ne puisse dire, sans que cela soit absurde : « je promets de faire *C*, mais je n'en n'ai pas l'intention », montre qu'il engage effectivement sa responsabilité. Dire : « je promets de faire *C* » c'est répondre de son intention d'effectuer *C*, et cette condition vaut, quelle que soit la sincérité de ces paroles. Pour rendre compte de la possibilité de promesses non-sincères, il nous faut donc seulement revoir la condition 6 qui devra établir non pas que le locuteur a l'intention d'effectuer *C*, mais qu'il répond de son intention d'effectuer *C*; et pour éviter d'être accusé de circularité dans mon raisonnement, je formulerai ceci de la manière suivante :

6 *a. L'intention de* L *est que l'énoncé de* T *le rendra responsable de son intention d'effectuer* C.

Ainsi revue (et si l'on supprime toute référence à la sincérité aussi bien dans le terme analysé que dans la condition 9) notre analyse est neutre du point de vue de la sincérité de la promesse.

3.3 RÈGLES D'EMPLOI DU MARQUEUR DE FORCE ILLOCUTIONNAIRE

Notre tâche consiste maintenant à extraire de notre ensemble de conditions, un ensemble de règles gouvernant l'emploi du marqueur de force illocutionnaire. Il est clair que nos conditions ne relèvent pas toutes de cette tâche au même degré. La condition 1 et les conditions présentées sous les formes 8 et 9 s'appliquent de façon générale à tous les types d'actes illocutionnaires normaux et ne sont pas particulières à la promesse. Les règles gouvernant le marqueur de force illocutionnaire pour la promesse se trouveront correspondre aux conditions 2-7.

Les règles sémantiques gouvernant l'emploi d'un marqueur de force illocutionnaire quelconque *Pr* pour la promesse sont :

Règle 1. Pr s'emploie uniquement dans le contexte d'une phrase (ou d'un segment de discours plus vaste) *T*, dont l'énoncé permet de prédiquer un acte futur *C* à propos d'un locuteur *L*. J'appelle cette règle : *règle de contenu propositionnel*. Cette règle dérive des conditions de contenu propositionnel 2 et 3.

Règle 2. Pr s'emploie uniquement si l'auditeur *A* préfère l'accomplissement de *C* par *L* à son non-accomplissement, et si *L* pense que c'est le cas.

Règle 3. Pr s'emploie uniquement s'il n'est évident ni pour *L*, ni pour *A*, que *L* serait conduit de toute façon à effectuer *C*. J'appelle les règles 2 et 3 : *règles préliminaires*, qui dérivent des conditions préliminaires 4 et 5.

Règle 4. Pr s'emploie uniquement si *L* a l'intention d'effectuer *C*. J'appelle ceci : la *règle de sincérité*, qui dérive de la condition de sincérité 6.

Règle 5. Employer *Pr* revient à contracter l'obligation d'effectuer *C*. C'est ce que j'appelle : *règle essentielle*.

Ces règles sont ordonnées : les règles 2-5 ne s'appliquent que si la règle 1 a pu jouer, de même la règle 5 ne s'applique que si les règles 2 et 3 ont pu jouer. Nous verrons plus loin que quelques-unes de ces règles apparaissent comme appliquant simplement au cas particulier de la promesse des lois très générales sous-jacentes à tout acte illocutionnaire; et finalement nous devrions pouvoir les mettre en facteur, pour ainsi dire, de telle sorte qu'elles ne puissent plus être conçues comme des règles s'appliquant à l'emploi du marqueur de force illocutionnaire de promesse, par opposition aux autres types de marqueurs.

Notons que, tandis que les règles 1-4 ont une forme quasi-impérative, c'est-à-dire, sont de la forme : « n'employer *Pr* que si *X* », la règle 5, elle, est de la forme : « l'emploi de *Pr* revient à *Y*. Ainsi, la règle 5 appartient à ce type de règle, particulier aux systèmes de règles constitutives dont j'ai parlé au chapitre 2.

Notons également que l'analogie, un peu fastidieuse, avec les jeux, reste toujours parfaitement valable. Si nous recherchons les conditions qui nous permettent de dire d'un joueur qu'il a correctement déplacé son cavalier, nous trouverions des conditions préparatoires (c'est à lui de jouer, par exemple), ainsi que la condition essentielle spécifiant les déplacements que peut effectivement opérer le cavalier. Il y a même des conditions de sincérité dans le cas des jeux de compétition, par exemple : qu'on ne triche pas ou qu'on ne s'arrange pas pour perdre. Naturellement, les « règles » de sincérité correspondantes ne sont pas propres à tel ou tel jeu, mais s'appliquent aux jeux de compétition de façon générale. Il n'y a habituellement pas de règles de contenu propositionnel pour les jeux, car, en général, les jeux ne représentent pas des états de fait.

A quels éléments de la description linguistique proprement dite d'une langue naturelle, s'appliqueraient des règles du type 1-5 ? Admettons, pour la simplicité de l'exposé que, dans les grandes lignes, les théories de Chomsky-Fodor-Katz-Postal [8] concernant la syntaxe et la sémantique soient justes. Il me paraît, dans ce cas, tout à fait improbable que les règles gouvernant les actes illocutionnaires s'appliquent directement aux éléments (« formatifs », morphèmes) engendrés par le composant syntaxique, à l'exception d'un petit nombre de cas, tel que l'impératif. Dans le cas de la promesse, il serait plus probable que les règles s'appliquent à un élément quelconque résultant des opérations combinatoires effectuées par le composant sémantique. La réponse à cette question dépendrait en partie de la possibilité de ramener l'ensemble des actes illocutionnaires à un très petit nombre de types illocutionnaires de base. S'il en est ainsi, il devient alors un peu plus probable que le type illocutionnaire propre à une phrase puisse être représenté de façon simple au niveau de la structure profonde.

3.4 EXTENSION DE L'ANALYSE

Si cette analyse présente un intérêt général dépassant le cas de la promesse, il semblerait normal que ces distinctions nous amènent à considérer

8 Cf. par exemple J. Katz et P. Postal, *An Integrated Theory of Linguistic Descriptions* (Cambridge, Mass., 1964).

d'autres types d'actes illocutionnaires, et je pense qu'un minimum de réflexion montrera que c'est effectivement le cas. Examinons le cas où l'on donne un ordre, par exemple. Les conditions préliminaires établissent que le locuteur est à même d'exercer son autorité sur l'auditeur, la condition de sincérité pose que le locuteur désire que soit accompli l'acte qu'il ordonne et la condition essentielle porte sur le fait que le locuteur a l'intention, par ce qu'il dit, d'amener l'auditeur à exécuter l'acte en question. Pour l'assertion, les conditions préliminaires établissent le fait que l'auditeur doit avoir des raisons de supposer que la proposition assertée est vraie, la condition de sincérité pose que, pour lui, cette proposition est vraie, et la condition essentielle concerne le fait que la proposition est présentée comme étant l'expression d'une situation effective. Le fait de saluer représente un type d'acte de langage beaucoup plus simple, mais, même dans ce cas, certaines distinctions restent applicables. Il n'y a, dans le fait de dire « bonjour », aucun contenu propositionnel, aucune condition de sincérité. La condition préliminaire sera que le locuteur et l'auditeur viennent juste de se rencontrer, et la règle essentielle, que ce qui est dit revienne, pour le locuteur, à indiquer de façon courtoise qu'il a reconnu l'auditeur. Nous pouvons représenter ces informations qui s'appliquent à un grand nombre d'actes illocutionnaires sous la forme du tableau donné pp. 108.

A partir de ce tableau, il est possible de formuler et de vérifier certaines hypothèses générales se rapportant aux actes illocutionnaires :

1. Chaque fois qu'un état psychologique se trouve spécifié dans la condition de sincérité, accomplir l'acte en question revient à *exprimer* cet état psychologique. Cette loi est valable indépendamment du fait que le locuteur se trouve dans un état psychologique spécifié. Ainsi, asserter, affirmer, dire (que p), revient à *exprimer la croyance* (que p). Demander, prier, supplier, réclamer, ordonner, commander, exiger (que C soit exécuté), revient à *exprimer le souhait ou le désir* (que C soit exécuté). Promettre, jurer, menacer, faire le vœu (d'exécuter C) revient à *exprimer l'intention* (d'exécuter C).

Remercier, féliciter ou souhaiter la bienvenue revient à *exprimer sa gratitude*, *son plaisir* (devant la réussite de L, à l'arrivée de L [9]).

---

9 Disons au passage que cette loi apporte une solution au paradoxe de Moore, paradoxe selon lequel je ne peux simultanément affirmer que p, et affirmer que je ne croie pas p, même si la proposition que p n'est pas contradictoire par rapport à la proposition que je ne crois pas p.

Les types d'actes illocutionnaires

Types de règles		DEMANDER (de faire qqch)	ASSERTER, DÉCLARER, AFFIRMER	POSER UNE QUESTION
	De contenu propositionnel	Acte futur *C* de *A*	Toute proposition *p*	Toute proposition ou fonction propositionnelle
	Préliminaire	1. *A* est en mesure d'effectuer *C*. *L* pense que *A* est en mesure d'effectuer *C*. 2. Il n'est certain, ni pour *L*, ni pour *A*, que *A* serait conduit de toute façon à effectuer *C* de lui-même.	1. *L* a des preuves (des raisons pour croire, etc.) que *p* est vraie. 2. Il n'est certain, ni pour *L*, ni pour *A*, que *A* sache (se souvient de, etc.) *p*.	1. *L* ne connaît pas « la réponse », c'est-à-dire, il ne sait pas si la proposition est vraie, ou, dans le cas d'une fonction propositionnelle, il n'a pas l'information requise qui lui permette d'établir la vérité de la proposition (cependant, voir le commentaire ci-dessous). 2. Il n'est certain, ni pour *L*, ni pour *A*, que *A* fournisse à ce moment là l'information sans qu'on le lui demande.
	De sincérité	*L* désire que *A* effectue *C*.	*L* croit *p*.	*L* désire obtenir cette information.
	Essentielle	Revient à essayer d'amener *A* à effectuer *C*.	Revient à assurer que *p* représente une situation réelle.	Revient à essayer d'obtenir cette information de *A*.
	Commentaire	*Commander* et *ordonner* obéissent à une règle préliminaire supplémentaire : *L* doit être à même d'exercer son autorité sur *A*. *Commander* ne comporte probablement pas la condition « pragmatique » d'incertitude sur la réalisation de *C*. De plus, dans les deux cas, la relation d'autorité corrompt la condition essentielle, car ce qui est dit revient à essayer d'amener *A* à effectuer *C* *en vertu de l'autorité qu'a L sur A*.	Contrairement à *prouver* ces actes n'apparaissent pas essentiellement liés à la volonté de convaincre. Ainsi : « j'affirme simplement que *p*, je ne cherche pas à vous convaincre » est acceptable, tandis que : « je vous prouve que *p*, sans chercher à vous convaincre » semble contradictoire.	Il y a deux sortes de questions : *a*) les questions proprement dites; *b*) les questions posées aux examens. Dans les questions proprement dites, *L* veut connaître (ou trouver) la réponse; dans les questions d'examen, *L* veut savoir si *A* connaît la réponse.

Types de règles	REMERCIER	CONSEILLER	AVERTIR
De contenu propositionnel	Acte passé C accompli par A.	Acte futur C de A.	Événement ou état futur E.
Préliminaire	C a été profitable à L, et L pense que C lui a été profitable.	1. L a des raisons de penser que C sera profitable à A. 2. Il n'est certain, ni pour L, ni pour A, que A serait conduit à effectuer C de toute façon.	1. A a des raisons de penser que E se produira, et que ce n'est pas dans l'intérêt de A. 2. Il n'est certain, ni pour L, ni pour A, que E se produise.
De sincérité	L est reconnaissant pour C ou a apprécié C.	L pense que C sera profitable à A.	L pense qu'il n'est pas de l'intérêt de A que E se produise.
Essentielle	Revient à exprimer sa reconnaissance ou son appréciation.	Revient à assumer que C sera profitable à A.	Revient à assumer que E n'est pas profitable à A.
Commentaire	La règle de sincérité et la règle essentielle se chevauchent. Remercier, c'est simplement exprimer de la gratitude au sens où, par exemple, promettre, ce n'est pas uniquement exprimer une intention.	Contrairement à ce qu'on pourrait supposer, conseiller n'est pas une manière de prier quelqu'un de faire quelque chose. Il est intéressant de comparer : « conseiller » avec « pousser quelqu'un à faire quelque chose », « inviter à » et « recommander ». Conseiller, ce n'est pas essayer de vous faire faire quelque chose comme c'est le cas de demander. Conseiller, c'est plutôt vous dire ce que vous avez intérêt à faire.	Avertir ressemble à conseiller plutôt qu'à demander. Je ne pense pas que cela vise nécessairement à vous faire agir dans le but d'éviter E. Noter que ce qui précède concerne les avertissements catégoriques, et non les avertissements hypothétiques. La plupart des avertissements sont probablement des avertissements hypothétiques : « Si vous ne faites pas X, alors Y se produira. »

Types de règles	SALUER	FÉLICITER
De contenu propositionnel	Aucune.	vénement, acte, etc., quelconque E se rapportant à A.
Préliminaire	L vient de rencontrer A (ou vient de lui être présenté, etc.).	E est profitable à A, et L pense que E est profitable à A.
De sincérité	Aucune.	L est content que E se produise. ↓
Essentielle	Revient, pour L, à marquer de façon courtoise qu'il reconnaît A.	Revient à exprimer son contentement face à E.
Commentaire		« Féliciter » ressemble à « remercier » en ce qu'il exprime sa condition de sincérité.

2. Réciproquement, la non sincérité n'est possible que lorsque l'acte revient à l'expression d'un état psychologique. Il est impossible par exemple de saluer ou baptiser insincèrement, mais on peut toujours affirmer ou promettre insincèrement.

3. Si la condition de sincérité nous dit ce que le locuteur *exprime* par l'accomplissement de l'acte, la condition préliminaire nous apprend (au moins en partie) ce qu'il *sous-entend* en accomplissant cet acte. De façon générale, le locuteur sous-entend, par l'accomplissement d'un acte illocutionnaire quelconque, que les conditions préliminaires de l'acte sont satisfaites. Ainsi, par exemple, lorsque j'affirme quelque chose, je sous-entends que je peux étayer cette affirmation; lorsque je promets quelque chose, je sous-entends que l'auditeur s'intéresse à la réalisation de ma promesse; quand je remercie quelqu'un, je sous-entends que ce pour quoi je le remercie m'a été profitable (ou du moins visait à l'être), etc.

Pour la beauté de la symétrie, il serait très agréable de pouvoir donner, en se référant aux règles essentielles, une description du fait de *dire*, parallèle à la description donnée pour le fait de *sous-entendre* et le fait d'*exprimer*. On est en effet tenté de dire : le locuteur sous-entend (que sont satisfaites) les conditions préliminaires, il *exprime* (l'état spécifié dans) les conditions de sincérité, et il *dit* (tout ce qui peut être spécifié par) la condition essentielle. Mais cette symétrie s'effondre du fait qu'il existe une étroite relation entre le fait de dire et la classe des actes illocutionnaires constatifs. L'affirmation relève du « dire », mais non la salutation. La première thèse présentée par Austin à propos des performatifs était effectivement que certaines énonciations ne relèvent pas du « dire », mais d'autres types d'actes. Il est cependant possible qu'Austin soit allé trop loin dans ce cas. Lorsqu'une personne dit : « je promets », elle ne promet pas seulement, elle *dit* qu'elle le fait [10]. C'est-à-dire qu'il y a bien une relation entre le fait de dire et les constatatifs, mais elle n'est pas aussi étroite qu'on pourrait le penser.

4. Il est possible d'accomplir un acte de langage sans utiliser de façon explicite un marqueur de force illocutionnaire lorsque la situation et le contexte montrent clairement que la condition essentielle est satisfaite. Je peux me contenter de dire « Je vais le faire », mais cet énoncé reviendra à une promesse, et sera reçu comme tel, dans toutes les situations pour

10 J. L. Austin l'a lui-même fait remarquer; 'Other minds', *Proceedings of the Aristotelian Society*, supplément (1964), repris dans J. L. Austin, *Philosophical Papers* (Oxford, 1961).

lesquelles il est évident qu'en disant cela j'accepte (je m'impose, etc.) une obligation. Il est bien rare, en fait, qu'on ait vraiment besoin de dire explicitement « je promets ». De la même manière, je peux me contenter de dire « j'aimerais que vous ne fassiez pas cela », mais l'énoncé de cette phrase, dans certaines situations, représentera plus que la simple expression d'un souhait dans un but, disons, autobiographique. Ce sera une demande. Et ce sera une demande pour toutes ces situations où ce qui est dit a pour but de faire cesser une action, c'est-à-dire lorsque la condition essentielle de la demande est satisfaite.

Cette caractéristique du langage — le fait que l'énoncé d'une phrase puisse, dans une situation donnée, marquer que la condition essentielle est satisfaite, sans utiliser explicitement pour cela le marqueur de force illocutionnaire — est à l'origine de nombreux tours de phrases polis. Ainsi par exemple, la phrase : « Pourriez-vous me faire cela ? », malgré la signification de chaque élément lexical et le marqueur de force illocutionnaire d'interrogation, n'est pas spécifiquement énoncée en tant que question conditionnelle portant sur les capacités de quelqu'un. Elle est énoncée de façon caractéristique en tant que demande.

5. On peut toujours rendre explicite la force illocutionnaire d'un énoncé lorsqu'elle n'est pas explicitement marquée. Ceci relève du principe d'exprimabilité, établissant que tout ce que l'on peut vouloir signifier peut être dit. Bien évidemment, il se peut qu'une langue ne soit pas assez riche pour permettre aux locuteurs de dire tout ce qu'ils voudraient, mais en principe rien ne s'oppose à ce qu'on l'enrichisse. Autre application de cette loi : tout ce qui est sous-entendu peut être dit, toutefois, si mon exposé des conditions préliminaires est juste, ce ne peut être dit sans que cela entraîne d'autres sous-entendus.

6. Le chevauchement des conditions mentionné dans le tableau nous montre que certains types d'actes illocutionnaires sont en réalité des cas particuliers relevant d'autres types ; ainsi poser une question est en réalité un cas particulier de la demande, à savoir : demander une information (question proprement dite) ou demander que l'auditeur expose ce qu'il sait (type de question d'examen). Ceci explique que nous sachions intuitivement que ce qui est énoncé sous forme de demande : « Dites-moi le nom du premier président des États-Unis », est équivalent, du point de vue de la force illocutionnaire, à ce qui est énoncé sous forme de question : « quel est le nom du premier président des États-Unis ». Et cela explique également pourquoi

le verbe « demander » recouvre à la fois demandes [au sens de demander à quelqu'un de faire quelque chose. NDT] et questions, exemple : « il m'a demandé de le faire » (demande) et « il m'a demandé pourquoi » (question).

Une question d'importance déterminante mais difficile à résoudre se pose. Existe-t-il des actes illocutionnaires de base auxquels puissent se ramener tous les autres, ou la majeure partie d'entre eux ? Autrement dit : quels sont les types d'actes illocutionnaires fondamentaux, et quel est le principe d'unité propre à chacun de ces types ? La difficulté que nous éprouvons à répondre à ce genre de question tient en partie au fait que les principes de distinction qui nous amènent à dire de prime abord que tel ou tel acte illocutionnaire appartient à un type différent de tel ou tel autre, sont d'ordre extrêmement variable. (Voir ci-dessous : 8 [11].)

7. En général la condition essentielle détermine les autres. Par exemple, étant donné que la règle essentielle pour la demande veut que l'énoncé de la demande revienne à essayer d'amener *A* à faire quelque chose, la règle de contenu propositionnel devra inclure un acte futur de *A*.

S'il est vrai que les autres règles dépendent de la règle essentielle, et si certaines d'entre elles réapparaissent régulièrement, celles-ci doivent pouvoir s'éliminer. En particulier la condition préliminaire d'incertitude se retrouve dans un si grand nombre de types d'actes illocutionnaires, qu'à mon avis, il ne s'agit pas du tout de règles distinctes portant sur l'emploi de marqueurs de force illocutionnaire particuliers, mais en fait, d'une condition générale propre à l'ensemble des actes illocutionnaires (et, de façon analogue, à d'autres types de comportement), établissant qu'un acte est défectueux si le but à atteindre en satisfaisant à la règle essentielle, est déjà atteint. Cela n'a par exemple, aucun sens de dire à quelqu'un de faire quelque chose, s'il est absolument certain qu'il va le faire de toute manière. Mais ce n'est pas plus une règle *particulière* à la demande que ne l'est, en ce qui concerne le déplacement d'un cavalier, la règle disant qu'un joueur ne doit déplacer son cavalier que lorsque c'est son tour de jouer.

8. Les notions de force illocutionnaire et de différence entre les actes illocutionnaires supposent en réalité plusieurs principes de distinction tout à fait différents. Premièrement (c'est le plus important) : l'objet ou le but de l'acte (c'est la différence entre, par exemple, une affirmation et une question) ;

---

11 A cet égard la classification des actes illocutionnaires en cinq catégories donnée par Austin paraît plutôt *ad hoc*, *How to Do Things with Words*, pp. 150 qq.

deuxièmement : le rapport existant entre L et A (c'est la différence entre une demande et un ordre); troisièmement : le degré de l'engagement que l'on contracte (c'est la différence entre la simple expression d'une intention et une promesse); quatrièmement : la différence de contenu propositionnel (c'est la différence entre prédire et rapporter); cinquièmement : la différence dans le rapport existant entre la proposition et les intérêts propres à L ou à A (c'est la différence entre se vanter et se plaindre, entre avertir et prédire); sixièmement : les différents états psychologiques possibles qui sont exprimés (c'est la différence entre une promesse qui est l'expression d'une intention, et une affirmation, qui est l'expression d'une croyance); septièmement, la différence dans le rapport existant entre l'expression en question et le reste de la conversation (c'est la différence entre simplement répondre à ce que quelqu'un a dit et contester ce qu'il a dit). Il faut donc se garder de supposer, bien que la métaphore sur le terme « force » le suggère, que les différents verbes illocutionnaires déterminent des points appartenant à un seul continuum. Alors qu'en fait il y a plusieurs continuum de « force illocutionnaire » et le fait que les verbes illocutionnaires d'une langue donnée déterminent seulement certains points de ces divers continuum, et non d'autres, est en un sens, accidentel. Par exemple, l'anglais aurait pu avoir le verbe illocutionnaire « rubrify », qui signifierait : dire que quelque chose est rouge ». Ainsi la phrase « je le rubéfie » signifierait simplement « c'est rouge ». De la même façon l'anglais possède le verbe « macarize » qui n'est plus guère usité, et qui signifie : dire de quelqu'un qu'il est joyeux [12] ».

Il est important de se rendre compte que l'énoncé d'une seule et même phrase peut représenter la réalisation de plusieurs actes illocutionnaires différents, et ceci pour deux raisons : d'abord parce qu'il y a différentes sortes de force illocutionnaire, et ensuite, qu'un même acte d'énonciation peut être accompli avec toute une variété d'intentions différentes. Imaginez par exemple qu'à une soirée une femme dise : « il est bien tard ». A un certain niveau, l'énoncé de cette phrase peut être la simple constatation d'un fait; si son interlocuteur vient de faire remarquer qu'il est encore très tôt, cela pourra être reçu comme une objection (et était peut-être visé comme tel) pour son mari ce pourra être (et visé comme tel) une suggestion ou même une demande (« rentrons »), ou encore un avertissement (« tu ne seras bon à rien demain si nous ne rentrons pas »).

---

12 Je dois le premier de ces exemples à Paul Grice, le second à Peter Geach : « Ascriptivism », *Philosophical Review*, vol. 69 (1960), pp. 221-6.

9. Certains verbes illocutionnaires peuvent être définis en terme d'effet perlocutionnaire visé, mais pour certains, cela n'est pas possible. Ainsi, demander, pour ce qui est de la condition essentielle, c'est essayer d'amener un auditeur à faire quelque chose, mais promettre n'est pas essentiellement lié à de tels effets ou à de telles réactions de la part de l'auditeur. Si nous pouvons fournir une analyse de tous les actes illocutionnaires (au moins la plupart d'entre eux) en terme d'effets perlocutionnaires, les chances de pouvoir faire cette analyse sans faire référence aux règles en seraient grandement accrues. La raison de ceci est que la langue serait alors considérée comme un moyen conventionnel d'obtenir ou d'essayer d'obtenir des réactions ou des effets d'ordre naturel. L'acte illocutionnaire, par lui-même, n'impliquerait plus aucune règle. Il serait théoriquement possible d'effectuer l'acte soit à l'intérieur d'une langue, soit en dehors, et le faire à l'intérieur d'une langue, ce serait faire au moyen d'un procédé conventionnel, ce qui pourrait être fait sans ce recours. Les actes illocutionnaires seraient alors des actes (optionnellement) conventionnels, et non plus des actes régis par des règles.

Il apparaît clairement, après tout ce que j'ai dit jusqu'ici, que pour moi, cette réduction de l'illocutionnaire ou perlocutionnaire et l'élimination des règles qui en découle ne sont probablement pas possibles. C'est sur ce point que, ce que l'on pourrait appeler les théories de la communication comprise comme institution, telles que celle d'Austin, la mienne, et je pense, celle de Wittgenstein, se séparent de ce qui pourrait être appelé les théories naturelles de la signification, celles par exemple, qui se fondent sur une explication de la signification en terme de stimulus-réponse.

4 La référence comme acte de langage

Dans ce chapitre et dans le suivant, nous allons approfondir l'étude de la proposition pour examiner les actes propositionnels de référence et de prédication. Nous limiterons notre discussion à la référence définie unique. A cet égard, notre exposé portera sur une théorie incomplète de la référence. Mais ceci seulement, nous le verrons, nous posera un grand nombre de problèmes, et tant que nous n'aurons pas éclairci ces problèmes, il est très peu probable que nous puissions résoudre ceux que posent d'autres types de référence.

La notion de référence définie unique est très peu satisfaisante, mais il serait très difficile de s'en passer. Les cas les plus clairs d'expression référentielle sont représentés par les noms propres, mais dès que nous prenons les descriptions définies uniques, nous nous apercevons que certaines d'entre elles sont des expressions référentielles, que certaines n'en sont pas et que d'autres oscillent entre les deux. De plus, certains emplois de noms propres ne sont pas référentiels, par exemple, dans : « Cerbère n'existe pas ». Les philosophes qui traitent des descriptions définies, s'en tiennent à peu près invariablement à des exemples du type « le roi de France », ou « l'homme », et n'envisagent guère d'exemples comme : « le temps qu'il fait », « la façon dont nous vivons actuellement », ou « la raison pour laquelle j'aime les haricots ». Ceci devrait éveiller nos soupçons. A titre d'exemple, voyez les difficultés que soulève l'application littérale de la théorie des descriptions de Russell, à une phrase comme « le temps qu'il fait est bon » « $(\exists x)$ (x est un temps y (y est un temps $\supset y = x$. x est bon) », ce qui n'a pas grand sens. Et pourtant, on serait tenté de dire que « le temps » dans « le temps qu'il fait est bon » joue un rôle identique à celui de « l'homme » dans « l'homme est bon ».

Examinons certains exemples de descriptions définies dont il est clair qu'ils ne sont pas référentiels. Dans l'énoncé de : « Il m'a laissé dans le pétrin », l'expression « le pétrin » n'est pas utilisée pour référer. De même dans « je l'ai dit pour ta gouverne », l'expression « ta gouverne » n'est pas non plus utilisée pour référer [1] *.

Ceci devient encore plus évident si l'on compare l'emploi de « le pétrin », ou de « ta gouverne » dans ces phrases aux emplois de « l'immeuble » ou « ton frère », dans les phrases « il m'a laissé dans l'immeuble » et « je l'ai dit pour ton frère ! » Mais comment puis-je savoir que les deux premiers exemples n'ont pas de référence, et que les deux derniers en ont une ?

Il m'est possible de le savoir parce que, en tant que sujet parlant ma langue maternelle, je me rends compte que l'énoncé des deux premières phrases ne sert pas à extraire ou à identifier un objet ou une entité, alors que c'est le cas pour les deux dernières. Ce fait a certaines conséquences intéressantes d'un point de vue linguistique, et pour qui ne verrait pas clairement l'absence de référence dans « le pétrin » et « ta gouverne », il serait peut-être utile de préciser ces conséquences. Ainsi les deux premiers exemples ne répondent pas aux questions correspondantes : « pour qui ou pour quoi l'ai-je dit ? » et : « dans quoi m'a-t-il laissé ? », alors que les deux derniers exemples répondent clairement à ces questions. De plus, dans ce type de contexte, « gouverne » et « pétrin » n'admettent pas de forme de pluriel, tandis que « frère » et « immeuble » le peuvent. Du point de vue d'une syntaxe générative, nous pourrions dire que « ta gouverne » et « le pétrin » n'ont rien de syntagmes nominaux, et que « gouverne » et « pétrin » ne sont pas des noms dans ces exemples.

Une autre source de difficulté réside en ce que les emplois référentiels d'expressions référentielles uniques ne sont pas tous catégoriques, si je puis m'exprimer ainsi. Certains de ces emplois sont conditionnels. Ainsi, dans l'énoncé de « il héritera de la fortune », « il » est utilisé comme référence catégorique. Mais dans l'énoncé de : « s'ils ont un fils, il héritera de la fortune », la valeur de référence de « il » dépend de la vérité de la proposition antécédente. On peut imaginer des exemples analogues avec des noms propres, par exemple : « Si la reine d'Angleterre a un fils appelé Henry, alors Henry est le dernier de cinq enfants. » L'étude qui va suivre portera

1 L'exemple anglais est donné par W. Quine *Word and Object* (Cambridge, 1960), p. 236.

* N.D.T. L'exemple cité par Searle : « I did it for his sake » n'a pas de correspondant en français, nous l'avons donc transposé.

sur la référence catégorique, de même que, pour le cas de la promesse, l'étude a porté sur la promesse catégorique et non sur la promesse conditionnelle.

4.1 EMPLOI ET MENTION

Comme nous l'avons précédemment fait remarquer, une expression référentielle n'a pas, dans tous ses emplois dans le discours, une valeur référentielle. De plus, certaines expressions, qu'elles soient référentielles ou autres, peuvent être utilisées dans le discours, en dehors de leur emploi normal, à savoir lorsqu'elles sont elles-mêmes l'objet du discours. En ce sens, examinez la différence qui existe entre :

1. Socrate était philosophe; et
2. « Socrate » a sept lettres.

Deux faits sautent aux yeux lorsque l'on compare ces phrases : premièrement, toutes deux commencent par le même mot, et deuxièmement, le rôle que joue ce mot dans la phrase est tout à fait différent dans chacun des deux cas, puisque dans 1 il est utilisé dans son emploi normal qui réfère à un homme particulier, et que dans 2 il n'est pas utilisé dans son emploi normal, mais est l'objet du discours — comme l'indique la présence des guillements —. En essayant de rendre compte de cette différence, les philosophes ont été amenés à nier cette vérité évidente : que les deux phrases commencent par le même mot.

On a si souvent parlé — et de façon extrêmement confuse — de cette distinction entre l'emploi et la mention d'expressions qu'il serait bon de chercher à clarifier rapidement ce point. Philosophes et logiciens affirment généralement que dans un cas du type de 2, ce n'est pas le mot « Socrate » qui apparaît mais bien un mot tout à fait autre qui est le nom propre du mot. Les noms propres de mots ou d'autres expressions, affirment-ils, se forment par adjonction de guillements de part et d'autre de l'expression ou plutôt de ce qui constituerait l'expression si celle-ci était employée en tant qu'expression et pas seulement en tant qu'élément d'un nouveau nom propre. De ce point de vue, le premier mot de 2 n'est pas, comme vous pourriez le penser : « Socrate », mais : «« Socrate »». Et, ce qui est assez difficile à saisir, le mot que je viens d'écrire n'est pas : «« Socrate »», mais «««Socrate »»», mot tout à fait différent, qui est à son tour nom propre du nom propre d'un nom propre, à savoir : «««« Socrate »»»». Et ainsi de suite dans la hiérarchie des noms de noms de noms...

Pour moi, ce point de vue est absurde, et je pense, d'une absurdité dangereuse, car il repose sur une profonde incompréhension du fonctionnement des noms propres, des guillemets et d'autres éléments du langage. De plus, son influence néfaste s'est fait sentir dans d'autres domaines de la philosophie du langage. Par exemple, par analogie avec la conception orthodoxe de l'emploi et de la mention, on a pu dire à tort que les propositions commençant par « que » sont des noms propres de propositions.

Il y a au moins deux façons de montrer que cette conception orthodoxe de l'emploi et de la mention est forcément fausse. La première consiste à lui opposer certaines caractéristiques générales de cette institution que sont les noms propres, qui la contredisent. La seconde consiste à comparer d'une part ce que donnerait l'emploi de noms propres ou d'expressions définies pour référer à des expressions, et d'autre part, la façon dont nous utilisons les guillemets pour présenter l'expression elle-même.

Si nous recherchons les raisons de l'existence même de l'institution des noms propres, la solution se trouve en partie dans le fait qu'il nous faut un procédé commode qui permette de faire des références identifiantes à des objets auxquels on réfère souvent, alors que ces objets eux-mêmes ne sont pas toujours présents. Mais ce procédé n'a aucune raison d'être lorsque l'objet dont nous voulons parler est en lui-même un segment de discours, qu'il peut donc être facilement présenté et dont on n'a pas besoin d'un procédé linguistique particulier pour en référer. A un très petit nombre d'exceptions près, telles que les termes sacrés ou les expressions obscènes si nous voulons parler à propos d'un mot, nous n'avons pas besoin de lui donner un nom ou d'utiliser tout autre sorte de procédé pour faire référence à ce mot, il nous suffit de l'énoncer. Les cas où nous devons effectivement donner un nom aux mots sont ces cas exceptionnels où il est indécent, tabou, ou gênant de prononcer le mot lui-même. Nous disposons de conventions dans la langue écrite, les guillements par exemple, pour marquer le fait qu'à un moment donné, le mot n'est pas utilisé dans son emploi normal, mais comme objet de discours. En définitive, nous disposons de l'institution que sont les noms propres pour parler avec des mots, à propos de choses, qui ne sont pas elles-mêmes des mots, et dont la présence n'est pas nécessaire quand on veut en parler. Cette institution tient au fait que nous nous servons de mots pour renvoyer à des objets qui ne sont pas des mots. Un nom propre n'est un nom propre que s'il existe une différence réelle entre le nom et la chose nommée. S'il n'y a pas de différence, les notions de donner un nom et de référer ne peuvent pas s'appliquer.

Comparez ce que donne en réalité la référence à un mot, et la manière dont nous parlons d'un mot dans 2. Supposez que nous réécrivions 2 sous la forme suivante :

Le mot qui est le nom du plus célèbre maître de Platon a sept lettres.

Ici, à la différence de 2, nous avons réellement utilisé une description définie pour *référer* à ce mot.
Nous pourrions aussi donner un nom propre à un mot; soit par exemple, « Jean » le nom du mot « Socrate », nous pouvons alors récrire 2 sous cette forme :

Jean a sept lettres.

Ici, « Jean » est employé comme un vrai nom propre, et est utilisé pour référer à un objet autre que lui-même, c'est-à-dire « Socrate ».

Mais quand nous voulons parler à propos d'un mot, il est à peu près toujours possible de présenter le mot lui-même, comme c'est le cas dans 2. Il serait redondant d'avoir en plus un nom pour ce mot, et il serait faux de considérer que ce mot est à lui-même son propre nom, ou au moins une partie de son nom. Mais comment caractériser le premier mot de 2 ? La réponse est très simple : il s'agit d'un mot qui est utilisé en dehors de son emploi normal. Le mot lui-même est *présenté*, et ensuite, on en parle, et le fait qu'il soit ainsi utilisé, plutôt qu'employé pour référer comme il est normal, est indiqué par les guillemets. Mais dans ce cas, on ne réfère pas à ce mot, pas plus qu'il ne réfère à lui-même.

« Mais, pourrait-on dire, pourquoi n'adopterions-nous pas comme convention que placer des guillemets de par et d'autre d'un mot, fait de ce mot un mot nouveau qui est le nom propre du premier ? » On pourrait aussi dire que dans la phrase : « la neige est blanche », « est » est le nom de ma grand-mère. Le fait est que nous avons déjà des conventions qui gouvernent l'emploi des guillemets. L'une d'entre elles (et ce n'en est qu'une) veut que les mots affectés de guillemets à gauche et à droite doivent être considérés comme objet d'un discours (ou citation, etc.) et non comme s'ils étaient utilisés par le locuteur dans leur emploi normal. Quiconque veut introduire une nouvelle convention doit pouvoir rendre compte premièrement de la façon dont elle s'accorde avec les conventions déjà existantes, et deuxièmement des raisons qui motivent l'introduction de cette nouvelle convention. Cependant, tout d'abord, étant donné que nous disposons déjà de conventions parfaitement adéquates pour l'emploi et la mention, il n'est pas évident que la nouvelle convention introduite puisse, sans contradiction, se relier aux précédentes. Ensuite si l'on recherche, dans les travaux réalisés sur ce sujet, une motivation quelconque à la « convention » selon laquelle les guillemets placés de part et d'autre d'un mot ou d'une autre expression, en font un nom propre absolument nouveau, on ne trouve que diverses conceptions fausses sur le langage, par exemple : « les conventions fondamentales régissant l'emploi de toute langue exigent que dans tout énoncé que nous produisons à propos d'un objet, c'est le nom de l'objet qui doit être utilisé, et non l'objet lui-même. Par conséquent, si nous voulons dire quelque chose à propos d'une phrase, nous devons utiliser le nom de cette phrase et non pas la phrase elle-même [2] ». La seule réponse qu'on puisse faire à cela, c'est qu'il n'y a pas de convention fondamentale de ce genre. Certains fragments de discours, qu'ils se présentent sous une forme orale ou visuelle, peuvent très bien apparaître dans le discours en tant qu'objet de discours. Un ornithologue par exemple peut très bien dire « le cri du geai de Californie est... ». Et ce qui complète la phrase est un cri, et non le nom propre d'un cri.

4.2 AXIOMES DE RÉFÉRENCE

Gardant en mémoire le fait que les emplois d'expressions référentielles ne sont pas tous des emplois référentiels, nous allons maintenant donner une analyse de la référence définie, parallèlement à l'analyse des actes illocutionnaires que nous avons donnée au chapitre précédent. A la différence de la plupart des actes de langage, l'étude de la référence a, en philosophie, une longue histoire, qui remonte au moins à Frege (il faudrait en fait remonter au *Theatète* de Platon, et même plus loin); il nous faudra donc progresser prudemment dans cette analyse, en faisant voir en cours de route une bonne partie de ce paysage philosophique. La théorie que nous allons présenter se situe dans la tradition qui part de Frege et se poursuit dans les *Individuals* de Strawson; comme le lecteur pourra le voir, cette théorie a fortement été influencée par ces deux auteurs.

---

2 A. Tarski : « The semantic conception of truth », *Philosophy and Phenomenological Research*, vol. 4 (1944); repris dans H. Feigl et W. Sellars (ed.), *Readings in Philosophical Analysis* (New York, 1949).

Deux axiomes sont généralement admis en ce qui concerne la référence et les expressions référentielles. Nous pourrions, de façon approximative, les formuler comme suit :

1. Tout ce à quoi on réfère doit exister [3]. Appelons ceci l'axiome d'existence.
2. Si un prédicat est vrai pour un objet, il est vrai pour tout ce qui est identique à cet objet, indépendamment de l'expression utilisée pour référer à cet objet. Appelons ceci : l'axiome d'identité.

Ces deux axiomes peuvent s'interpréter comme des tautologies. Le premier est très clairement tautologique puisqu'il dit seulement qu'on ne peut pas référer à un objet si cet objet auquel on réfèrerait n'existe pas. Le second également admet une interprétation tautologique, car il dit que tout ce qui est vrai pour un objet, est vrai pour cet objet. Ces deux axiomes donnent lieu à des paradoxes, le premier à cause des confusions que l'on fait sur les définitions de la référence, le second, parce que certaines de ses ré-interprétations sont non pas tautologiques, mais fausses. Le premier donne lieu à des paradoxes pour les affirmations comme par exemple : « la montagne Dorée n'existe pas ». Si nous admettons l'axiome d'existence et en même temps que les trois premiers mots de cette phrase sont utilisés pour référer, alors l'affirmation nierait ses propres présuppositions, car pour que je l'affirme, elle doit être fausse. Pour que je puisse nier l'existence d'une chose, cette chose doit exister.

Russell [4] a résolu ce paradoxe en faisant remarquer que l'expression « la montagne Dorée » n'est pas utilisée pour référer quand elle est le sujet grammatical d'une proposition existentielle. En général, les expressions sujet dans des phrases existentielles ne peuvent être utilisées pour référer — ceci représente en partie ce que l'on signifie lorsqu'on dit que l'existence n'est pas une propriété — et c'est pourquoi il n'y a pas de paradoxe. L'axiome d'existence ne s'applique pas car il n'y a pas de référence. Malheureusement, emporté par son enthousiasme, Russell conteste en fait la possibilité pour toute description définie d'être utilisée pour référer. Je

3 « Exister » doit être compris sans référence au temps. On peut référer à ce qui a existé, à ce qui existera, ou à ce qui existe maintenant.

4 B. Russell : 'On denoting', *Mind*, vol. 14 (1905), repris dans Feigl et Sellars (ed.), *op. cit.*

ferai plus loin [5] la critique de cet argument. Grâce à Russell personne ne prend plus ces paradoxes au sérieux.

Cependant, on pourrait penser qu'il serait possible d'opposer des contre-exemples à cet axiome. Ne peut-on référer au Père Noël et à Sherlock Holmes bien qu'aucun des deux n'existe ou n'ait jamais existé ? La référence à des êtres de fiction (qu'elles appartiennent au roman, à la légende ou à la mythologie etc.) ne constitue pas un contre-exemple. On peut faire référence à ces êtres en tant que *personnages de fiction* précisément parce qu'ils *existent dans le monde de la fiction.* Pour rendre ce point plus clair il est nécessaire de faire une distinction entre la conversation normale se rapportant à la réalité, et les formes de discours parasite telles que le discours de roman, de théâtre, etc. Dans une conversation normale se rapportant à la réalité, il m'est impossible de faire référence à Sherlock Holmes, car cette personne n'a jamais existé. Si, dans cet « univers de discours », je dis « Sherlock Holmes portait un chapeau de chasseur », je n'ai fait aucune référence, pas plus que je n'en aurais fait si j'avais dit « Sherlock Holmes dîne chez moi ce soir ». Aucune de ces affirmations ne peut être vraie. Mais supposez maintenant que je passe au mode de discours de roman, de théâtre, ou du jouer-à-faire-semblant. Dans ce cas, je fais vraiment référence à un personnage de fiction (c'est-à-dire un personnage qui n'existe pas, mais qui existe dans le monde de la fiction), et ici ce que je dis est vrai. Notez que dans ce mode de discours, je ne peux pas dire « Sherlock Holmes dîne chez moi ce soir », car la référence à « chez moi » me ramène dans le discours se rapportant à la réalité. De plus, si dans le mode de discours de fiction je dis « Mrs. Sherlock Holmes portait un chapeau de chasseur », je ne fais aucune référence, car il n'y a pas de Mrs. Sherlock Holmes dans le roman. Holmes, si l'on se place dans le discours de fiction, ne s'est jamais marié. En définitive, dans le discours portant sur la réalité, ni « Sherlock Holmes » ni « Mrs. Sherlock Holmes » n'ont de référence, car ces personnes n'ont jamais existé. Dans le discours de fiction, « Sherlock Holmes » a une référence, car ce personnage existe bien réellement dans le roman, mais « Mrs. Sherlock Holmes » n'a pas de référence, car ce personnage n'existe pas dans le roman. L'axiome d'existence s'applique d'un côté comme de l'autre : dans le discours portant sur la réalité, on ne peut référer qu'à ce qui existe; dans le discours de fiction, on a la possibilité de référer

5 Chapitre 7.

à ce qui existe dans le monde de la fiction (y compris aux choses et événements réels qu'incorpore la fiction).

Ainsi posés, ces points doivent paraître assez clairs, mais la littérature philosophique a vraiment accumulé un nombre incroyable de confusions sur ce sujet. Pour prévenir deux erreurs que l'on pourrait encore faire, je voudrais insister sur le fait que ma conception des formes parasites de discours n'implique aucun changement de signification pour les mots ou autres éléments linguistiques employés dans le discours de la fiction. Si nous nous représentons les conventions qui portent sur la signification des éléments linguistiques comme des conventions établies verticalement (en partie du moins), reliant les phrases à la réalité, il est alors préférable de se représenter les conventions tacites du discours de la fiction comme des conventions établies latéralement ou horizontalement, transposant pour ainsi dire le discours hors du monde de la réalité. Mais il est fondamental de bien se rendre compte que, même dans « le Petit Chaperon Rouge », « rouge » signifie rouge. Les conventions propres au monde de la fiction ne déterminent aucun changement dans la signification des mots ou autres éléments linguistiques. En second lieu, le fait qu'il existe des personnages de fiction comme Sherlock Holmes, ne nous engage en rien à considérer qu'un tel personnage existe dans quelque monde suprasensible ou qu'il est doté d'un mode d'existence particulier. Sherlock Holmes n'existe pas, c'est un fait, mais cela ne s'oppose pas à ce qu'il existe-dans-le-monde-de-la-fiction.

L'axiome d'identité (de même que l'axiome d'existence) soulève de nouveaux paradoxes, difficiles à résoudre, dans des contextes qui ne sont pas transparents du point de vue de la référence. On a parfois [6] formulé cet axiome de la manière suivante : si deux expressions renvoient au même objet, elles sont substituables l'une à l'autre dans tous les contextes *salva veritate*. Présenté sous cette forme, il est non pas tautologique, mais faux, et c'est cette formulation qui fait tant de difficultés. A mon avis ces problèmes sont tout aussi triviaux que ceux que soulève l'axiome d'existence, mais il serait beaucoup trop long de les exposer ici et cela dépasse le cadre de ce livre.

Dans l'étape suivante de ce chapitre, nous ne continuerons pas la discussion de ces deux axiomes, mais nous en ajouterons un troisième et examinerons certaines de ses conséquences.

6 Par exemple, R. Carnap *Meaning and Necessity*, p. 98 et suiv.

3. Si un locuteur fait référence à un objet, alors, il identifie ou peut toujours, si on lui demande, identifier cet objet pour l'auditeur, à l'exclusion de tous les autres objets. Appelons ceci : l'axiome d'identification. Cet axiome est, lui aussi, une tautologie, puisqu'il sert uniquement à étayer mon exposé de la notion de référence (définie et unique). Il admet la formulation suivante :

3 *a*. L'une des conditions nécessaires à la réalisation effective d'un acte de référence définie dans l'énoncé d'une expression, est la suivante : ou bien l'énoncé de cette expression permet au locuteur de communiquer [7] à l'auditeur une description ou un fait s'appliquant à un objet et un seul, ou bien, au cas où l'énoncé de l'expression ne lui permet pas de communiquer un tel fait, le locuteur peut lui substituer une expression dont l'énoncé permettra cette communication.

Le locuteur ne dispose que de trois possibilités pour s'assurer qu'il communique bien un fait répondant à la condition donnée : ou bien l'expression qu'il énonce contient un prédicat qui n'est vrai que pour un seul objet, ou bien l'énoncé de l'expression et la situation permettent, au moyen d'un élément deictique ou démonstratif quelconque, la présentation d'un objet et un seul, ou bien encore, l'énoncé de l'expression doit fournir une combinaison de marques deictiques et de termes descriptifs qui suffisent à identifier un objet et un seul. Si l'expression énoncée ne rentre dans aucun de ces trois cas, la référence ne pourra être effective qu'à condition que le locuteur soit en mesure de produire, si on le lui réclame, une expression correspondant à l'un de ces cas. Pour avoir un autre terme à notre disposition, nous appellerons ceci le principe d'identification.

Le caractère tautologique n'est pas ici aussi net. Évidemment, ce principe peut même ne pas paraître plausible à première vue, et il demande à être expliqué ne serait-ce que pour être éclairci. Néanmoins, ceci me paraît être une vérité importante, et qui a ses lettres de noblesse, car ce n'est rien de plus qu'une généralisation du principe posé par Frege selon lequel toute expression référentielle a forcément un sens.

---

7 « Communiquer » n'est pas dans tous les cas le verbe qui convienne le mieux. Dire que le locuteur communique un fait à l'auditeur suggère que l'auditeur ignorait auparavant le fait qui lui est communiqué. Mais bien souvent, lorsque le locuteur réfère, l'auditeur sait déjà que la proposition « communiquée » est vraie. Peut-être devrions-nous dire dans ces cas-là que le locuteur « évoque » ou a « recours à » ou « transmet », sous la réserve que l'on n'admettra pas pour ces verbes l'interprétation selon laquelle l'auditeur ignorait auparavant ce qui lui est communiqué ou transmis.

Je me propose maintenant de donner un fondement à ce principe en examinant les conditions nécessaires à la réalisation de l'acte de langage qu'est la référence définie. Ce faisant, j'essaierai de montrer qu'il existe une relation logique entre l'axiome d'existence et l'axiome d'identification.

4.3 DIFFÉRENTS TYPES D'EXPRESSIONS RÉFÉRENTIELLES DÉFINIES

Commençons par isoler les types d'expressions que nous allons considérer. Du point de vue grammatical, celles-ci se divisent approximativement en quatre catégories :

1. Les noms propres; exemple : « Socrate », « la Russie ».
2. Les groupes nominaux complexes au singulier.

Les expressions appartenant à cette catégorie contiennent souvent une subordonnée relative, et souvent, mais pas toujours, commencent par l'article défini; exemple : « l'homme qui a appelé », « la plus haute montagne du monde », « la crise française actuelle * ». Empruntant le terme de Russell, tout en lui donnant une acception un peu plus large, je continuerai d'appeler ces expressions « *descriptions définies* ». J'appellerai « *descripteurs* » les expressions qui suivent l'article défini, et, pour les cas où l'article défini n'apparaît pas, le terme de descripteur désignera l'expression tout entière. Cette terminologie ne suppose aucune analyse ou théorie philosophique quelle qu'elle soit, de la notion de « description » (que ce soit le fait de décrire, ou la description qui en résulte) : ce terme est choisi arbitrairement par commodité. Il est à noter qu'une description définie peut contenir une autre expression référentielle définie, que ce soit une expression définie ou une expression d'un autre type, un nom propre, par exemple : « le frère de Jean », « la femme de l'homme qui est saoul ». Pour ces expressions, j'appellerai le référent de l'expression entière : référent *primaire*, et le référent de l'expression contenue dans la première : référent *secondaire*.

3. Les pronoms; exemple « ceci », « cela », « je », « il », « elle ».
4. Les titres; exemple « le premier ministre », « le pape ».

---

* N.D.T. L'exemple anglais donné par l'auteur n'a pas l'article défini : « France's present crisis ».

La classe 4 ne mérite guère de mention séparée car elle se ramène d'un côté aux descriptions définies, et de l'autre aux noms propres.

4.4 CONDITIONS NÉCESSAIRES A L'ACTE DE RÉFÉRENCE

A propos de ces expressions, je voudrais poser la question suivante : quelles sont les conditions nécessaires à remplir pour que l'énoncé de l'une de ces expressions constitue la réalisation effective d'un acte de référence définie catégorique? Un premier élément de réponse à ceci est fourni par une question formulée antérieurement : quel est l'objet d'un acte de référence définie, quelle fonction l'acte propositionnel de référence remplit-il à l'intérieur d'un acte illocutionnaire? La réponse à cette question repose, comme je l'ai déjà dit, dans le fait que le locuteur, lorsqu'il fait un acte de référence définie, extrait ou identifie un objet particulier dont il va pouvoir ensuite dire quelque chose, ou sur lequel il va pouvoir poser une question, etc.

Cette réponse est cependant incomplète, car elle n'établit pas encore si oui ou non cette identification est transmise à l'auditeur. Pour lever cette ambiguïté, nous devrons faire la distinction entre une *référence complète* et une *référence effective*. Une référence sera complète si l'objet est identifié de façon non-ambiguë pour l'auditeur, c'est-à-dire si l'identification est communiquée à l'auditeur. Mais une référence pourra être effective — c'est-à-dire que nous ne pourrons pas accuser le locuteur de n'avoir pas fait de référence — même si l'objet n'est pas identifié de façon non ambiguë pour l'auditeur, pourvu que le locuteur soit à même de le faire si on le lui demande. Jusqu'ici nous avions parlé de référence effective, mais il est aisé de voir que la notion de référence complète est plus fondamentale, car une référence effective est une référence qui, si elle n'est pas encore complète, l'est au moins potentiellement, si l'on peut dire.

A lumière de cette distinction, reformulons notre première question pour nous demander comment il se fait que l'énoncé d'une expression puisse être un acte de *référence complète :* quelles sont les conditions nécessaires pour que l'énoncé d'une expression suffise à identifier pour l'auditeur un objet visé par le locuteur? Après tout, ce ne sont que des *mots* que prononce le locuteur, comment se fait-il donc qu'ils servent à identifier des objets à l'intention de l'auditeur? La façon dont nous avons formulé ces questions nous fournit les éléments de la réponse à donner : si le locuteur identifie un objet à l'intention de l'auditeur, pour que cette identification soit effective, il faut que l'objet sur lequel elle porte, existe, et l'énoncé de l'expression par le locuteur doit suffire à cette identification. Ces deux conditions, je les ai déjà formulées précédemment sous la forme des axiomes d'existence et d'identification. Après cette discussion, nous pouvons maintenant leur donner une autre formulation en les présentant comme conditions pour qu'une référence soit complète.

Les conditions nécessaires à la réalisation par le locuteur d'une référence définie complète dans l'énoncé d'une expression, sont les suivantes :

1. Il doit exister un objet et un seul auquel s'applique l'énoncé de l'expression par le locuteur (reformulation de l'axiome d'existence), *et*

2. L'auditeur doit être mis en mesure d'identifier l'objet à partir de l'énoncé de l'expression par le locuteur (reformulation de l'axiome d'identification).

Examinons maintenant comment l'énoncé d'une description définie pourra satisfaire à ces conditions. Supposez par exemple que l'expression « l'homme » soit employée dans la phrase « l'homme m'a insulté ». Comment l'énoncé de cette expression pourra-t-il satisfaire à nos deux conditions ?

La première condition peut se diviser en deux parties :

1 *a*. Il existe au moins un objet auquel s'applique l'énoncé de l'expression par le locuteur.

1 *b*. Il n'existe qu'un objet auquel s'applique l'énoncé de l'expression par le locuteur [8].

Dans le cas de descriptions définies, la condition 1 *a* est satisfaite de façon très simple. Puisque l'expression contient un descripteur, et puisque le descripteur est (ou contient) un terme général de description, il suffit qu'il existe au moins un objet pour lequel le descripteur puisse être vrai.

---

8 Le terme « appliquer » est ici employé délibérément dans un sens neutre, et par conséquent, je le crains, vague, ce qui n'est pas l'effet recherché. Si le lecteur est gêné par ce fait — j'hésite d'ailleurs moi-même sur ce point — il faudra lire au lieu de « ... auquel s'applique l'énoncé de l'expression par le locuteur » : « ...auquel le locuteur a l'intention de référer en énonçant l'expression », et ceci dans tous les cas en faisant les changements nécessaires. Je cherche ici à déterminer comment des bruits permettent d'identifier des objets. Et il faut savoir pour cela ce que veut dire viser ou signifier un objet particulier. Mais mon raisonnement ne repose en rien sur l'imprécision du terme « appliquer ».

Dans le cas de « l'homme », il suffit qu'il existe au moins un homme pour que la condition 1 *a* soit satisfaite.

L'étape suivante est plus complexe. On serait naturellement tenté de rapprocher abusivement les conditions 1 *a* et 1 *b*, d'affirmer que, de même que 1 *a* est satisfaite s'il existe au moins un objet pour lequel le descripteur puisse être vrai, de même 1 *b* sera satisfait s'il existe au plus un objet pour lequel le descripteur est vrai. Cette tentation est particulièrement forte si l'on considère la référence définie effective comme étant l'assertion déguisée d'une proposition existentielle vraie pour un objet unique, c'est-à-dire, une proposition qui asserte l'existence d'un objet et un seul satisfaisant à une description donnée. Ce point de vue est celui que soutient Russell dans sa théorie des descriptions. Analysé conformément à la théorie des descriptions, l'énoncé de la phrase donnée ci-dessus devrait être considéré comme assertant l'existence d'un seul homme dans l'univers.

Sommes-nous de mauvaise foi en faisant cette critique ? Telle que nous l'avons présentée, c'est bien évident, car, lorsqu'il a formulé sa théorie, Russell n'avait pas présents à l'esprit des contextes du type de ceux que nous avons donnés. Cependant si nous sommes de mauvaise foi, ce n'est pas sans raison, car voyez comme Russell exclut ces contextes : il déclare que, dans les contextes où la théorie est supposée s'appliquer, l'article défini est employé « strictement de manière à impliquer l'unicité [9] ». Mais quelle est la force du terme « strictement » dans cette restriction ? Il n'y a rien de vague ou d'imprécis dans la phrase que nous avons donnée; elle est à prendre aussi littéralement, aussi strictement que n'importe quelle autre. Il est clair que s'il doit impliquer l'unicité, le terme « strictement » doit avoir l'une des deux valeurs suivantes :
ou bien *a*) strictement de manière à indiquer que le locuteur a l'intention de référer à un objet particulier en l'identifiant;
ou bien (*b*) strictement de manière à impliquer que le descripteur qui suit est vrai d'un seul objet.

Ce n'est certainement pas (*a*) que Russell a voulu signifier, car notre exemple satisfait (*a*) et justifie par là l'accusation d'absurdité que je viens de faire à l'encontre de la théorie. Mais si c'est (*b*) qui a été signifiée, cette description de l'emploi « strict » de l'article défini est fausse, posant en axiome ce qui est à démontrer. Non seulement on peut dire que, lorsqu'il apparaît suivi d'un descripteur non-unique, l'article défini est employé de

---

9 *Principia Mathematica* (Cambridge, 1925), vol. I, p. 30.

façon parfaitement stricte mais en fait, il n'y a pas d'exemple où l'article défini puisse suffire par *lui-même* à impliquer (ou au moins à indiquer) que le descripteur qui le suit n'est vrai que d'un seul objet. Il est bien évident que l'article défini peut s'employer avec des descripteurs qui ne sont vrais que d'un seul objet — et ces emplois sont d'une importance déterminante dans l'acte de langage de référence définie, comme le montre le principe d'identification — mais ce n'est pas la force propre à l'article qui permettra de déterminer le caractère unique du descripteur. Ce n'est pas son rôle. Son rôle (dans les cas que nous considérons en ce moment) consiste à indiquer que le locuteur a l'intention de référer à un objet unique; et le rôle du descripteur est de permettre d'identifier pour l'auditeur, dans un certain contexte, l'objet auquel le locuteur a l'intention de référer dans ce contexte. Pour rendre compte de l'article « le » à mon tour, je suggère qu'il soit considéré, lorsqu'il est utilisé pour une référence définie (ce qui ne représente qu'un seul de ses emplois), comme étant un procédé conventionnel servant à indiquer que le locuteur a l'intention de référer à un objet unique et non que le descripteur qui suit n'est vrai que d'un seul objet. (Il est bon de faire remarquer ici que certaines langues, le latin et le russe par exemple, n'ont pas d'article défini, mais disposent d'autres moyens, ou s'appuient sur le contexte, pour indiquer que le locuteur a l'intention de faire une référence définie [10].)

Je n'ai pas encore expliqué d'une manière qui soit satisfaisante la façon dont l'emploi d'une description définie comme celle de l'exemple donné, satisfait à la condition 1 *b*. Jusqu'ici, j'ai seulement dit qu'il fallait au moins un objet auquel puisse s'appliquer le descripteur et qu'au moyen de l'article défini, le locuteur indique son intention d'identifier un objet particulier. Mais étant donné que le descripteur peut, en tant que terme général, être vrai pour un grand nombre d'objets, comment se fait-il que l'énoncé de cette expression par le locuteur ne s'applique qu'à un seul de ces objets? La réponse est évidente, mais n'apporte aucune indication nouvelle : le locuteur ne *vise* qu'un seul des objets parmi tous ceux auxquels s'applique le fait de viser ou signifier un objet particulier. Pour pouvoir donner une réponse complète à cette question, je vais examiner ce qu'exige la condition 2 pour être satisfaite; je reviendrai ensuite à la discussion de 1 *b* pour étudier la relation existant entre référer et viser.

---

10 La théorie des descriptions sera examinée plus en détail au chapitre 7.

4.5 LE PRINCIPE D'IDENTIFICATION

La seconde condition (formulation de l'axiome d'identification) demande que l'auditeur soit à même d'identifier l'objet à partir de l'énoncé de l'expression par le locuteur. Par « identifier », je veux signifier ici qu'il ne doit plus y avoir aucun doute, aucune ambiguïté sur ce dont on parle exactement. Au niveau le plus bas, les questions « qui ? », « que ? », « quoi ? », « lequel »? reçoivent une réponse. Naturellement, à un autre niveau ces questions restent sans réponse : après avoir identifié quelque chose on pourra toujours demander « quoi ? », au sens de « je voudrais en savoir plus long », mais il sera impossible de poser cette question au sens de « je ne sais pas de quoi vous parlez ». Au sens où j'ai employé ce terme, identifier signifie justement répondre à cette question. On pourra dire par exemple que, par la phrase : « l'homme qui m'a cambriolé mesurait plus d'un mètre quatre-vingts », je réfère à l'homme qui m'a cambriolé, même si je me trouve dans l'incapacité d'identifier (en un certain sens du mot « identifier ») l'homme qui m'a cambriolé. Il se peut que par exemple je sois incapable de le reconnaître au moment de la confrontation avec d'autres suspects, ou même d'en dire davantage à son sujet. Et cependant, supposant qu'un homme et un seul m'a cambriolé, c'est effectivement une référence identifiante que je fais lorsque je prononce la phrase ci-dessus.

Nous avons vu que dans le cas d'une description définie telle que « l'homme », le locuteur indique qu'il a l'intention de référer à un objet particulier, et il suppose que le descripteur qu'il fournit suffira à lui permettre d'identifier pour l'auditeur l'objet auquel il a l'intention de référer dans la situation particulière où il énonce l'expression. Même si le descripteur peut être vrai pour de nombreux objets, le locuteur suppose que cette expression, utilisée dans cette situation précise, suffira à permettre l'identification de l'objet qu'il veut signifier. Si elle le permet effectivement, alors la condition 2 est satisfaite. Mais supposez qu'elle ne suffise pas. Supposez que l'auditeur ne sache pas encore à quel homme il est fait référence. En ce cas, les questions « qui ? », « que ? », « quoi ? », « lequel ? » peuvent toujours être posées, et je veux démontrer que l'une des conditions nécessaires à la réalisation d'une référence complète est que le locuteur donne à ces questions une réponse non ambiguë. Si l'expression employée par le locuteur ne lui permet pas de répondre à ces questions, il n'y a pas eu identification d'un objet à l'intention de l'auditeur, il n'y a donc pas de référence complète, car donner une réponse non-ambiguë à ces questions, c'est ce qui constitue le fait même d'identifier, or, l'identification est une condition nécessaire à la réalisation d'une référence complète.

Mais quelles sortes de réponses ces questions admettent-elles ? Ces réponses se répartiront selon deux groupes qui représentent les cas extrêmes : les présentations à l'aide d'éléments déictiques, par exemple : « ce... là-bas », et d'autre part les descriptions faites en termes purement généraux qui sont vrais pour un objet unique, par exemple : « le premier homme à courir le mille en trois minutes cinquante trois secondes ».
Ces cas d'emploi exclusif soit d'un élément déictique, soit d'une description sont tous deux des cas limites, car pratiquement, la plupart des identifications reposent sur un mélange de procédés deictiques et de prédicats descriptifs, exemple : « l'homme que *nous* avons vu *hier* », ou tout autre forme de référent secondaire, qui, à son tour, doit pouvoir être identifié par le locuteur, exemple : « l'auteur de *Waverley* », « la capitale du *Danemark* ».
En outre, le locuteur doit être en mesure de compléter la présentation purement déictique, « ceci », « cela », par un terme général descriptif, car lorsqu'un locuteur montre du doigt un objet physique et dit « ceci », il se peut qu'on ne sache pas toujours de façon non-ambiguë s'il désigne la couleur, la forme, le centre de l'objet, ou l'objet et ce qui l'entoure, etc. Mais ces types d'expressions identifiantes — présentation à l'aide d'éléments deictiques, description renvoyant à un unique, identification par combinaison d'éléments deictiques et de termes descriptifs — épuisent tous les cas possibles. C'est pourquoi l'identification, et donc la satisfaction de la condition 2, repose clairement sur la possibilité qu'a le locuteur de fournir une expression appartenant à l'un de ces types, qui soit satisfaite exclusivement par l'objet auquel il a l'intention de référer. Désormais, j'appellerai *description identifiante* toute expression qui répond à ces conditions. Nous pouvons maintenant résumer cette discussion de la condition 2 en disant que, bien que la condition puisse éventuellement être satisfaite sans même que le locuteur emploie une description identifiante, pour peu que la situation s'y prête et que l'auditeur possède les connaissances appropriées, le locuteur, quant à lui, ne peut *garantir* de façon certaine que la condition sera remplie, que si l'expression qu'il emploie est une description identifiante, ou est complétée par une description identifiante. Et puisque, par l'emploi d'une expression référentielle, il s'engage à identifier un objet et un seul, il s'engage donc aussi à fournir, lorsqu'on le lui demande, une de ces expressions.

Nous sommes maintenant en mesure de reprendre notre discussion de la condition 1 *b*. Nous en étions restés au point où la condition stipulant que l'énoncé d'une expression n'est vrai que pour un seul objet, semblait impliquer qu'en employant cette expression, le locuteur a l'intention de ne référer qu'à un seul objet. Arrivé à ce point, il est tentant de penser qu'il n'y a rien de plus à dire sur la condition 1 *b*, et que l'intention qu'a le locuteur de référer à un objet particulier est indépendante de sa capacité à satisfaire à la condition 2, sa capacité à identifier l'objet à l'intention de l'auditeur. Il sait ce qu'il veut dire, tant mieux, et tant pis s'il ne peut le communiquer à personne! Cependant, je voudrais démontrer que ces deux exigences : intention d'unicité et capacité d'identification, sont fondamentalement identiques. Car qu'est-ce que *signifier* ou *viser* un objet particulier à l'exclusion de tous les autres ? Certains faits nous incitent à penser que c'est un mouvement de l'âme — mais puis-je viser un objet précis indépendamment de toute description ou de tout autre forme d'identification que je pourrais donner pour cet objet ? Si cela était possible, comment se fait-il que mon intention soit une intention visant *cet* objet-*là* uniquement et non quelqu'autre objet ? De façon très claire, la notion de ce que signifie viser, ou avoir l'intention de référer à un objet particulier, nous ramène obligatoirement à la notion d'identification au moyen de descriptions, et nous pouvons maintenant généraliser cette condition de la manière suivante : l'une des conditions nécessaires pour que le locuteur ait l'intention de référer à un objet particulier par l'énoncé d'une expression, est que le locuteur soit capable de fournir une description identifiante de cet objet. Ainsi, satisfaire à la condition 1 *b* et être capable de satisfaire à la condition 2 ne sont qu'une seule et même chose. Toutes deux exigent que l'expression énoncée soit une description identifiante, ou puisse être complétée par une description identifiante.

En d'autres termes, l'axiome d'identification (dans sa formulation primitive) est un corollaire de l'axiome d'existence (dans sa seconde formulation). Car l'une des conditions nécessaires pour que l'énoncé d'une expression par le locuteur s'applique à un objet et un seul, pour que le locuteur ait l'intention de référer à un objet et un seul, est que le locuteur soit capable [11] d'identifier cet objet. L'axiome d'identification découle de l'axiome d'existence, et — à condition d'y ajouter certaines considérations

11 Je suppose ici, et tout au cours de l'exposé, que les conditions de départ et d'arrivée sont satisfaites. Le fait qu'un locuteur se trouve incapable de remplir l'une des conditions parce que par exemple, il a la mâchoire paralysée, n'est pas pertinent.

sur les *procédés* d'identification — le principe d'identification découle de l'un ou l'autre des deux axiomes.

De plus, comme je l'ai rapidement suggéré au premier chapitre, le principe d'identification est un cas particulier du principe d'exprimabilité. Le principe d'exprimabilité dit approximativement ceci : tout ce que l'on peut vouloir signifier, peut être dit. Appliqué au cas de la référence définie, cela revient à dire que chaque fois qu'il est vrai qu'un locuteur *signifie* un objet particulier (ici, « signifie » = « a l'intention de référer à »), il est vrai également qu'il a la possibilité de dire exactement quel est l'objet qu'il signifie. Mais ceci ne représente qu'une nouvelle formulation plutôt approximative du principe d'identification, car le principe d'identification établit seulement que l'une des conditions nécessaires à une référence définie est que le locuteur soit capable de fournir une description identifiante, et c'est précisément cette description identifiante, qui permet de *dire* ce qui est *signifié* dans l'acte de référence. Et il n'est pas inutile de faire remarquer ici à nouveau que le *dire* comporte un cas limite : c'est le cas où *dire* implique *montrer ;* c'est-à-dire que le cas limite pour lequel est satisfait le principe d'identification, et donc, le principe d'exprimabilité, est représenté par la présentation de l'objet auquel il est fait référence au moyen d'un simple élément deictique.

Pour une étude systématique du langage, comme pour toute étude systématique quelle qu'elle soit, nous nous fixons comme but de ramener le maximum de données à un minimum de principes. Ayant donné les définitions de la référence effective et de la référence complète, ainsi que la démonstration montrant que la capacité à faire une référence complete dépend de la capacité à fournir une description identifiante, il nous est maintenant possible de poser comme suit le principe d'identification (certaines restrictions à ce principe apparaîtront plus loin).

3 *b*. L'une des conditions nécessaires à la réalisation d'un acte de référence définie dans l'énoncé d'une expression est ou bien que l'expression soit une description identifiante, ou bien que le locuteur soit à même de produire une description identifiante si on le lui demande.

4.6 RESTRICTIONS AU PRINCIPE D'IDENTIFICATION

Le principe d'identification met en valeur la relation existant entre l'acte de référence définie et la capacité qu'a le locuteur de fournir une description identifiante pour l'objet auquel il réfère. Cette relation doit maintenant paraître assez évidente : puisque l'objet d'une référence définie est d'identifier un objet à l'exclusion de tous les autres, et puisqu'une telle identification ne peut être garantie que par une description identifiante, la conclusion vient d'elle-même. Mais, bien que ce point théorique me paraisse inattaquable, il sera nécessaire de formuler un certain nombre de réserves et d'explications pour montrer comment il fonctionne à l'intérieur des langues naturelles.

1. Dans le discours ordinaire l'auditeur peut très bien n'exiger aucune description identifiante, et simplement se contenter d'une description non-identifiante.
Supposez qu'un locuteur prononce un nom propre, disons : « Martin ». La conversation peut se poursuivre, même s'il n'est fourni aucune description identifiante, l'auditeur présumant que le locuteur pourrait en donner une s'il le lui demande. L'auditeur lui-même pourra très bien utiliser ce nom « Martin » et référer à Martin si par exemple, il pose une question se rapportant à cette personne. Dans ce cas, la référence opérée par l'auditeur vient en parasite sur celle du premier locuteur, car la seule description identifiante qu'il pourrait fournir serait « la personne à laquelle référait mon interlocuteur par le nom de Martin ». Une telle expression n'est pas réellement une description identifiante, car le fait qu'elle permette ou non l'identification dépend du fait que le premier locuteur dispose ou non d'une description identifiante qui *ne soit pas* de cette forme. Je reviendrai à ce problème au chapitre 7 où j'essaierai d'appliquer aux noms propres les conclusions tirées dans ce chapitre.

2. Même lorsque l'auditeur demande effectivement une identification, il est possible qu'il se contente d'un descripteur non-unique, sans que cela entrave la communication. Pour élargir l'exemple proposé, supposez que l'auditeur demande « mais qui est Martin ? » Une réponse non-identifiante comme : « un lieutenant de l'armée de l'air », peut permettre une identification suffisante pour la poursuite de la conversation, cependant, même dans un cas de ce genre, l'auditeur devra toujours supposer que le locuteur pourrait distinguer Martin des autres lieutenants de l'armée de l'air. Il peut paraître souhaitable d'introduire la notion de *référence partielle* pour décrire de tels cas. Il se peut en effet qu'il y ait des degrés dans l'identification.

3. Il arrivera même parfois que le descripteur ne soit pas vrai pour l'objet auquel il est fait référence, et qu'il y ait tout de même acte de réfé-

rence effective. Whitehead offre un bon exemple sur ce point : — le locuteur : « ce criminel est votre ami » — l'auditeur : « c'est mon ami, mais je vous défend de parler ainsi [12] ». Dans ce cas, l'auditeur sait parfaitement à qui il est fait référence, mais l'expression référentielle, loin d'être une description identifiante, contient un descripteur qui n'est même pas vrai de l'objet en question. Comment se fait s'accorde-t-il avec le principe d'identification ? Si nous n'y prenons garde, les exemples de ce genre risquent de nous égarer, et nous faire croire que l'acte de référence est bien autre chose que le simple fait de fournir une identification, qu'il doit donner lieu à un acte mental particulier, ou du moins, que toute référence complète présuppose, outre une affirmation d'existence, une affirmation d'identité : « l'objet décrit par le descripteur est identique à l'objet que je *signifie*, et seulement à celui-là. Mais tout ceci serait faux. Il n'y a rien de mystérieux dans l'exemple donné, il est clair que le contexte suffit à fournir une description identifiante, car le mot « ce » dans « ce criminel » indique ou bien que l'objet est présent, ou bien qu'on y a déjà fait référence au moyen de quelque autre expression référentielle, et que la présente référence vient en parasite sur la précédente. Le descripteur « criminel » n'est pas nécessaire à l'identification, qu'il ne détruit d'ailleurs pas, bien qu'il soit faux; l'identification est obtenue par d'autres moyens.

Il arrive souvent que des descripteurs qui peuvent être contestés soient adjoints à des expressions référentielles qui, sans eux, seraient satisfaisantes, et ceci pour obtenir un effet rhétorique. Dans l'exemple « notre glorieux chef », le mot « glorieux » ne relève pas de l'acte de langage de référence définie — sauf s'il y a plusieurs chefs dont certains ne sont pas glorieux.

4. Il faut insister sur le fait que, dans un cas limite, la seule « description identifiante » qu'un locuteur pourrait donner, serait d'indiquer qu'il reconnaît l'objet au moment où il le voit. Les enfants par exemple, apprennent souvent les noms propres avant toutes les autres expressions, et la seule façon pour nous de vérifier s'ils emploient un nom correctement sera de voir s'ils sont capables de montrer qu'ils reconnaissent l'objet lorsqu'on le leur présente. Ils sont incapables de satisfaire au principe d'identification en dehors de la présence de l'objet.

De tels faits ne devraient pas nous amener à croire que l'acte de référence soit un acte de type naturel : on peut dresser un chien à n'aboyer

12 Alfred North Whitehead, *The Concept of Nature* (Cambridge, 1920), p. 10.

qu'en présence de son maître, cela ne voudra pas dire que s'il aboie, c'est qu'il *réfère* à son maître (même si éventuellement nous utilisons ses aboiements comme un moyen pour identifier son maître [13]).

5. Les descriptions identifiantes ne sont pas toutes d'égale utilité pour l'identification à fournir. Si je dis par exemple « le Sénateur du Montana voudrait être élu président », l'expression référentielle contenue dans cette phrase sera peut-être plus utile à l'identification, que si j'avais dit « le seul homme du Montana à avoir 8 432 cheveux sur la tête voudrait être élu président », même si l'expression contenue dans cette seconde phrase satisfait aux exigences formelles du principe d'identification et que ce ne soit pas le cas pour la première, étant donné qu'il y a deux sénateurs du Montana. Comment expliquer ce fait ? La force propre au principe d'identification réside en partie dans le fait que, si un acte de référence, accompli par l'emploi d'une description définie, aboutit effectivement, c'est parce que l'expression utilisée fournit les caractéristiques de l'objet auquel il est fait référence; mais étant donné que l'acte de référence définie a pour but d'*identifier* plutôt que de *décrire* l'objet, l'expression utilisée correspondra mieux à ce but si les caractéristiques qu'elle fournit sont importantes du point de vue de l'identité de l'objet auquel s'applique la référence, et importantes à la fois pour le locuteur et l'auditeur dans le contexte de la discussion; et les descriptions identifiantes n'ont pas toutes la même utilité de ce point de vue. Évidemment, dans cette analyse, est important ce qui est considéré comme tel, et l'on peut facilement imaginer des situations où le nombre de cheveux d'un homme sera une caractéristique d'importance déterminante — si, par exemple, elle est considérée par une tribu, comme ayant une signification religieuse. Dans une situation comme celle-là, on s'informerait davantage du nombre de cheveux des gens que de leur profession, et dans les deux exemples donnés plus haut, l'expression référentielle contenue dans la seconde phrase serait plus utile que celle contenue dans la première. Cependant, je voudrais maintenant insister sur le point suivant : il est possible qu'une expression satisfasse aux exigences formelles du principe d'identification, c'est-à-dire qu'elle soit une description identifiante, tout en n'étant d'aucune utilité en tant qu'expression

---

13 A quoi tient la différence ? — La différence tient en partie au fait que, contrairement au chien, le locuteur a l'intention par ce qu'il dit, de fournir une identification en amenant l'auditeur à reconnaître son intention (cf. la discussion sur la signification, section 2.6).

référentielle. Une telle expression laisse encore possible la question « de qui (de quoi ou duquel) parlez-vous ? », et c'est à cette question que la référence définie est supposée répondre.

4.7 QUELQUES CONSÉQUENCES DU PRINCIPE D'IDENTIFICATION

Dans les sections 4.4 et 4.5, j'ai essayé d'établir le principe d'identification et de montrer les liens qui unissent l'axiome d'identification et l'axiome d'existence. Je propose maintenant de développer certaines conséquences du principe d'identification. J'essaierai pour cela de procéder par étape de façon que le raisonnement soit tout à fait clair, toutes les hypothèses exposées au grand jour, et toute erreur éventuelle facilement identifiable. Prenons pour point de départ l'axiome d'identification.

1. Si un locuteur réfère à un objet, alors il identifie, ou est capable si on le lui demande, d'identifier cet objet à l'exclusion de tous les autres, à l'intention de l'auditeur. De ce point, ainsi que de certaines considérations sur le langage, il s'en suit que :

2. Si un locuteur réfère à un objet par l'énoncé d'une expression, cette expression doit, ou bien

(*a*) contenir des termes descriptifs qui sont vrais pour cet objet uniquement, ou bien

(*b*) présenter l'objet au moyen d'éléments deictiques, ou bien

(*c*) contenir une combinaison de procédés deictiques de présentation et de termes descriptifs, de façon à permettre l'identification de cet objet et de lui seul.

Ou encore, si l'expression ne correspond à aucun de ces trois cas, le locuteur doit être prêt, si on le lui demande, à lui substituer une expression correspondant à l'un des cas (principe d'identification).

3. Dans tous les cas, la référence existe en vertu de faits concernant l'objet, qui sont connus du locuteur, faits qui ne valent que pour l'objet de la référence, et l'énoncé d'une expression référentielle sert à accomplir l'acte de référence parce que, et uniquement pour cette raison, elle indique ces faits, elle les communique à l'auditeur. C'est ce point que Frege cherchait à formuler, de façon un peu approximative, lorsqu'il affirmait que toute expression référentielle a forcément un sens. D'une certaine façon,

une expression référentielle doit avoir une « signification », un contenu descriptif, pour que le locuteur puisse faire effectivement référence lorsqu'il l'énonce, car si l'énoncé de cette expression ne permet pas au locuteur de communiquer à l'auditeur un fait, une proposition qui soit vraie, alors, il n'y a pas référence complète. Ceci donnerait, formulé à la manière de Frege : la signification est antérieure à la référence, la référence n'est qu'en vertu de la signification. Il suit directement du principe d'identification que toute expression référentielle doit, s'il y a référence complète, permettre de communiquer un fait, une proposition vraie à l'auditeur. (Et ceci, nous l'avons déjà vu, résulte du principe d'exprimabilité que nous avons exposé au chapitre 1.)

4. Il nous faut distinguer — ce que n'a pas fait Frege — le sens d'une expression référentielle, de la proposition communiquée au moyen de cette expression; le sens d'une telle expression est donné par les termes descriptifs généraux que cette expression contient ou implique; mais dans bien des cas le sens de l'expression ne suffit pas par lui-même à communiquer une proposition, mais plutôt c'est l'emploi de l'expression *dans une certaine situation* qui permet de communiquer une proposition. Ainsi par exemple lorsque l'on dit : « l'homme », le seul contenu descriptif porté par *l'expression* est donné par le simple terme « homme », mais pour qu'il y ait référence complète, il faut que le locuteur ait communiqué une proposition existentielle ou un fait vrai pour un objet unique, par exemple : « il y a un homme et un seul à gauche du locuteur près de la fenêtre qui soit dans le champ visuel du locuteur et de l'auditeur ». En distinguant ainsi d'une part le sens d'une expression et d'autre part la proposition communiquée par l'énoncé de cette expression, nous sommes en mesure de voir comment une même expression, employée dans deux occasions différentes avec le même sens, peut renvoyer à deux objets différents. « L'homme » peut être utilisé pour référer successivement à des hommes différents, sans qu'il y ait pour cela homonymie.

5. C'est une erreur de penser qu'il puisse exister une classe de noms propres de logique, c'est-à-dire des expressions dont la signification elle-même est précisément l'objet auquel elles servent à référer : il est impossible qu'il existe des expressions de ce type, car si l'énoncé de ces expressions ne communiquait aucun contenu descriptif, il n'y aurait alors aucun moyen d'établir une relation entre l'expression et l'objet. Comment se fait-il que *cette* expression puisse référer à *cet* objet? De la même façon, dire que les

noms propres sont des « marques sans signification [14] », qu'ils « dénotent » mais ne « connotent » pas, doit être considéré comme fondamentalement faux. La question sera développée au chapitre 7.

6. Il est dangereux, sinon faux à la base, de concevoir les faits que l'on doit connaître pour faire acte de référence, comme étant toujours des faits *se rapportant à* l'objet de la référence, car cela laisse supposer que ce sont des faits ayant trait à quelque objet identifié *de façon indépendante*. Les propositions existentielles jouent un rôle déterminant dans la satisfaction du principe d'identification, car la possibilité de satisfaire à ce principe en donnant à l'identification une forme non-existentielle telle que : « l'homme qui etc. », dépend de la vérité d'une proposition existentielle de forme « il existe un homme et un seul qui etc. ». On pourrait dire : la conception que nous avons d'un objet particulier est fondée sur une proposition existentielle vraie pour un objet unique.

On s'engage sur la voie traditionnelle menant à la notion de substance dès l'instant où l'on considère que les faits doivent toujours d'une certaine façon *se rapporter* aux objets, dès l'instant où l'on ne perçoit plus la primauté de la proposition existentielle. C'est dans cette optique que Wittgenstein a posé dans le *Tractatus* cette distinction métaphysique irréductible entre faits et objets, lorsqu'il a dit [15] que les objets pouvaient être nommés indépendamment des faits, et que les faits étaient des combinaisons d'objets. Ce chapitre vise entre autres à montrer que l'existence d'un langage qui soit conforme à cette théorie est impossible : les objets ne peuvent être nommés indépendamment des faits.

La notion métaphysique traditionnelle de séparation irréductible entre faits et objets paraît confuse. *Avoir la notion* d'un objet particulier c'est uniquement disposer d'une proposition existentielle vraie pour un objet unique, c'est-à-dire, avoir connaissance d'un fait d'un certain type.

7. L'introduction de quantificateurs peut être cause d'erreurs sur ce point, car il est tentant de considérer que la variable liée d'une proposition de la forme $(\exists x)(fx)$ porte sur des objets antérieurement identifiés; il est tentant de supposer que ce qu'établit une proposition existentielle, c'est qu'un ou plusieurs des objets appartenant à un ensemble d'objets *déjà*

---

14 J. S. Mill, *A System of Logic* (London and Colchester, 1949), livre I, chapitre 2, paragraphe 5.

15 Cf. 2.01, 3.202, 3.203, 3.21, etc. L. Wittgenstein, *Tractatus logico-Philosophicus* (Londres, 1961).

identifiés ou susceptibles d'être identifiés, possèdent telle ou telle caractéristique. Pour éviter ces interprétations métaphysiques trompeuses, on pourrait lire les propositions de la forme ($\exists$ x) (fx) de la façon suivante : « le prédicat f s'applique à au moins un objet », au lieu de l'habituel : « il y a un objet qui est f ».

8. Pour toutes ces raisons, la référence n'a absolument aucune portée *logique* (dans l'une des acceptions du mot « logique »). A toute proposition contenant une référence nous pouvons substituer une proposition existentielle qui ait les mêmes conditions de vérité que la proposition primitive. C'est ce point qui me paraît la découverte essentielle sous-jacente à la théorie des descriptions. Je ne dis pas par là naturellement que l'on puisse éliminer tous les termes singuliers, ou qu'il n'y ait aucune différence entre la proposition primitive et sa formulation existentielle. Cela signifie seulement que les conditions pour que l'une soit vraie sont identiques aux conditions pour que l'autre soit vraie.

4.8 RÈGLES DE RÉFÉRENCE

Nous sommes à présent en mesure d'établir pour l'acte propositionnel de référence, une analyse parallèle à celle que nous avons donnée pour l'acte illocutionnaire de promesse au chapitre 3. Je suivrai le même schéma d'analyse : je commencerai par présenter l'analyse en termes de conditions, et je tirerai ensuite de ces conditions un ensemble de règles gouvernant l'emploi de l'expression référentielle. Il faut insister sur le fait que, là encore, c'est un modèle idéal que nous construisons.

Soit une expression R employée par *L* en présence de *A* dans une situation *S*; admettons de plus que R est employée littéralement; nous dirons alors que *L* accomplit effectivement et sans défaut l'acte de langage de référence identifiante unique si, et seulement si, les conditions 1-7 sont satisfaites :

1. *Les conditions normales de départ et d'arrivée sont réalisées.*

2. *L'énoncé de* R *a lieu à l'intérieur d'une phrase (ou d'un segment de discours équivalent).*

3. *L'énoncé de* T *représente l'accomplissement d'un acte illocutionnaire (ou est donné comme tel).*

Il se peut que l'acte illocutionnaire ne soit pas réalisé effectivement. Il se peut que je réussisse à référer effectivement à quelque chose même si mon énonciation est très confuse, mais il faut que ce soit autre chose qu'une suite de sons inarticulés : je dois au moins avoir l'intention d'accomplir un acte illocutionnaire, quel qu'il soit [16].

4. *Il existe un objet X tel que, ou bien* R *contient une description identifiante de X, ou bien* L *est capable de compléter* R *par une description identifiante de X.*

Cette condition englobe à la fois l'axiome d'existence et le principe d'identification, conformément à l'analyse que nous avons donnée dans les sections 4.4 et 4.5.

5. L *a l'intention en énonçant* R, *d'isoler ou d'identifier X aux yeux de A.*

6. L *a l'intention, en énonçant* R *pour identifier X aux yeux de A, de parvenir à ce résultat en amenant A à reconnaître l'intention qu'a* L *d'identifier X, et* L *compte, pour que cette reconnaissance ait lieu, sur la connaissance qu'a* L *des règles gouvernant* R, *et sur le fait que A est conscient de S.*

Cette condition inspirée par Grice nous permet de distinguer la référence à un objet, d'autres moyens possibles pour attirer l'attention sur cet objet. Je pourrais par exemple attirer l'attention de mon auditeur sur un objet en le lui jetant à la tête ou en le frappant avec. Mais il n'y a pas là, en général, d'acte de référence, car l'effet recherché n'est pas obtenu par le fait que mon auditeur ait reconnu mes intentions.

7. *Les règles sémantiques gouvernant* R *sont telles que* R *est employée correctement à l'intérieur de T dans la situation S, si, et seulement si les conditions 1-6 sont satisfaites* [17].

Telle qu'elle est formulée, cette analyse pourra gêner le lecteur, au moins pour la raison suivante : étant donné que j'ai analysé la référence en général, et par conséquent, indépendamment du fait qu'elle soit opérée à l'aide de noms propres, de descriptions définies ou autrement, mon analyse a un caractère très abstrait, c'est-à-dire qu'elles énoncent ce qui est

16 Ceci représente, transposé dans l'acte de langage, le principe énoncé par Frege : « Nur im Zusammenhang eines Satzes bedeuten die Wörter etwas ». Cf. chapitre 2, ci-dessus p. 63.

17 L'emploi de la biconditionnelle peut ici paraître pousser trop loin l'abstraction. Que se passe-t-il, par exemple lorsque R apparaît dans une phrase existentielle, dans quel cas R n'implique-t-elle pas de référence? Nous supposerons que la restriction « à l'intérieur de *T* » permettra d'éliminer ces cas.

commun à toutes les expressions utilisées pour faire une référence identifiante unique. Le lecteur doit se rappeler que dans une langue naturelle comme l'anglais, les règles particulières s'attachent ou bien aux éléments de la structure profonde de la phrase, ou, plus vraisemblablement, à un certain produit des opérations combinatoires du composant sémantique. Soit dit en passant, la syntaxe fournit d'assez sérieuses raisons de penser que, dans la structure profonde des phrases anglaises, les groupes nominaux n'ont pas des formes aussi diverses que la structure superficielle pourrait le faire croire. En particulier, certaines recherches récentes suggèrent que tous les pronoms de l'anglais sont, si l'on considère la structure profonde des phrases, des formes de l'article défini [18].

Les règles sémantiques pour que l'emploi d'une expression *R* constitue une référence définie unique, sont les suivantes :

Règle 1 : *R* n'apparaît que dans le contexte d'une phrase (ou d'un segment de discours similaire), dont l'énoncé peut constituer l'accomplissement d'un acte illocutionnaire. (Cette règle intègre les conditions 2 et 3.)

Règle 2 : *R* n'est employée que s'il existe un objet *X* tel que ou bien *R* contienne une description identifiante de *X*, ou bien *L* soit capable de compléter *R* par une telle description de *X*, et tel que, par l'emploi de *R*, *L* ait l'intention d'isoler ou d'identifier *X* pour *A*.

Il y a peut être trop d'éléments différents dans cette règle, mais je pense qu'il vaut mieux n'en faire qu'une seule règle car il ne doit exister qu'un seul et même objet auquel s'applique l'expression *R* et que le locuteur ait l'intention d'isoler pour l'auditeur. Cette règle, tirée des conditions 4 et 5, pose que l'axiome d'existence et le principe d'identification s'appliquent à toute expression référentielle, et en même temps, elle fait clairement apparaître que la référence est un acte intentionnel.

Règle 3 : Énoncer *R* revient à identifier ou extraire *X* à l'intention de *A*.

N.B. Comme dans les autres systèmes qui contiennent des règles essentielles, ces règles sont ordonnées : 2 ne s'applique que si la règle 1 qui la précède a pu jouer, et 3 ne s'applique qu'après 1 et 2.

---

18 P. Postal, 'On so-called pronouns in English', (ronéotypé) Queen's College, N. Y.

5 La prédication

Dans ce chapitre nous essaierons de compléter notre caractérisation de l'acte illocutionnaire par l'analyse de l'acte propositionnel de prédication. La prédication, tout comme la référence, est un sujet (difficile) depuis longtemps débattu en philosophie, et, avant de donner une analyse de la prédication en tant qu'acte de langage, j'examinerai certaines théories bien connues de la prédication ainsi que le problème de « l'engagement ontologique » (ontological commitent) qui s'y rattache. Je commencerai par exposer l'analyse de Frege sur ce point.

5.1 CONCEPT ET OBJET[1] D'APRÈS FREGE

Dans l'affirmation qui est faite dans la phrase : « Paul est ivre », y a-t-il quelque chose qui soit à « ... est ivre », ce que Paul est à « Paul » ? Cette question est-elle même pertinente ? Frege, qui supposait que cette question était pertinente, a donné la réponse suivante : de même que « Paul » a un sens et possède, en vertu de ce sens, un référent, à savoir : Paul, de même « ... est ivre » a un sens, et possède en vertu de ce sens, un référent. Mais, quel est le référent de « ... est ivre » ? Frege répond : « un concept ». Ce qui amène immédiatement la question : « quel concept ? ». La réponse que l'on serait tenté de donner est : « le concept *ivresse* ». Mais il est évident, Frege l'a d'ailleurs bien vu, que cette réponse ne tient pas, car si elle tient, « Paul est ivre » doit pouvoir se traduire par « Paul le concept ivresse », ou doit au moins avoir la même valeur de vérité, et ceci, conformément à l'une des formulations de

1 La théorie des concepts de Frege rentre dans sa théorie générale des fonctions. Dans la suite de l'exposé, mes remarques se limiteront à la théorie des concepts, je pense cependant que les conclusions peuvent s'appliquer de façon générale à sa théorie des fonctions.

l'axiome d'identité acceptée par Frege, selon laquelle si deux expressions réfèrent au même objet, elles peuvent être substituées l'une à l'autre à l'intérieur d'une phrase sans modification de la valeur de vérité de l'affirmation correspondante. (C'est ce que l'on appelle parfois : loi de Leibniz). Mais la dernière phrase, loin d'être de quelque façon que ce soit la traduction de la première, est, soit un non-sens pur et simple, soit tout bonnement une liste. Par conséquent, ce à quoi réfère « ... est ivre » ne peut pas être identique à ce à quoi réfère : « le concept ivresse ». Donc, ou bien « ... est ivre » *ne réfère pas* au concept en question, ou bien si c'est le cas, c'est l'expression « le concept ivresse » qui ne réfère pas à ce concept. Assez curieusement, Frege opte pour la seconde solution : il dit par exemple : « le concept *cheval* n'est pas un concept », c'est un objet [2]. Apparemment ceci est une contradiction, mais Frege considère qu'il ne s'agit guère que d'une simple incommodité de langage.

A l'encontre de Frege, je veux démontrer qu'il ne s'agit pas d'une incommodité de langage, mais d'une réelle confusion provenant du fait que Frege joue sur le mot « concept ». Si nous ne donnons qu'un seul sens au mot « concept », il y aurait alors véritablement contradiction. Mais Frege lui donne deux sens, et une fois que l'on a reconnu le jeu de mots et marqué certaines distinctions négligées par Frege, l'apparente contradiction peut être éliminée comme un membre inutile, sans que cela perturbe trop sérieusement le reste de cette partie de la théorie de Frege. Je commencerai par analyser le raisonnement qui a pu l'amener à cette apparente contradiction.

La contradiction vient du fait que Frege suit deux directions qui d'un point de vue philosophique sont fondamentalement incompatibles. Il veut en même temps (*a*) étendre aux prédicats la distinction sens-référence, c'est-à-dire affirmer que les prédicats ont un référent, et (*b*) rendre compte de la distinction existant *du point de vue de leur fonction* entre les expressions référentielles et les expressions prédicatives. Il emploie le mot « concept » pour marquer ce qui résulte des deux tendances (*a*) et (*b*), ce qui est source de contradictions étant donné que les deux arguments conduisent à des conclusions différentes et incompatibles. Je vais essayer de développer ce point.

Pour quelles raisons Frege emprunte-t-il la voie (*a*)? C'est-à-dire, qu'est-ce qui lui fait dire que les prédicats ont des référents? Les textes où

2 P. Geach et M. Black (ed.), *Translations from the Philosophical Writings of Gottlob Frege* (Oxford, 1960), p. 46.

il traite effectivement de la prédication sont très peu clairs sur ces raisons, mais si l'on regarde le problème à la lumière des objectifs philosophiques de Frege, il semble que ce désir d'étendre aux prédicats la distinction sens-référence ne résulte pas tout simplement de la fascination de l'outil analytique (la distinction sens-référence), mais provient d'une nécessité fondamentale de sa théorie de l'arithmétique (la nécessité de quantifier sur des propriétés). Il apparaît que, pour lui, l'emploi d'une expression prédicative engage vis-à-vis de l'existence d'une propriété. Et si l'emploi d'une expression prédicative engage vis-à-vis de l'existence d'une propriété, ne s'en suit-il pas que, par l'énoncé de cette expression, on réfère à une propriété [3] ? Certains disciples de Frege [4], mais non Frege lui-même, ont présenté cet argument sous la forme suivante :

1. Supposez que Pierre et Paul sont tous deux ivres.

2. Alors il s'en suit qu'*il y a quelque chose* que Pierre et Paul sont tous deux. Ou encore, *il y a* une propriété que Pierre et Paul ont tous deux.

3. Par conséquent dans 1, l'expression « — sont... ivres » a une référence, elle réfère à la propriété que Pierre et Paul ont tous les deux. Appelons cette propriété un concept.

Appelons ceci le raisonnement (*a*) et sa conclusion la conclusion (*a*). Qu'y a-t-il de faux dans ce raisonnement ? De façon évidente, la conclusion ne découle pas des prémisses : 3 ne découle pas de 1 et 2. Du fait que l'affirmation que j'énonce m'engage vis-à-vis de l'existence d'une propriété, il *ne découle pas* que, par cette affirmation, j'ai *référé* à une propriété.

Bien que les disciples et interprètes de Frege considèrent tous que celui-ci s'appuyait sur une certaine formulation du raisonnement (*a*), il ne me paraît absolument pas certain qu'il l'ait fait réellement. Mais ce qui paraît bien certain en revanche, c'est que pour une raison ou une autre, il acceptait effectivement la conclusion (*a*). Car il dit d'une part qu'un concept est « le référent d'un prédicat grammatical [5] », et d'autre part : « j'appelle les concepts sous lesquels se range un objet, les propriétés de cet objet [6] ». Mais ceci

3 Cette interprétation est très répandue, cf. M. Dummett, « Frege on functions », *Philosophical Review* (1955), p. 99; H. Sluga, « On sense », *Proceedings of the Aristotelian Society* (1964) n. 6, p. 31.
4 Par exemple, P. Geach « Class and concept », *Philosophical Review* (1955), p. 562.
5 Geach et Black, (ed.), *op. cit.*, p. 43.
6 *Ibid.*, p. 51.

suppose, si l'on tient compte de ce qu'il dit par ailleurs, que les expressions prédicatives réfèrent à des propriétés. La conclusion (*a*) est incompatible avec un raisonnement distinct dont il fait clairement usage, je vais essayer de le prouver.

Le raisonnement (*b*) repose sur l'affirmation de Frege selon laquelle le concept est « prédicatif » et sur son insistance à poser une distinction entre la fonction d'une expression référentielle *(Eigenname)* et la fonction d'un prédicat grammatical. Il marque cette différence de fonction par une distinction de nature entre les objets, auxquels il est impossible de référer à l'aide d'un prédicat, et les concepts qui, dit-il, sont « fondamentalement prédicatifs ». Il admet que cette notion de concept ne peut être *définie* de façon adéquate, mais il espère l'expliquer en donnant à la fois des exemples d'emploi d'expressions prédicatives et certaines descriptions métaphoriques des concepts dont il dit qu'ils sont « incomplets » par opposition aux objets qui, eux, sont « complets », qu'ils sont « non-saturés » par rapport aux objets. Certains des successeurs de Frege ont estimé que ces métaphores tenaient de la mystification [7], d'autres les ont trouvées très éclairantes [8]. De toute façon, Dummett [9] rapporte que vers la fin de sa vie Frege lui-même n'en était plus très satisfait. Je trouve personnellement qu'elles permettent de mieux comprendre la distinction existant sur le plan de la fonction entre « Paul » et « est ivre » dans l'assertion « Paul est ivre ». Mais il me semble qu'il est impossible de comprendre cette distinction que veut établir Frege, sans auparavant poser pour notre propre compte quelques distinctions supplémentaires indispensables. Établissons une distinction entre :

1. une expression prédicative;
2. une propriété;
3. l'emploi d'une expression prédicative pour attribuer une propriété.

Tous les raisonnements, métaphores, etc. que j'appelle raisonnement (*b*) concernent, alors non pas 2, mais 3 : l'emploi d'une expression prédicative pour attribuer une propriété. C'est-à-dire qu'en ce qui concerne l'argument (*b*), dire qu' « un prédicat grammatical réfère à un concept », c'est dire qu' « un prédicat grammatical attribue une propriété » (noter que « attribuer » n'a ici aucune force assertive), l'expression « référé à un concept » signifie donc uniquement « attribue une propriété ». La référence à un

7 Cf. M. Black : « Frege on functions », *Problems of Analysis* (Londres, 1954).
8 Cf. par exemple, Geach : *op. cit.*
9 Rapport non publié au Lit. Hum. Board, (Oxford, 1955).

concept est simplement l'attribution d'une propriété. En ce qui concerne le raisonnement (*b*), à la question : « quel rôle un prédicat grammatical remplit-il ? », on répondra soit : il attribue une propriété, soit : il réfère à un concept, les deux réponses sont équivalentes (naturellement dans les deux cas, il exprime aussi un sens). Notez que le terme « concept » dans cet emploi, n'est pas défini isolément. Il n'y a pas de phrase commençant par : « un concept est... », qui réponde à la question « qu'est-ce qu'un concept ? », mise à part la réponse du type : « le concept est le référent d'un prédicat grammatical ». C'est cette impossibilité d'isoler la notion de concept qui a conduit Frege à déclarer que les concepts sont incomplets et non-saturés.

Cette analyse permet de mieux voir la distinction nettement établie entre les concepts et les objets. Pour Frege, un objet est tout ce à quoi on peut référer à l'aide d'un syntagme nominal au singulier, que ce soit une propriété, une qualification, un nombre ou autre chose. Tandis que la référence à un concept est uniquement l'attribution d'une propriété par l'emploi d'un prédicat grammatical.

Et maintenant, l'origine de la contradiction apparente est claire. Dans la conclusion (*a*), Frege utilise le mot « concept » pour signifier « propriété », par conséquent, « réfère à un concept » signifie « réfère à une propriété ». Dans le raisonnement (*b*) « réfère à un concept » signifie « attribue une propriété par l'emploi d'un prédicat grammatical ». Il utilise le mot « concept » successivement dans ces deux acceptions divergentes : « j'appelle les concepts sous lesquels se range un objet, les propriétés de cet objet »; « le comportement du concept est essentiellement prédicatif [10] ». Il est clair que ces deux remarques sont incompatibles, car les propriétés d'un objet ne sont pas de façon essentielle prédicatives : on peut référer à ces propriétés par des syntagmes nominaux singuliers, on peut également les attribuer à un objet par l'emploi d'expressions prédicatives. Deux significations différentes sont donc données pour le mot « concept » et il en résulte immédiatement une contradiction apparente. « Le concept *cheval* n'est pas un concept ». Le concept *cheval*, c'est-à-dire une *propriété*, est clairement ce à quoi réfère « est un cheval », selon la conclusion (*a*); mais la référence dans ce cas, ne peut être référence à un concept, c'est-à-dire *l'attribution d'une propriété*, et ceci d'après le raisonnement (*b*). L'expression « le concept *cheval* » ne peut avoir la même référence qu'un prédicat grammatical parce que si l'expres-

10. Geach et Black (éd.), *op. cit.*, respectivement p. 51 et p. 50.

sion « le concept *cheval* » peut être sujet grammatical, elle ne peut pas être un prédicat grammatical.

Ayant constaté que le raisonnement (*a*) est inadmissible de toute façon, et ayant découvert deux significations tout à fait distinctes pour le mot « concept », abandonnons ce terme, et essayons de reformuler ce que disait Frege, en utilisant une terminologie différente. L'affirmation de Frege « Le concept *cheval* n'est pas un concept », signifie simplement : « la propriété d'être cheval ne constitue pas en elle-même une attribution de propriété »; ou, dit plus clairement encore de façon formelle : l'expression « la propriété d'être cheval n'est pas employée pour attribuer une propriété, mais pour référer à une propriété ». Selon cette interprétation, la contradiction de Frege devient donc une vérité évidente.

Mais il est clair que Frege n'aurait pu adopter la solution que je propose, et ceci, à cause de la conclusion (*a*). Il semble avoir pensé que pour pouvoir quantifier sur des propriétés, il lui fallait s'en tenir au fait que les expressions prédicatives *réfèrent* aux propriétés. De ce point de vue, le concept se réduit à une propriété. Mais en même temps, reconnaissant la nature de la distinction entre référence et prédication, il a essayé de faire jouer à la référence à une propriété le rôle de la prédication, et la seule façon pour lui de le faire était de jouer sur le mot « concept ». Cette entité à laquelle il est fait référence au moyen d'une expression prédicative, n'est pas, comme cela est apparu immédiatement, une propriété, mais elle est telle que faire référence à cette entité c'est uniquement attribuer une propriété à un objet. D'où l'apparente contradiction.

Cependant, je le répète, une fois supprimées les raisons que l'on peut avoir d'affirmer que les expressions prédicatives doivent obligatoirement *référer*, toutes les difficultés sont levées. La distinction posée entre référence et prédication garde toute sa force, et l'on aura donné une description juste si l'on dit qu'une expression prédicative s'emploie pour attribuer une propriété. Je ne prétends pas que cette description ait une valeur *explicative* quelconque. Comme nous le verrons plus loin (section 5.5), il est impossible de comprendre cette description sans avoir compris auparavant en quoi consiste l'emploi d'une expression prédicative. A ce stade de l'analyse, je prétends seulement que cette description est vraie de façon littérale et qu'elle reproduit ce qui subsiste de l'analyse donnée par Frege, une fois corrigée la méprise qui est source de la contradiction.

L'élimination de cette erreur selon laquelle les expressions prédicatives réfèrent à des propriétés ne modifie en rien la possibilité de quantifier sur des propriétés. Si cela a pu paraître le cas, c'est uniquement parce que l'introduction de quantificateurs, dans le raisonnement (*a*) paraissait impliquer une référence et donc, par contraposition, que nier cette référence paraissait impliquer une dénégation de la quantification.

On pourrait penser que les difficultés que j'ai exposées en ce qui concerne, la théorie de la prédication de Frege, reposent seulement sur certaines impropriétés liées à la langue que nous utilisons, et qu'il suffirait de quelques modifications pour que mes objections s'effondrent. Il me semble cependant, que ces objections sont fondées, indépendamment des changements que l'on pourrait vouloir opérer dans le langage; et, étant donné que l'opinion selon laquelle les prédicats ont une référence, est largement répandue [11], il est peut-être utile de lui opposer des arguments de portée générale.

A partir de deux prémisses, que tous les philosophes en question admettent implicitement ou explicitement, on peut effectuer une réduction *ad absurdum* de la thèse selon laquelle les prédicats ont pour fonction de référer. Les prémisses sont les suivantes :

1. Les exemples types de référence sont représentés par l'emploi d'expressions référentielles uniques pour référer à leur référent.

2. La loi de Leibniz : si deux expressions réfèrent au même objet, elles sont substituables l'une à l'autre *salva veritate*. Associez ces prémisses à la thèse suivante :

3. Les expressions prédicatives, à l'égal des expressions référentielles uniques, ont pour fonction de référer.

Il suffit dès lors, dans toute proposition comportant un sujet et un prédicat, de forme « fa », d'assigner arbitrairement un nom propre quelconque « b » au référent du prédicat, et l'on peut ainsi, par substitution, réduire la phrase primitive à une liste : « b a », qui n'est pas elle-même une phrase.

A ce stade, il y a deux tactiques possibles :

(*a*) le terme « référer » (donc aussi : « représenter », « désigner », etc.) n'a pas le même sens suivant qu'il s'applique à un prédicat ou à une expression référentielle unique. Il s'en suit que la réduction à une liste ne tient pas.

(*b*) L'entité à laquelle on réfère au moyen d'un prédicat est de nature très particulière, si particulière que dès que nous essayons de référer à cette

---

11 Cf. par exemple, R. Carnap : *Foundations of Logic and Mathematics* (Chicago, 193 9) p. 9.

entité à l'aide d'une expression référentielle *(Eigenname)* nous nous trouvons référer à une entité de nature différente. Il est donc impossible de lui donner un nom, et par conséquent la réduction à une liste ne tient pas.

Frege en fait, a adopté (*b*). Cependant, aucune de ces tentatives visant à éviter l'invalidation de la thèse n'est satisfaisante. L'option (*a*) laisse la notion de référence appliquée au prédicat totalement inexpliquée et aboutit en fait à accepter la thèse contestée, car telle qu'elle est formulée, cette thèse présente la relation de l'expression référentielle unique à son référent comme étant l'exemple type de référence. L'option (*b*) est, répétons-le, entourée de mystère ; en outre, elle engendre une contradiction sur le plan formel dès que nous appliquons un terme général à ce à quoi réfère un prédicat (une contradiction telle que : le concept *cheval* n'est pas un concept.)

Ce n'est pas, me semble-t-il, en modifiant la formulation que l'on pourra éviter ces conséquences, et pour ces raisons, je pense qu'il faudrait abandonner l'idée qu'il doit y avoir une entité quelconque qui soit au prédicat ce que l'objet est à l'expression référentielle unique.

Mais, tout à fait indépendamment de cette question de savoir si un prédicat réfère ou non, est-il possible de justifier la quantification sur des propriétés ? Les universaux existent-ils ?

5.2 LE NOMINALISME ET L'EXISTENCE DES UNIVERSAUX

A l'heure actuelle le nominalisme se présente en général comme un refus d' « autoriser » des entités qui ne sont pas des êtres particuliers ou de « quantifier » sur de telles entités, un refus d'admettre tout « *engagement* ontologique » vis-à-vis d'entités non-particulières. En tant qu'entités *non-particulières*, les universaux tombent sous le coup de cette exclusion globale décrétée par les nominalistes. Cependant, avant d'examiner la valeur de l'objection portée par les nominalistes contre les universaux, il faudrait savoir qu'elle est exactement la nature de cet engagement lorsqu'il porte sur les universaux. Quel est exactement mon engagement — si par exemple, du fait que Paul est chauve, j'en infère qu'il y a une chose que Paul est, donc qu'il existe une propriété, à savoir : la calvitie, qu'il possède, et par conséquent, que la calvitie existe. Qu'est-ce que je signifie lorsque j'admets la calvitie dans mon ontologie ? Il ne suffit pas de déclarer que je suis ici en plein platonisme, que je viole le principe du rasoir d'Ockham en prétendant inclure des notions insaisissables et, de façon générale, en m'excluant de ce groupe d'ascètes qui « renoncent » aux universaux; cela ne suffit pas car il reste à savoir quelle est la portée de ces accusations.

Pour répondre à cette question, commençons par poser le problème suivant : si deux personnes reconnaissent que Paul est chauve, mais que l'une d'elles refuse d'introduire la calvitie dans son ontologie, quelle est la nature de leur désaccord ? Il ne s'agit absolument pas d'un désaccord portant sur un fait puisque la personne qui a tiré sa conclusion à partir du fait que Paul est chauve aurait pu tirer la même conclusion à partir de l'affirmation que Paul n'est pas chauve. Aucune modification des faits, quelle qu'elle soit, n'affectera sa conclusion. (A cet égard, l'emploi que le philosophe fait de ces phrases diffère parfois de l'emploi ordinaire de phrases comme : « la calvitie existe », car, pour au moins un de ces emplois ordinaires, l'assertion posée dans cette phrase équivaut à poser qu'au moins un individu est chauve). Somme toute, pour cette sorte de réalisme, ou de platonisme, qui est ici en cause, il est possible de déduire l'affirmation de l'existence d'un universel donné à partir de l'assertion posant que le terme général correspondant a un sens. Tout terme général ayant un sens peut donner lieu à des tautologies, par exemple : « ou bien un individu est, ou bien aucun individu n'est chauve », et à partir de telles tautologies, il est possible de déduire l'existence de l'universel correspondant. Ainsi, le problème de la quantification ou non quantification sur les universaux devient, pour l'une au moins des interprétations qu'on peut en donner, un faux problème, parce que le rôle du quantificateur consiste uniquement à asserter ce qui est admis de part et d'autre, c'est-à-dire que le prédicat a un sens.

Cependant, pourrait-on objecter, ne s'agit-il pas là d'une pure pétition de principe en faveur du réalisme ? La controverse entre réalistes et nominalistes ne porte-t-elle pas (sous l'un au moins de ses nombreux aspects) sur la possibilité ou non possibilité de déduire l'existence des universaux de cette manière ? En guise de réponse à cette question, considérons certains exemples du type de ceux qui ont été présentés précédemment. Si l'on s'en tient à la signification ordinaire de ces affirmations (et quand nous parlons d'implication c'est de cette signification qu'il s'agit), affirmer que Pierre et Paul sont tous deux intelligents implique bien effectivement qu'il y a quelque chose qu'ils sont tous les deux, à savoir : intelligents, une autre façon de poser cette affirmation consiste à dire qu'ils ont tous deux la qualité (l'attribut, la caractéristique, la propriété) d'intelligence; de ceci découle l'affirmation qu'il y a au moins une qualité qu'ils possèdent tous deux.

Mais par un raisonnement semblable, de l'affirmation qu'aucun d'eux n'est intelligent il découle qu'il y a au moins une qualité qui leur fait défaut à tous deux. Les réalistes ont naturellement accumulé les non-sens en parlant des universaux; les universaux se prêtent d'ailleurs fort bien à ce genre de discours (exemple : où sont-ils, les voit-on, combien pèsent-ils ? etc.) si nous les ramenons à nos exemples types d'existence, tirés de l'univers des objets matériels. Mais ce n'est pas parce qu'on peut les commenter de façon absurde, que ces déductions cessent d'être des exemples de raisonnements valides effectués dans le langage ordinaire.

Tant que le nominaliste affirme que l'existence d'entités particulières dépend de faits réels, et l'existence des universaux seulement de la signification des mots, il a tout à fait raison. Mais il tombe dans la confusion et l'erreur gratuite, si sa découverte l'amène à nier des vérités aussi triviales que celles-ci : il existe une propriété qui est la propriété d'être rouge, et, la propriété d'être un centaure existe. Car l'assertion de ces propositions n'engage à rien de plus que ne le fait l'assertion que certains prédicats ont un sens. Pourquoi vouloir éviter cet engagement ontologique, puisqu'il ne nous engage pas plus que nous ne le sommes déjà lorsque nous tenons pour une vérité évidente que, par exemple, l'expression « est un centaure » a un sens ? Il se peut très bien naturellement que le nominaliste se soit laissé abuser par les fumées derrière lesquelles se cachent ses opposants platoniciens : il est peut-être incapable de saisir ce que Frege voulait signifier lorsqu'il posait l'existence d'un « tiers ordre » d'entités, peut-être fait-il objection aux thèses platoniciennes qui nous engagent vis-à-vis de faits qui peuvent lui sembler douteux, telle par exemple, la théorie mathématique selon laquelle il ne peut y avoir une suite infinie de nombres naturels s'il n'existe un nombre infini d'entités particulières. Mais le platonisme ne se présente pas nécessairement sous ces formes, et le nominaliste a tort de le condamner lorsqu'il prend des formes où il est vrai d'une façon évidente et qui ne sont nullement inquiétantes.

On peut établir le point suivant qui est de portée tout à fait générale : si deux philosophes s'accordent sur la vérité d'une tautologie comme : « tout ce qui a une couleur est soit rouge soit non rouge », et à partir de cela l'un en conclut que la propriété d'être rouge existe et l'autre refuse de tirer cette conclusion, il ne s'agit pas là d'un désaccord mais seulement d'un malentendu. Ou bien ils donnent à la conclusion une signification différente, ou bien — ce qui serait contraire à l'hypothèse — ils ne comprennent pas dans le même sens la proposition primitive. Il n'y a aucune autre possibilité.

Mais s'ils reconnaissent tous deux que la première proposition est une tautologie, alors il est impossible que la seconde donne lieu à un *engagement* auquel ne donnerait pas lieu la première, et puisque les tautologies ne nous engagent jamais à reconnaître un fait extra-linguistique, la seconde proposition ne nous engage pas non plus vis-à-vis d'un fait. Les tautologies n'entraînent que des tautologies.

On peut dire de façon générale que pour savoir à quel engagement on est soumis quand on asserte l'existence d'une entité, il faut examiner la nature des arguments avancés pour prouver son existence. (Ceci n'est qu'un cas particulier du principe : pour savoir ce que prouve une preuve, regardez la preuve).

Je pense que la vanité des discussions auxquelles ont donné lieu ces problèmes tient en grande partie au fait que l'on a négligé ce principe, nous le verrons dans la section qui suit.

5.3 L'ENGAGEMENT ONTOLOGIQUE

Dans cette section, je voudrais examiner plus à fond la notion d'engagement ontologique, du moins telle qu'elle a été présentée dans des travaux philosophiques récents.

Certains philosophes, Quine en particulier, ont été attirés par l'idée qu'il pourrait y avoir un critère d'engagement ontologique, un critère qui permettrait de savoir quelles sont les entités qu'une théorie nous engage à admettre. Dans une de ses premières recherches Quine établit ce critère par référence à la quantification des variables. « Postuler une entité c'est purement et simplement la considérer comme valeur d'une variable [12] ». Ce point de vue a été exprimé plus récemment comme suit :

> Pour autant qu'on accepte cette notation (de la quantification), les objets dont on est censé admettre l'existence sont précisément les objets que l'on reconnaît appartenir à l'univers dans lequel les variables liées par la quantification doivent prendre leur valeur [13] ».

Je trouve ce critère extrêmement gênant; à vrai dire, j'éprouve cette même gêne devant la plupart des discussions récentes concernant l'engage-

12 W. Quine, *From a Logical Point of View* (Cambridge, 1961), p. 13

13 W. Quine, *Word and Object* (Cambridge, 1960), p. 242.

ment ontologique, et ma conclusion consistera à démontrer que ce critère est sans objet et que le problème soulevé n'est en fait qu'un faux problème. Examinons d'abord un autre critère possible :

Deuxième critère : une théorie est engagée vis-à-vis des entités — et seulement vis-à-vis de ces entités — dont elle dit qu'elles existent.

Certains pourraient d'abord refuser ce critère sous prétexte que le mot « dit » est trop vague. Il peut arriver en effet que la théorie ne dise pas explicitement que telle entité existe, mais elle pourra néanmoins présupposer ou impliquer l'existence de cette entité. Je reformule donc le critère :

Troisième critère : Une théorie est ontologiquement engagée vis-à-vis de ces entités — dont elle dit, ou implique qu'elles existent [14].

Mais on objectera que ce critère est trivial. La réponse à ceci, c'est qu'il est effectivement trivial, mais que, néanmoins, tout critère non-trivial aboutit au même résultat que ce critère trivial. C'est une condition pour qu'un critère non trivial soit adéquat, que le résultat auquel il aboutit satisfasse le critère trivial. Quel intérêt peut donc avoir un critère non trivial ? On nous dit qu'un critère non trivial comme celui de Quine pourrait fournir un test ou un critère *objectif* pour l'engagement ontologique. Car le troisième critère se fonde sur la notion d'implication, et certaines querelles célèbres portent précisément sur ce qu'une théorie implique et ce qu'elle n'implique pas; au contraire, objectera-t-on, le critère proposé par Quine donne un moyen objectif de mettre un terme à ces débats. Si notre interlocuteur accepte de formuler sa théorie selon la « notation canonique » de la théorie de la quantification, alors c'est en étudiant la façon dont il emploie, dans sa théorie, les variables liées, que nous pouvons déterminer objectivement quelles sont les entités qu'une théorie nous engage à admettre. Mais il y a quelque chose de très embarrassant dans cette proposition, et ceci, pour la raison suivante : deux affirmations formulées dans des notations tout à fait différentes peuvent parfois comporter des engagements dont il est intuitivement plausible de dire qu'ils sont strictement identiques. Pour ce qui est de l'engagement qu'elles comportent, il peut n'y avoir aucune raison de choisir entre ces deux affirmations. Et de plus, il se peut qu'il n'y ait aucune procédure de paraphrase qui permettrait de déterminer que, l'une est plus fondamentale que l'autre, ou préférable à l'autre. Cependant, bien qu'elles comportent en réalité le même engagement ces deux affirma-

14 Cf. A. Church, « Ontological commitment », *Journal of Philosophy* (1958).

tions devraient comporter, d'après le critère de Quine, un engagement différent.

William Alston [15] a proposé une argumentation de cette forme et je résume ici ce qui me semble la ligne générale de la discussion, en commençant par la position de Quine.

Comme il est très peu probable que je réussisse à reproduire de façon exacte les idées de Quine et Alston eux-mêmes, je discuterai les points de vue de deux philosophes imaginaires : Q et A.

Q : Nous pouvons éliminer ce qui n'est qu'engagement apparent vis-à-vis d'entités indésirables en établissant une paraphrase dans une notation qui rende explicite l'engagement ontologique réel auquel nous sommes soumis. Par exemple l'engagement vis-à-vis de l'existence des milles que comporte apparemment l'affirmation : « il y a quatre milles entre Nauplie et Tolon », peut être éliminé par la formulation « distance en milles entre Nauplie et Tolon = quatre [16] ».

A : Il n'y a aucun engagement impliqué dans la première formulation, qui ne le soit aussi dans la seconde. Comment pourrait-il en être autrement ? La seconde n'est qu'une paraphrase de la première, donc si la première vous engage vis-à-vis de l'existence des milles, il en est de même pour la seconde. L'engagement auquel on peut être soumis vis-à-vis de l'existence des objets dépend des affirmations que l'on pose et non des phrases utilisées pour les poser.

Q : L'objection faite par A ne répond pas au problème. Par la paraphrase donnée dans la seconde formulation, nous prouvons que l'engagement porté par la première était apparent et non pas nécessaire. Le problème n'est pas que la première formulation contienne un engagement que ne contient pas la seconde, mais plutôt que la première semble contenir un tel engagement et que, par une simple paraphrase de l'original, nous montrons qu'il ne s'agit que d'une apparence. L'avantage du critère proposé est qu'il nous permet de prendre la mesure exacte des engagements auxquels nous sommes soumis. Ce critère est lui-même ontologiquement neutre par rapport aux diverses formes d'engagement. De plus, la paraphrase donnée n'a aucune prétention à la syno-

15 W. P. Alston : « Ontological commitment », *Philosophical Studies*, vol. 9 (1958), pp. 8-17.
16 Cf. W. Quine : *Word and Object*, p. 245.

nymie (quel que soit le sens que l'on donne à ce mot). Peu importe qu'elle dise exactement la même chose que l'affirmation qu'elle paraphrase.

A : Cet argument est extrêmement gênant. D'après le critère donné par Q, tout se passe comme si des affirmations admettaient comme paraphrases des affirmations équivalentes mais formulées dans une notation différente, affirmations qui, d'après le critère, aboutiraient à des résultats différents même si les engagements qu'elles comportent sont identiques. Considérez l'engagement contenu dans : « il existe au moins une chaise », c'est-à-dire 1. $(\exists x)$ (x est une chaise). Prenez ensuite une paraphrase de forme : « la propriété d'être une chaise s'applique à au moins un objet », c'est-à-dire 2. $(\exists P)$ ($P =$ être une chaise et P s'applique à au moins un objet). Selon le critère de Q, il semble que l'*engagement* contenu dans 1 et 2 doive être différent, mais puisque 2 n'est qu'une simple paraphrase de 1, on voit mal comment l'engagement qu'elles contiennent pourrait être différent.

Q : Il suffit pour répondre, de se référer à la première réponse donnée à A ci-dessus : l'engagement vis-à-vis d'entités abstraites que suppose la seconde des deux affirmations données plus haut, n'a aucun caraccaractère *nécessaire*. Il n'y a aucun besoin de postuler un tel engagement parce que toute phrase du type de 2 admet comme paraphrase une phrase du type de 1. Ceci ne revient-il pas simplement à dire que l'engagement dans ce cas n'est qu'apparent et non pas réel? Ou bien, si A tient à ce qu'il soit réel, n'est-ce pas précisément un avantage du point de vue de l'explication, de pouvoir nous débarrasser de cet engagement, sans que cela nuise en rien à la théorie? Le critère donné montre que 1 ne comporte pas l'engagement indésirable contenu dans 2.

A : Q n'a pas répondu à la question. Il ne peut y avoir aucun engagement, impliqué dans 2, qui ne le soit aussi dans 1 parce que ce sont exactement les mêmes faits appartenant au monde réel qui rendent vrais 1 et 2. *L'engagement* dont il s'agit est un *engagement* vis-à-vis de l'existence de ces faits réels, quelle que soit la notation utilisée pour les établir.

Je voudrais maintenant élargir la réponse de A à Q, et remettre en cause de façon générale la notion d'un critère qui serait purement objectif ou notationnel pour l'engagement ontologique; je montrerai pour cela que si nous appliquons ce critère de façon vraiment rigoureuse, il est possible de prouver que tout engagement ontologique, quel qu'il soit, n'est qu'apparent, en donnant simplement une paraphrase du type de celle donnée par Q dans l'exemple des milles. Je voudrais démontrer que si nous essayons d'utiliser le critère, l'engagement ontologique devient absolument insaisissable : ayant toute liberté de fournir des paraphrases dans diverses notations comme le fait Q dans l'exemple des milles, nous pouvons dire n'importe quoi et, dans la mesure où le critère s'applique, être engagés vis-à-vis de n'importe quoi.

Je prouverai ceci en démontrant que, d'après ce critère, il nous est possible d'asserter l'existence de toutes les connaissances scientifiques établies tout en n'étant engagés que vis-à-vis de l'existence de ce crayon [17].

Soit « K » une abréviation représentant la conjonction des affirmations qui posent toutes les connaissances scientifiques existantes [18].

Définissons un prédicat P de la façon suivante :

$P(x) = df \quad x =$ ce crayon K

Démonstration :

1. ce crayon = ce crayon (axiome)
2. K (axiome)
3. ∴ ce crayon = ce crayon K
4. ∴ P (ce crayon)
5. ∴ $\exists x (Px)$

Ainsi, en suivant la réduction ontologique proposée par *Q*, nous démontrons que, par référence au critère de l'engagement ontologique donné par *Q*, l'unique engagement requis pour asserter l'ensemble des vérités scientifiques établies est un engagement vis-à-vis de l'existence de ce crayon [19]. Mais ceci représente une réduction *ad absurdum* du critère donné. Les affirmations dont « K » est l'abréviation, comportent un très grand nombre d'engagements qui seraient naturellement décrits comme étant ontologiques, et toute paraphrase telle que celle qui a été donnée plus haut, doit

17 Je dois à Hilary Putnam de m'avoir montré la façon d'exprimer ce point. Je ne sais pas s'il la trouve bonne.

18 Si certains refusent la notion représentée par « toutes les connaissances scientifiques existantes » comme étant incompréhensible, qu'ils n'en considèrent qu'un nombre restreint, disons que « *K* » est l'abréviation de « il y a des chats, des chiens et des nombres premiers ».

19 Notez que 5, qui établit la « théorie », satisfait la condition posée par *Q* en ce qu'elle est formulée d'après la notation canonique, c'est-à-dire qu'elle n'utilise que la logique des quantificateurs et des prédicats.

comporter un engagement identique à celui de l'original. La définition donnée pour « K » garantit précisément que l'engagement est bien le même. Cependant, d'après le critère d'engagement ontologique, nous avons la possibilité d'asserter, dans notre notation canonique, tout ce qui fait l'objet de ces engagements, sans pour autant être engagés vis-à-vis de ce que nous assertons. C'est dire que l'application du critère dans ce cas nous amène à une contradiction; il est en effet contradictoire de poser à la fois (*a*) : asserter l'existence de toutes les connaissances scientifiques établies nous engage vis-à-vis de l'existence d'autres objets que cet unique crayon (ce qui est vrai de façon évidente), et (*b*) : asserter l'existence de toutes les connaissances scientifiques établies nous engage seulement vis-à-vis de l'existence de ce crayon (c'est ce que nous démontrons si nous utilisons le critère). Donc, puisque le critère proposé nous amène à contredire des faits évidents, il doit être abandonné en tant que critère d'engagement ontologique.

Je fais remarquer qu'il ne suffit pas, pour nous répondre, de dire que les affirmations représentées par l'abréviation « K » doivent être formalisées de façon à faire apparaître séparément les divers engagements ontologiques qu'elles renferment; en effet, le critère donné ne permet pas de déterminer la façon dont une théorie devrait être formalisée. Je considère que 5 est absurde en tant que formulation de connaissances scientifiques, mais il n'y a rien, dans le critère donné par Quine qui permette de refuser à 5 le statut de proposition théorique.

Je donne cette démonstration comme réduction *ad absurdum* du critère proposé en m'adressant aux tenants du nominalisme. Pour des platoniciens, la démonstration pourrait se formuler de façon encore plus simple :

> Soit « q », le nom propre de la proposition formée par la conjonction de toutes les propositions reconnues comme vraies [20]. Alors, toute la connaissance peut être symbolisée comme suit (« p » prenant sa valeur parmi les propositions) : $(\exists\, p)\ (p = q \,.\, p$ est vraie).

Ainsi, d'après le critère donné, nous sommes engagés vis-à-vis de l'existence d'une proposition seulement et de rien d'autre.

Face à ces arguments, on pourrait répondre qu'ils reposent sur la notion de synonymie que Quine rejette par ailleurs. Mais cette réponse

20 Il est nécessaire de poser « q » comme nom propre et non comme abréviation afin d'éviter une confusion entre emploi et mention.

n'est pas adéquate. D'abord, c'est la raison la moins importante, elle fait dépendre le critère de l'engagement ontologique (neutre selon Quine) de vues très discutables portant sur la synonymie; et ensuite, (ceci est plus important) les seuls cas de synonymie sur lesquels repose la démonstration ci-dessus sont introduits par des conventions explicites, ils ne donneraient donc pas lieu aux objections de Quine, même si ces objections étaient réellement valides.

Certains pourraient encore reprocher à la première démonstration d'utiliser des « prédicats » du type de *P*, qui sont incohérents, tiennent du non-sens, etc. Je ne sais pas exactement comment il faudrait procéder pour soutenir cette objection, mais de toute manière, ce n'est pas le genre de reproches que pourrait faire Quine puisqu'il a lui-même utilisé ce type de procédé [21] au cours de ses discussions sur la modalité. Ma conclusion est que le critère donné par Quine n'est pas valable en tant que critère de l'engagement ontologique. Cela aurait été vraiment très surprenant qu'il le soit, car nous aurions alors obtenu la conclusion que c'est la notation qui détermine les engagements existentiels, or il semble impossible que cela puisse être le cas. Disons pour paraphraser Alston, que ce qui engage une personne c'est ce qu'elle dit, et non la manière dont elle le dit.

Cependant, s'il en est ainsi, il est possible de se demander si la notion d'engagement ontologique est aussi claire que nous le supposions de prime abord. La morale de cette discussion semble être qu'il n'existe aucune catégorie d'engagements où on ne saurait parler d'une classe d'engagements radicalement existentiels ou ontologiques. Tout ce qui est dit sous la forme d'une phrase existentielle peut être reformulé d'une autre façon. Et cela ne constitue pas une réponse de dire que les paraphrases n'ont aucune valeur de synonymie, car le problème est que certaines paraphrases comportent exactement le même engagement que l'affirmation primitive paraphrasée, et ceci parce que les faits réels qui justifient la vérité de l'une, sont aussi ceux qui justifient la vérité de l'autre. Les philosophes ont depuis longtemps, je pense, abandonné l'idée qu'il existe des phrases qui soient irréductiblement négatives; pourquoi supposent-ils alors qu'il doit exister des phrases irréductiblement existentielles? Quel intérêt pourrait donc avoir un critère d'engagement négatif? (et quel intérêt peuvent avoir les problèmes corrélatifs de « déniologie »?).

---

21 W. Quine : *From a Logical Point of View*, (deuxième édition), p. 153, etc.

Il semble donc que le problème de l'engagement ontologique ne constitue pas un problème indépendant. La question de savoir comment nous avons connaissance des faits vis-à-vis desquels nos énoncés nous engagent est un problème réel. Parmi ces faits se trouvent ceux qui sont naturellement exprimés sous une forme existentielle : « y a-t-il de la vie sur les autres planètes ? », « l'abominable homme des neiges existe-t-il ? » Le prétendu problème de l'ontologie se trouve ainsi englobé dans le problème général de la connaissance, car ce n'est pas la notation qui permet de déterminer l'engagement. Notre critère trivial n° 3 (p. 154) d'engagement ontologique revient en fait à dire : « on est engagé vis-à-vis de la vérité de tout ce qu'on asserte [22]. »

Dans les deux sections précédentes, je n'ai peut-être pas encore fait clairement ressortir que les équivoques exposées ici reposent sur une erreur plus profonde, qui consiste à penser que tout ce que l'on peut dire des universaux est, d'une certaine façon soit gênant, soit incongru, ou encore métaphysique, et qu'il vaudrait mieux s'en débarrasser si, toute chose restant égale, on pouvait s'en passer. Mais, dire « la propriété de sainteté est quelque chose qu'aucun de nous ne possède », n'est qu'une façon compliquée de dire : « aucun de nous n'est saint. » L'erreur majeure consiste à ne pas se rendre compte qu'il n'y a aucun danger à admettre la première formulation [23].

Résumons les conclusions données jusqu'à présent dans ce chapitre :

1. Frege était justifié à établir une distinction essentielle entre la fonction d'une expression référentielle et celle d'une expression prédicative.

2. Sa *formulation* aboutit à une contradiction parce qu'il a voulu postuler que l'expression prédicative réfère, elle aussi. Les arguments habituellement avancés pour soutenir cette hypothèse ne sont pas valides et l'hypo-

22 Disons en passant que la terminologie recherchée et parfois archaïque utilisée dans ces discussions prouve qu'il y a quelque chose de suspect. Je sais, par exemple, ce que signifie « renoncer » (« eschew ») au tabac ou à l'alcool, mais que signifie l'analogie : « eschew universals » (renoncer aux universaux) ? Je peux autoriser (« countenance ») ou ne pas autoriser mes enfants à être insolents, mais comment m'y prendrai-je pour « autoriser » des nombres ou des classes ? L'emploi qui est fait de « reconnaître » n'est pas meilleur. Si quelqu'un vous déclare sérieusement qu'il reconnaît l'existence des objets matériels, vous penserez vraisemblablement : « comment pourrait-il ne pas le faire ? » (est-il aveugle ? amnésique ?) ou bien, comme Carlyle « heureusement pour lui ! »

23 Ce qui ne signifie pas qu'on ne puisse pas dire d'absurdités sur les universaux — comme sur toute chose d'ailleurs.

thèse est incompatible avec la conclusion 1 qui est juste. Il faut donc l'abandonner.

3. L'abandon de cette hypothèse ne porte pas préjudice à l'ensemble de sa thèse sur l'arithmétique, car cela n'amène pas à nier l'existence des universaux.

4. Pour l'une au moins des interprétations qu'on peut en donner, les universaux existent, et la proposition qu'un universel donné quelconque existe, est (ou peut être posée comme) une tautologie.

5. Le critère d'engagement ontologique donné par Quine est inapplicable.

6. On ne peut parler d'une classe d'engagements qui seraient irréductiblement existentiels.

5.4 LES PROPOSITIONS ET LA THÉORIE DES TERMES

Jusqu'à présent donc, à la question posée au début de cette discussion (« qu'est-ce qui est au prédicat " ... est ivre ", ce que Paul est à " Paul " ? »), nous répondons : « rien ». Mais notre conclusion est peut être trop hâtive. L'échec de la tentative de Frege visant à établir une symétrie entre sujet et prédicat résulte peut-être du fait qu'il a voulu pousser trop loin cette symétrie. Il est peut-être possible d'en donner une autre interprétation, mais de portée plus modeste.

Strawson [24] a tenté de décrire la proposition sujet-prédicat en termes plus neutres que ceux de Frege, tout en se situant dans le même cadre (mais je ne dis pas qu'il se soit inspiré de Frege). Strawson dit que sujet et prédicat identifient tous deux des « éléments non-linguistiques » appelés « termes », qu'ils introduisent dans la proposition, où ces termes sont unis par un « lien non-relationnel ». Ainsi par exemple, dans l'affirmation contenue dans la phrase : « la rose est rouge », l'expression « la rose » identifie une entité particulière, une certaine rose, et l'expression « est rouge » identifie un universel, la propriété d'être rouge ou, disons, la rougeur.

Dans cette proposition l'universel et l'entité particulière sont unis par un lien non-relationnel. On évite ainsi deux faiblesses de la théorie du concept et de l'objet de Frege. Strawson évite de dire que les prédicats réfèrent, en adoptant le terme « identifier » qui est (apparemment) neutre;

---

24 P. F. Strawson : *Individuals* (Londres, 1959).

il évite également de dire qu'une phrase est une liste, sans, pour autant, s'enfermer dans une contradiction, en faisant appel à la notion de lien non-relationnel. Les deux diagrammes ci-dessous 162 visent à mettre en relief la différence qui sépare Strawson de Frege. J'appellerai désormais la théorie représentée par la figure nº 2 : « la théorie des termes ».

La théorie des termes est-elle plus satisfaisante que la théorie de Frege ? Il est important de faire remarquer que Strawson ne la donne pas, telle qu'elle est formulée, comme une explication de la différence existant entre le sujet et le prédicat, mais seulement comme une description, une parmi d'autres possibles, qui nous fournira une terminologie neutre pour la discussion de certains problèmes philosophiques. Je montrerai qu'en fait cette description est fausse et, que, par conséquent, elle ne peut que fausser toute discussion sur ces problèmes.

Fig. 1 : FREGE

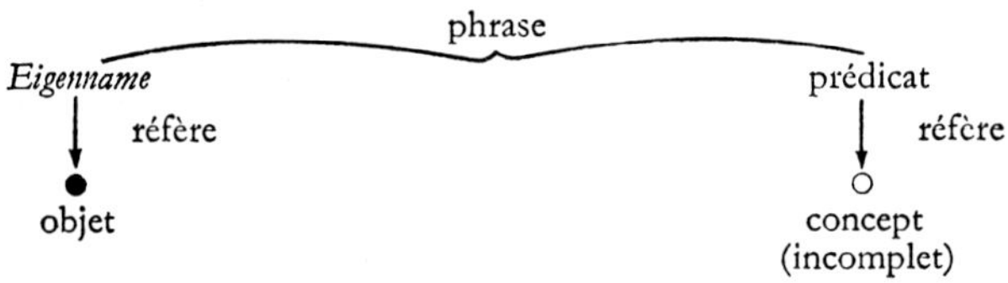

Fig. 2 : STRAWSON

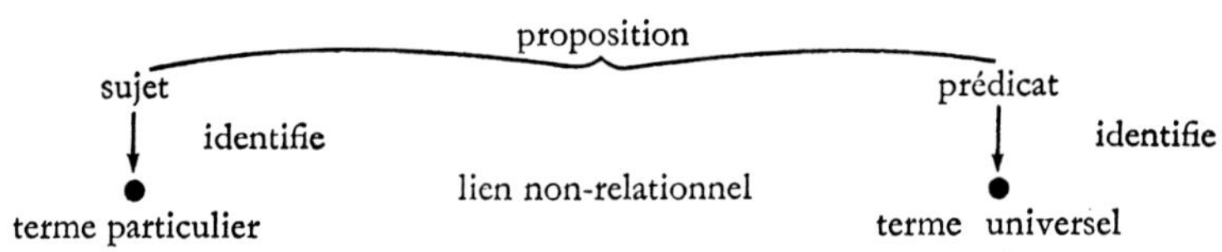

Si l'on voulait chicaner sur cette théorie des termes, on pourrait faire remarquer que la notion de lien non-relationnel, prise littéralement, défie l'entendement. On pourrait encore alléguer que dire d'une entité particulière qu'elle est introduite dans une proposition ou qu'elle apparaît dans une proposition, est nécessairement un non-sens pour toute interprétation littérale que l'on donne de cette expression. Mais ces objections mesquines viennent de ce que l'on prend au pied de la lettre des expressions données comme métaphores, et cela, par pur esprit de chicane. Mais les expressions employées ne sont pas toutes des métaphores. C'est dans son sens littéral qu'il nous faut prendre la remarque que les deux expressions *identifient des entités non linguistiques*. Examinons de près cette remarque.

En quel sens exactement faut-il comprendre que le terme identifié par « est rouge » est non-linguistique ? Il est sans doute facile de voir en quel sens le terme identifié par l'expression-sujet : « la rose », est non-linguistique : c'est un objet matériel, son existence est un fait contingent. Mais l'universel peut-il être au même sens, non-linguistique ? Dans notre discussion du nominalisme, nous avons vu que l'existence d'un universel résulte du fait que le terme général correspondant, donc l'expression prédicative, a un sens. Mais la signification de l'expression prédicative est-elle une entité linguistique ou non-linguistique ? C'est, au sens le plus ordinaire du terme, une entité linguistique. Et l'existence d'une entité non-linguistique peut-elle résulter de l'existence d'une entité linguistique ? Ou bien notre analyse du nominalisme est fausse, ou bien les universaux ne sont pas plus « non-linguistiques » que ne l'est la signification des mots. Pour employer un jargon démodé, disons que pour les universaux, l'essence équivaut à l'existence, ce qui est simplement dire que (en général) les propositions qui assertent leur existence sont (ou peuvent être) des tautologies. Mais ce ne peut être une tautologie de dire que des entités non-linguistiques existent. Les entités telles que les universaux n'appartiennent pas au monde, mais à notre mode de représentation du monde, au langage. Il est vrai en effet que les universaux ne sont pas de nature linguistique au sens où les mots (en tant que séquences phoniques) le sont, mais ils sont de nature linguistique au sens où l'est la signification des mots, et donc au sens où le sont les mots pris avec leur signification.

Par conséquent, selon n'importe lequel des critères habituellement employés pour distinguer les entités linguistiques des entités non-linguistiques, la remarque est fausse. Naturellement, la seule chose que Strawson a peut-être voulu signifier en disant que les universaux sont des entités non-linguistiques, c'est que ce ne sont pas des mots (phonèmes ou graphèmes), mais, dans ce cas, un très grand nombre de choses que nous considérons ordinairement comme d'ordre linguistique deviennent non-linguistiques. De toute manière, il n'y a aucune raison pour que la flèche de droite dans le diagramme (fig. 2) sorte du domaine de la proposition; car celle de gauche sort de la proposition en visant des objets appartenant au monde réel, alors que, nous le répétons, les universaux n'appartiennent pas au monde réel.

Ces considérations pourraient nous amener à douter de l'utilité de la remarque selon laquelle les prédicats et les expressions sujets identifient des entités non-linguistiques. Je pense que ces doutes se confirment si nous passons du terme « non-linguistique » au terme « identifier ». Nous avons vu que dans l'acte de référence complète, le locuteur identifie un objet pour l'auditeur en communiquant à son interlocuteur un fait qui se rapporte à l'objet en question. Mais, lorsqu'il énonce une expression prédicative, ce n'est absolument pas de la même façon que le locuteur identifie un universel. Pour clarifier ce point examinons la manière dont on pourrait « identifier » un universel comme on identifie une entité particulière. Soit la phrase :

1. La rose est rouge

que nous réécrivons sous la forme de :

2. La rose est de la couleur du livre.

Supposons que le livre en question soit rouge, alors 2 aura la même valeur de vérité que 1. Ici, « l'identification » de l'universel s'est faite d'une façon analogue à celle d'une entité particulière : en présentant un fait qui s'y rapporte. Mais, existe-t-il une acception unique du terme « identifier » pour laquelle on puisse dire que 2 et 1 *identifient la rougeur ?* En réponse à cette question, rappelons que 2 dit seulement que :

3. La rose et le livre sont de la même couleur.

Il est clair, je pense, qu'au sens où l'on peut dire que 1 identifie la rougeur, 3 n'identifie pas la rougeur car elle ne répond pas à la question : de quelle couleur ? (Naturellement, si l'auditeur sait déjà que le livre est rouge, il sera capable d'inférer à partir de 2 et 3 que la rose est rouge. Mais ceci ne prouve pas que 2 et 3 identifient la rougeur au sens où 1 le fait : il faut faire une distinction entre ce qui est identifié dans (ou par) une proposition et ce que l'on peut inférer à partir de cette proposition et de prémisses supplémentaires). La seule situation où le locuteur pourrait identifier la rougeur en énonçant une phrase du type de 2, serait le cas où il y aurait quelque chose de rouge, visible à la fois pour le locuteur et l'auditeur, au moment de l'énonciation, une situation pour laquelle 2 pourrait être ré-écrit sous la forme de 4.

4. La rose est de *cette* couleur-*là* (accompagnée par l'exemple d'un geste en direction d'un livre rouge).

Mises à part ces exceptions, l'énoncé de phrases du type de 2 et 3 ne constitue pas l'identification d'un universel, tandis que c'est le cas de l'énoncé d'une phrase du type de 1. Je ne dis pas qu'il n'existe pas de sens du terme « identifier » pour lequel on puisse dire que 2 et 3 identifient la rougeur, mais seulement que, au sens plein du terme, pour lequel 1 identifie effectivement la rougeur, 2 et 3 ne l' « identifient » pas.

En d'autres termes, le seul moyen dont nous disposions pour identifier des entités particulières lorsqu'elles ne sont pas présentes, ne peut justement pas servir à identifier pleinement des universaux lorsqu'il n'y a pas d'objet à propos desquels ils puissent être prédiqués au temps et lieu de l'énonciation. Quelle en est la raison ? Il nous suffit pour répondre de revenir à ce que nous disions quelques paragraphes plus haut. Les universaux sont des entités qui n'appartiennent pas au monde réel, mais à notre mode de représentation du monde; on les identifie donc, non pas en se référant à des faits réels, mais en utilisant des expressions dont la signification leur correspond. En définitive, nous pourrions dire que les universaux ne sont pas identifiés à travers des faits, mais à travers des significations. Les seules exceptions à cette remarque sont les cas où le locuteur présente réellement à l'auditeur un objet auquel l'universel s'applique; d'ailleurs ces cas ne paraîtront pas tellement exceptionnels si nous nous rappelons que c'est précisément dans ce genre de situation que l'on apprend la signification des termes généraux empiriques. Ce sont les situations d'apprentissage par l'expérience. Donc, d'après notre analyse, il n'y a identification, au plein sens du terme, d'un universel que si l'on « présente » à l'auditeur la signification qui s'y rapporte (ou, pour employer un jargon moins métaphysique : si l'on produit une expression correspondante), ou bien si l'on place l'auditeur dans une situation où il peut apprendre cette signification.

Cette discussion avait pour but de montrer que la théorie des termes utilise le mot « identifier » dans deux sens tout à fait différents ou, pour être plus prudent, que les moyens employés pour identifier les universaux sont tout à fait différents de ceux qui servent à identifier des entités particulières, et que ceci résulte du fait que les universaux appartiennent à notre façon de décrire le monde et non au monde lui-même.

Jusqu'à présent cependant, notre discussion de « l'identification » n'a fourni aucune objection nouvelle contre la théorie des termes. Pourtant, elle ouvre en réalité la voie à une sérieuse objection :

La théorie des termes prend comme point de départ que l'identification d'entités particulières, faite au moyen d'expressions référentielles uniques, est l'exemple type de l'identification. Elle affaiblit ensuite, ou altère, ce sens « d'identifier » pour donner aux expressions prédicatives la possibilité d'identifier des universaux. Mais, comme je vais le démontrer, dès que nous modifions notre terminologie dans le but de pouvoir dire que les expressions prédicatives identifient les universaux, nous devons, pour être cohérents, dire que les expressions sujets identifient elles aussi des universaux, « identifier » gardant le même sens. De façon générale, tout argumentation qui vise à prouver que l'expression prédicative identifie un universel, doit aussi prouver que l'expression-sujet identifie un universel. Si dans la phrase 1, « est rouge » identifie la rougeur, alors « rose » identifie la propriété d'être une rose. Si ce point ne paraît pas directement évident, rappelons-nous que nous pouvons ré-écrire 1 sous la forme de 5 :

5. La chose qui est une rose, est rouge

ce qui n'identifie pas plus (et pas moins) d'universaux que :

6. La chose qui est rouge est une rose.

Je ne trouve aucun argument qui prouverait que dans 5 ou dans 6, « est rouge » identifie un universel, sans prouver en même temps que « est une rose » identifie un universel. Bien entendu, cela ne servira à rien de faire appel à la notion de « thème », parce que pour toute situation où l'on désirerait dire que 5 *a pour thème* la rougeur, on peut trouver une situation tout aussi vraisemblable où l'on aimerait dire que cette phrase *a pour thème* la propriété d'être une rose.

L'argument que j'oppose donc à la théorie des termes, c'est qu'elle s'arrête trop tôt. Elle commence par noter que les expressions référentielles identifient des objets, elle pose ensuite la question : « qu'est-ce qu'identifient les expressions prédicatives ? », puis, après avoir modifié de façon appropriée la notion d'identification, donne comme réponse : « les universaux ». Mais une fois effectuées les modifications qui permettent de répondre, il apparaît que les expressions sujets, elles aussi, identifient nécessairement des universaux. Nous ne pouvons donc pas décrire les symétries et les asymétries d'une proposition sujet-prédicat du type de 1 en disant que les deux expressions identifient des termes, l'une un particulier, l'autre un universel : car dans la mesure où l'une ou l'autre peut identifier un universel, les deux le font. Les noms propres et les expressions deictiques ne sont pas des exceptions car, conformément au principe d'identification, pour que leur emploi constitue un acte de référence complète, ils doivent, eux aussi, transmettre à l'auditeur une proposition qui ait un contenu descriptif et donc, « identifier des universaux ».

J'en conclus donc que la représentation qu'offre la théorie des termes est fausse. Premièrement parce que les universaux ne sont pas des « entités non-linguistiques », et deuxièmement, parce que si les expressions prédicatives identifient des universaux comme le suppose cette théorie, alors c'est aussi le cas pour les expressions sujets, et ceci, la théorie n'en a pas tenu compte. Si l'on voulait donner une description qui soit juste de la proposition-type sujet-prédicat, en utilisant des notions intentionnelles telles que les propriétés, les concepts, etc., il faudrait dire, dans la terminologie de Frege, que dans une proposition sont exprimés un concept sujet et un concept prédicat. Or aucun de ces deux concepts n'est une entité non-linguistique. Par l'expression du concept sujet, on réfère à un objet, pourvu naturellement qu'il y ait un objet auquel puisse s'appliquer ce concept.

Ceci peut se présenter sous forme du diagramme suivant :

Fig. 3.

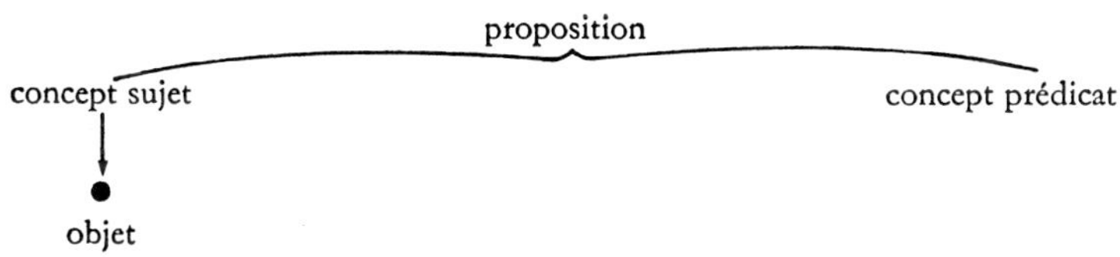

A mon avis, ce diagramme n'est pas utile, car je pense qu'il n'est pas nécessaire d'introduire la notion de concept. Il a au moins le mérite d'être juste.

La théorie des termes s'efforce d'établir une symétrie dans cette figure, premièrement en faisant sortir le concept prédicat hors de la proposition (les universaux sont des « entités non linguistiques ») et deuxièmement, en essayant de poser le terme particulier comme étant *dans* la proposition au même titre exactement que le terme universel (les termes spécifiés et les universaux sont tous deux « introduits dans la proposition »). Ces résultats sont représentés par la figure 2 donnée ci dessus, qui est fausse.

Le problème pourrait être formulé de la manière suivante : la théorie des termes conçoit la prédication comme un cas particulier de référence. Et si l'on veut à tout prix établir une symétrie, il serait plus exact de concevoir la référence comme un cas particulier de prédication : on pourrait considérer que le principe d'identification établit que la référence consiste à identifier au moyen de la prédication. Dans l'énoncé d'une phrase du type de 1, le sujet et le prédicat transmettent tous deux à l'auditeur un certain contenu descriptif ou prédicatif. La différence entre sujet et prédicat est une différence de fonction. Le sujet sert à identifier un objet, et le prédicat, lorsque l'acte illocutionnaire entier est un acte de description ou de caractérisation, sert à décrire ou caractériser l'objet qui a été identifié. Cette formulation constituerait une description exacte des faits.

5.5 PRÉDICATS ET UNIVERSAUX

Je voudrais à présent faire une remarque qui me paraît essentielle si l'on veut bien comprendre la relation qui unit les expressions prédicatives aux universaux. Nous avons déjà vu que l'existence d'un universel quel qu'il soit résulte du fait que le terme général correspondant a un sens. Je voudrais ici élargir ce point en disant que pour avoir la notion d'un certain universel, il est nécessaire de connaître la signification du terme général correspondant (donc, de l'expression prédicative correspondante), d'être capable d'utiliser ce terme. C'est-à-dire que, pour comprendre *le nom d'un universel*, il est nécessaire de comprendre l'emploi du terme général correspondant. Mais l'inverse n'est pas vrai. « Gentillesse » est un terme parasite par rapport à « est gentil », « est gentil » est primaire par rapport à « gentillesse ». Il est impossible qu'une langue possède la notion de « gentillesse », si elle ne possède pas d'expression qui ait la fonction de « est gentil », mais elle pourrait avoir « est gentil », sans avoir « gentillesse ».

Cette antériorité des expressions prédicatives sur les noms de propriété est prouvée par le fait suivant : nous imaginons très bien une langue qui permette de poser des affirmations (ainsi que d'autres actes illocutionnaires) qui ne contiennent que des expressions servant à référer à des entités particulières et des expressions prédicatives fléchies, mais il est impossible d'imaginer une langue qui ne contiendrait que des expressions servant à référer à des entités particulières et des expressions servant à référer à des propriétés. Il est possible de parler une langue qui contienne des expressions comme « Socrate », et « cette rose », avec d'autres comme « est un homme », et « est rouge », mais ce serait impossible avec une langue qui ne contiendrait, outre les expressions du premier type que des expressions comme « sagesse », et « rougeur ». Il nous serait même impossible d'apprendre ces dernières expressions sans avoir compris auparavant ce que c'est qu'être rouge ou être sage. Car, comprendre ces expressions, c'est comprendre l'emploi des prédicats correspondants.

Évidemment, une fois maîtrisé l'emploi des expressions prédicatives, il est facile d'en dériver le nom des propriétés correspondantes. Nous désirons parfois parler de ce qui est commun à tous les objets pour lesquels un terme général est vrai, et puisque le procédé type disponible dans ce cas est la forme grammaticale caractéristique des expressions référentielles, il est naturel de fabriquer des expressions telles que « sagesse », « gentillesse » etc. D'où la possibilité de traiter comme *substance* ces entités abstraites, d'où aussi la parfaite inocuité de ce procédé, comme nous l'avions fait remarquer dans notre discussion du nominalisme.

Un signe de cette dépendance des noms de propriété vis-à-vis des termes généraux, est que la plupart des noms de propriété sont dérivés de termes généraux correspondants; exemple : « sage » engendre « sagesse », « gentil » engendre « gentillesse », etc. Dans une langue sans syntaxe, il n'y aurait aucune distinction possible, et nous aurions à deviner d'après les contextes si l'expression est utilisée pour référer ou pour prédiquer. Dans une langue telle que l'anglais, les noms de propriétés sont engendrés par des transformations de nominalisation appliquées aux indicateurs syntagmatiques sous-jacents qui contiennent les expressions prédicatives correspondantes. La primauté sémantique de l'expression prédicative est marquée sur le plan syntaxique par son antériorité dans une grammaire générative.

Une fois que nous avons compris que le fait de posséder la notion d'un certain universel dépend de notre maîtrise de l'emploi du prédicat correspondant, ou que, plus simplement, les universaux viennent se greffer sur les expressions prédicatives, que celles-ci sont antérieures par rapport aux universaux, alors, certains problèmes philosophiques s'éclairent du même coup. Par exemple, il est évident qu'il nous est impossible d'obtenir un *critère* quelconque pour distinguer le sujet du prédicat sur la base de la distinction particulier-universel. La théorie des termes semblerait suggérer certains critères de ce type, mais ceux-ci seraient irrémédiablement circulaires étant donné qu'il est impossible de saisir la notion d'un universel donné sans avoir compris auparavant l'expression prédicative correspondante; la notion que l'on peut avoir d'un certain universel ne fournit donc aucun critère de distinction entre sujet et prédicat [25]. Ma thèse ne vise pas à poser le principe *général* qu'il est impossible de posséder des notions générales de « particulier » et d' « universel » en dehors des actes de langage de référence et de prédication. Elle vise un problème particulier : on ne

25 Pour la thèse opposée, voir Strawson, *Individuals*, deuxième partie.

peut posséder la notion d'un *universel donné quel qu'il soit* si l'on ne sait pas utiliser le terme général dont cet universel dérive.

De plus, cette analyse des universaux permet d'expliquer la différence fondamentale qui sépare les conditions sémantiques requises pour référer à des entités particulières et à des entités universelles. Pour pouvoir satisfaire à l'axiome d'identification s'appliquant à des entités particulières, le locuteur doit disposer d'un fait contingent tel que le décrit le principe d'identification. Pour pouvoir satisfaire à ce qui correspond au principe d'identification pour les universaux, aucune information de ce type n'est nécessaire. L'axiome d'identification, en ce qui concerne les universaux, exige seulement que le locuteur connaisse la signification du terme général sous-jacent au terme singulier abstrait utilisé pour référer à l'universel en question.

Une fois de plus, la découverte du fait que les universaux sont des entités dérivées donne pleine justification à la vieille doctrine métaphysique selon laquelle les universaux seuls, et jamais les entités particulières, peuvent être prédiqués à propos des objets [26]. Je pourrais noter en passant que, pour tous ceux qui tiennent pour valide la théorie des termes, cette doctrine pourrait apparemment poser un problème sur le plan philosophique. En effet, puisque la théorie des termes postule la symétrie entre sujet et prédicat, l'asymétrie que constate une telle doctrine demande apparemment à être justifiée [27]. Cependant, une fois admise l'antériorité des prédicats par rapport aux universaux, la doctrine mentionnée se réduit à une trivialité sur le plan grammatical : dire qu'un locuteur « a prédiqué une propriété », peut uniquement signifier que ce locuteur s'est servi d'une expression prédicative dans l'accomplissement d'un acte illocutionnaire complet. Mais alors, la doctrine métaphysique posant que l'on ne prédique que des propriétés se réduit à la remarque que seules les expressions prédicatives sont des expressions prédicatives. Ce qui aurait pu apparaître comme une découverte métaphysique se réduit donc à une tautologie sur le plan grammatical.

---

26 Aristote, *Catégories*. (Je ne dis pas qu'Aristote eût approuvé la formulation que je donne de cette doctrine).
27 C'est ce qu'a tenté de faire Strawson, *loc. cit.*

5.6 LA PRÉDICATION EST-ELLE UN ACTE DE LANGAGE?

Jusqu'ici, le contenu de ce chapitre peut paraître surtout négatif. Je me suis occupé assez longuement à jeter le doute sur l'adéquation de deux façons de décrire les propositions singulières sujet-prédicat du type de 1 (p. 165). Ces deux descriptions ont des traits communs. Toutes deux considèrent le côté prédicat comme étant analogue au côté sujet, et toutes deux établissent cette analogie en posant que les expressions prédicatives représentent des entités abstraites de la même façon que les expressions sujets représentent des entités concrètes. Je pense pour ma part que cette analogie ne tient pas. Si j'ai consacré tant de temps à réfuter ces théories, c'est que cette tendance à considérer la prédication comme un type de référence, est l'une des erreurs les plus persistantes dans l'histoire de la philosophie occidentale [28]. Aucune tentative visant à détruire cette erreur ne sera superflue. Il n'y a, je pense, aucun espoir de saisir la différence entre référence et prédication tant que cette erreur persistera.

Quelle est donc la nature de l'acte de langage de prédication? Pour répondre à ceci, je commencerai par dire que la prédication n'est, en aucun cas, un acte de langage indépendant, au sens capital où la référence et les divers actes illocutionnaires sont des actes de langage. Pour illustrer ce point, considérons les exemples suivants : « vous allez partir », « partez! », « partirez-vous ? », « je suggère que vous partiez ». Dans l'énoncé de chacune de ces phrases, « partir » est prédiqué à propos de « vous » selon plusieurs actes illocutionnaires différents. Dans notre notation canonique, ces phrases sont toutes de la forme $F\begin{pmatrix} R & P \\ \text{vous} & \text{partir} \end{pmatrix}$ où les différentes valeurs de la variable « *F* » représentent les différentes forces illocutionnaires de ces énoncés. Mais il faut noter ici un trait caractérisant la relation entre les divers « F » et « partir », qui ni se retrouve pas entre « *F* » et « Vous ». Les procédés marqueurs de force illocutionnaire déterminent pour ainsi dire le mode dans lequel « partir » est prédiqué à propos de « vous ». Le terme *F* opère sur le terme prédicat d'une façon qui détermine le mode dans lequel le prédicat se rapporte à l'objet auquel réfère le terme référentiel : si la phrase

---

28 Un exemple frappant en est donné (entre autres) dans V. Lénine, *Marx - Engels Marxism* (Moscou, 1951), p. 334.

est interrogative, son caractère interrogatif (terme *F*) établit que la force à l'énonciation est celle de la question : le prédicat (terme *P*) est-il vrai de l'objet auquel réfère le sujet (terme *R*) ? Si la phrase est impérative, son marqueur de force illocutionnaire (terme *F*) établit que l'objet auquel réfère le terme R doit effectuer l'acte spécifié par le terme *P*, et il en va de même pour les autres exemples.

Dans chaque cas, d'après cette analyse, le procédé marqueur de force illocutionnaire s'applique à une expression prédicative neutre de façon à déterminer un certain mode dans lequel est posée la question de la vérité de l'expression prédicative vis-à-vis de l'objet auquel réfère l'expression sujet. Notons par ailleurs que le terme *F* n'influence pas le rôle du terme R. Ce rôle consiste toujours à identifier, de manière tout-à-fait neutre (bien que le type d'objet identifié puisse dépendre du terme *F*). On pourrait exprimer cette différence en déclarant que la référence est toujours neutre du point de vue de sa force illocutionnaire; la prédication, elle, ne l'est jamais, elle se présente toujours sous un mode illocutionnaire, quel qu'il soit. Bien que la référence soit abstraite de l'acte illocutionnaire total, elle forme un acte de langage distinct. De façon analogue, le déplacement d'un cavalier est abstrait du jeu d'échecs (parce qu'il n'y a déplacement de cavalier que si vous jouez aux échecs), mais c'est tout de même un acte distinct. La prédication est aussi une abstration dans ce sens, mais elle ne constitue pas un acte distinct. C'est une partie de l'acte illocutionnaire total, de même que le fait de marquer la force illocutionnaire ne constitue pas un acte distinct, mais seulement une autre partie de l'acte illocutionnaire. Pourquoi donc avons-nous même besoin de cette notion ? Cette notion nous est nécessaire parce que différents actes illocutionnaires peuvent avoir un contenu commun, comme nous l'avons vu dans la série d'exemples donnés plus haut; il nous faut donc, un moyen qui nous permette d'analyser séparément ce qui concerne la force illocutionnaire représentée dans l'acte illocutionnaire total et ce qui concerne le contenu propositionnel. Si nous gardons en mémoire les raisons qui font de la prédication (et donc de l'acte propositionnel) un acte abstrait de l'acte illocutionnaire total, il n'y a aucun danger à y référer sous le nom « d'acte de langage de prédication ». Ce dont il est question, cependant, c'est de cette partie de l'acte illocutionnaire total qui détermine le contenu s'appliquant à l'objet auquel réfère l'expression sujet, sans tenir compte du mode illocutionnaire dans lequel s'applique ce contenu. L'analyse que nous allons donner ne suivra donc pas celle qui a été établie pour la référence et pour les actes illocutionnaires. C'est bien l'acte illocutionnaire que nous analysons ici, comme au chapitre 3, mais maintenant, il s'agit d'analyser la partie de cet acte qui se rapporte au contenu, au sens illustré plus haut.

5.7 RÈGLES DE PRÉDICATION

Avant d'entreprendre cette analyse, il y a quelques problèmes à éclaircir ne serait-ce que brièvement. Tout d'abord, j'ai dit que l'acte de prédication consiste à présenter un certain contenu, et le mode de présentation de ce contenu est déterminé par la force illocutionnaire de la phrase. Existe-t-il une manière de caractériser cette présentation qui soit moins métaphorique que la précédente, mais qui conserve ce caractère abstrait de la prédication par rapport à tout type particulier d'acte illocutionnaire ? La réponse à cette question, s'il y en a une, nous donnera ce qui correspond à la condition essentielle en ce qui concerne la prédication. Je ne trouve aucune réponse à cette question, qui soit plus satisfaisante que celle que suggère le paragraphe précédent. Prédiquer une expression P à propos d'un objet R, c'est soulever la question de la vérité de l'expression prédicative à l'objet auquel il est fait référence. Ainsi, par l'énoncé de chacune des phrases suivantes : « Socrate est sage », « Socrate est-il sage ? », « Socrate, sois sage ! », le locuteur soulève la question de la vérité de « sage » appliquée à Socrate. Cette formulation est un peu maladroite [29], mais elle offre certains avantages. « Soulever la question de... », au sens qu'a ici cette expression ne constitue pas un acte illocutionnaire. Cela représente plutôt ce qui est commun à un grand nombre d'actes illocutionnaires. Ainsi répétons-le, on peut dire de la personne qui asserte que Socrate est sage, ou qui demande s'il est sage, ou qui lui ordonne d'être sage, qu'elle soulève la question de la sagesse de Socrate (la question de savoir si « sage » est — ou, dans le cas de l'impératif, sera — vrai de Socrate). De la même façon, il est impossible de simplement soulever la question sans rien faire d'autre par ailleurs. En effet, même si un locuteur disait : « je soulève la question de la sagesse de Socrate (la question de savoir si Socrate est sage, ou si « sage » est vrai de Socrate,

29 Elle est particulièrement maladroite en ce qui concerne les impératifs parce que l'emploi de l'impératif a pour but de faire que le monde se conforme aux mots, tandis que lorsque l'on asserte qu'une proposition est vraie, « vrai » caractérise le fait que dans ce cas, les mots se conforment effectivement au monde.

etc.) », nous considérerions, je pense que, par l'énoncé de cette phrase, le locuteur *demande* si Socrate est sage. Cette question ne peut être soulevée en dehors de l'accomplissement d'un acte illocutionnaire quelconque. Ou encore, on ne peut soulever cette question sans lui donner une certaine forme, que ce soit la forme d'une question, d'une assertion, d'une promesse etc. Et tout ceci indique que la prédication est un acte qui ne se produit jamais seul, mais qu'il intervient à l'intérieur d'un acte illocutionnaire.

Cette caractérisation de la prédication a le mérite de rendre compte de certaines données qu'il serait difficile d'expliquer autrement. Par exemple, depuis la publication du *Tractatus* de Wittgenstein, les philosophes ont souvent déclaré que les énoncés tautologiques du type : « ou bien il pleut, ou bien il ne pleut pas », n'ont aucun contenu, qu'ils sont vides. Rien ne pourrait être plus éloigné de la vérité. Il y a une grande différence entre dire d'un politicien : « ou bien c'est un fasciste, ou bien ce n'en est pas un », et dire de lui : « ou bien c'est un communiste, ou bien ce n'en est pas un ». Ces deux énonciations sont des assertions tautologiques, mais la différence qui les sépare doit être interprétée comme une différence au niveau de la prédication. La première soulève la question du fascisme du politicien, la seconde, celle de son communisme. L'acte illocutionnaire d'assertion ne comporte ici par lui-même aucun risque, car la proposition assertée est une tautologie, cependant à l'intérieur de la proposition l'acte même de prédiquer de telles expressions peut être justifié ou non. Ce type de prédication peut, par ailleurs, donner lieu à de nouvelles forces illocutionnaires plus faibles qui ne sont introduites par aucun procédé marqueur de force illocutionnaire. Ainsi, par exemple, dans certaines situations le premier énoncé pourrait partiellement se paraphraser sous la forme : « je pense qu'il pourrait bien être un fasciste » où la force illocutionnaire est celle de suggestion. La prédication d'une telle expression peut ainsi, par elle-même, introduire de nouvelles forces illocutionnaires.

Il importe d'insister sur le fait que cet emploi du verbe « prédiquer » et du nom dérivé « prédication » relève du choix d'une terminologie; à cet égard, il est arbitraire. Comme il arrive bien souvent, et c'est ici le cas, le choix d'une taxinomie donne, par lui-même, une certaine orientation à l'analyse. J'ai trouvé cette taxinomie plus adéquate que d'autres que j'ai essayées, mais je ne nie pas qu'il y en ait d'autres possibles.

Il est peut-être possible de rendre plus claire la relation qui existe entre la prédication et la vérité. Connaître la signification d'un terme général et donc d'une expression prédicative, c'est savoir sous quelles conditions elle est vraie ou fausse pour un objet donné. Elle est vraie sous certaines, fausses sous d'autres; et pour certains objets et certains prédicats elle n'est ni vraie, ni fausse, sous aucune condition quelle qu'elle soit, nous allons le montrer. Si un locuteur asserte une proposition à propos d'un objet, il s'engage vis-à-vis de l'existence dans le monde d'un état de choses tel que le prédicat est vrai de l'objet en question (et il en est de même, *mutatis mutandis*, pour tous les autres types d'actes de langage). Le prédicat indique vis-à-vis de quel état de choses se rapportant à l'objet en question le locuteur s'engage. Les philosophes de la génération précédente n'avaient pas tort lorsqu'ils disaient que connaître la signification d'une proposition, c'est connaître les conditions qui la rendent vraie ou fausse. Mais leur analyse était incomplète, car ils n'ont pas considéré les différents actes illocutionnaires à l'intérieur desquels une proposition pouvait apparaître.

A travers l'analyse des actes de langage nous avons fait une distinction entre ce que nous pourrions appeler *contenu* et *fonction*. Dans l'acte illocutionnaire total, c'est la proposition qui constitue le contenu; la « fonction » est la force illocutionnaire avec laquelle la proposition est présentée. Dans l'acte de référence identifiante, le « contenu » est le sens représenté par l'énoncé de l'expression référentielle, ou la description identifiante associée à cet énoncé; la « fonction » est le rôle que remplit l'identification d'un objet pour lequel cette description identifiante est présentée. Comme je me suis efforcé de le montrer, cette distinction ne s'applique pas véritablement à la prédication. La prédication n'a qu'un contenu, le rôle pour lequel le contenu est présenté, est entièrement déterminé par la force illocutionnaire de l'énoncé, au moins pour ce qui est des types d'actes de langage simples que nous avons considérés. La caractérisation de la prédication selon laquelle prédiquer c'est « soulever la question de ... » ne spécifie pas un acte distinct, mais seulement ce qui est commun à tous les actes illocutionnaires dans lesquels un contenu donné peut apparaître.

Ce caractère abstrait de la notion de prédicat entraînera fatalement des difficultés dans la poursuite de notre analyse, qui vise à rendre compte de cette notion. Cependant, c'est en essayant de formuler cette analyse que nous saurons si elle tient ou non. Considérons donc les propositions suivantes.

Étant donné que L énonce une expression P en présence de A, alors, par l'énoncé littéral de P, L prédique, effectivement et sans défaut, P à propos d'un objet X si et seulement si les conditions 1-8 ci-dessous sont satisfaites :

1. *Les conditions normales de départ et d'arrivée sont satisfaites.*

2. *L'énoncé de P apparaît à l'intérieur de l'énoncé d'une phrase (ou d'un segment de discours équivalent) T.*

3. *L'énoncé de T constitue (ou prétend constituer) l'accomplissement d'un acte illocutionnaire.*

4. *L'énoncé de T implique une référence effective à X.* Pour que le locuteur prédique une expression à propos d'un objet, il doit avoir référé effectivement à cet objet.

5. *X appartient à une catégorie ou à un type tel qu'il est logiquement possible que P soit vrai ou faux pour X.* L'objet doit appartenir à une catégorie ou à un type tel que l'expression prédicative ou sa négation puisse être vraie ou fausse de cet objet. Corrélativement à la notion d'un prédicat donné quelconque, se trouve la notion de catégorie ou de type d'objets pour lesquels ce prédicat pourrait être vrai ou faux. Par exemple, correspondant au prédicat « est rouge », se trouve la notion d'objets colorés (ou susceptibles d'être colorés). « Est rouge » ne peut être prédiqué qu'à propos d'objets qui ont une couleur ou qui peuvent en avoir une. Nous pouvons (de façon vraie ou fausse) prédiquer le terme « rouge » à propos de fenêtres, mais non à propos de nombres premiers. Nous pourrions formuler ce point en disant que « est rouge » *présuppose* « a une couleur », suivant en cela Strawson qui définit contextuellement le terme « présuppose » : une expression *a* présuppose une expression *b* si et seulement si, pour que *a* soit vrai ou faux d'un objet *X*, il faut que *b* soit vrai de *X*. [30].

Nous pouvons maintenant résumer les conditions de prédication 4 et 5 de la façon suivante : pour tout locuteur *L*, tout objet *X*, et tout prédicat *P*, une condition nécessaire pour que *L* ait prédiqué *P* à propos de *X* dans l'énoncé d'une phrase contenant *P*, est que *L* ait fait effectivement référence à *X* dans cet énoncé et que tous les présupposés contenus dans *P* soient vrais de *X*.

6. L *a l'intention, par l'énoncé de* T, *de soulever la question de la vérité ou de la fausseté de* P *à propos de* X (ceci, selon un certain mode illocutionnaire, mode qui sera spécifié par le procédé marqueur de force illocutionnaire contenu dans la phrase).

---

30 Cf. J. R. Searle, « On determinables and resemblances », *Proceedings of Aristotelian Society*, vol. supplémentaire (1959), pour une discussion plus détaillée de ce point.

7. *L a l'intention de faire savoir à A que l'énoncé de P soulève la question de la vérité ou de la fausseté de P à propos de X* (selon un certain mode illocutionnaire) *en amenant A à reconnaître son intention; et son intention est que cette reconnaissance s'effectue en vertu de la connaissance qu'a A de la signifivation de P.*

8. *Les règles qui gouvernent P sont telles que P est employé correctement dans T si et seulement si les conditions 1-7 sont satisfaites.*

Règles d'emploi de tout procédé *P* servant à la prédication (servant à prédiquer *P* à propos d'un objet *X*) :

Règle 1. *P* n'est énoncé que dans le contexte d'une phrase ou d'un autre segment de discours *T*, dont l'énoncé peut constituer l'accomplissement d'un acte illocutionnaire.

Règle 2. *P* n'est énoncé dans *T* que si l'énoncé de *T* implique une référence effective à *X*.

Règle 3. *P* n'est énoncé que si *X* appartient à une catégorie ou à un type tel qu'il est logiquement possible que *P* soit vrai ou faux de *X*.

Règle 4. L'énoncé de *P* revient à soulever la question de la vérité, ou de la fausseté, de *P* à propos de *X* (selon un certain mode illocutionnaire, déterminé par le procédé marqueur de force illocutionnaire contenu dans la phrase).

DEUXIÈME PARTIE

Quelques applications

6 Trois erreurs de la philosophie contemporaine

J'exposerai dans ce chapitre trois erreurs connexes qui se rencontrent dans la philosophie contemporaine; utilisant ensuite les concepts et méthodes de la première partie de ce livre, je voudrais analyser les caractéristiques de ces erreurs et proposer une autre explication des données linguistiques sur lesquelles elles s'appuient. Ces trois erreurs, j'essaierai de le prouver, sont reliées les unes aux autres, et toutes trois proviennent d'une même faiblesse : aucune ne parvient à fonder les analyses linguistiques particulières sur une théorie générale du langage qui soit cohérente. La philosophie linguistique pratiquée pendant ce que l'on pourrait maintenant appeler la période classique de l'analyse linguistique — période qui s'étend approximativement depuis la fin de la seconde guerre mondiale jusqu'au début des années soixante, se montrait particulièrement sensible aux nuances et particularités des langues, mais ne disposait guère d'outils théoriques permettant de traiter les faits linguistiques qu'elle avait découverts. L'un des buts de ce livre est de fournir l'amorce d'une théorie des actes de langage. Une telle théorie, si elle est adéquate, devrait permettre de rendre compte de certains types de faits linguistiques d'une manière plus adéquate que les méthodes *ad hoc* de la période classique. Ce chapitre donc, outre l'exposé qu'il donnera des erreurs mentionnées plus haut, représentera à la fois une application de la théorie à des problèmes philosophiques courants, et, dans la mesure où la théorie est capable de rendre compte de ces problèmes de façon adéquate, une confirmation supplémentaire de la validité de cette théorie.

Comme je me prépare à faire quelques critiques à la philosophie linguistique contemporaine, il est peut-être opportun de dire ici que j'estime déterminant l'apport qu'a représenté ce type de philosophie. Il est à peine exagéré de dire qu'elle a provoqué une révolution dans la philosophie, une révolution dont ce livre n'est qu'une faible conséquence. Si je m'efforce ici de corriger ces quelques erreurs, cela ne doit pas être pris comme une condamnation de l'analyse linguistique.

6.1 L'ERREUR DE LA THÈSE DE « L'ERREUR NATURALISTE »

La première erreur est représentée par ce que j'appellerai *l'erreur de la thèse de « l'erreur naturaliste »*. Cette erreur consiste à supposer qu'il est logiquement impossible pour tout ensemble d'affirmations habituellement qualifiées de descriptives, d'impliquer une affirmation dite évaluative. Dans la philosophie linguistique de l'époque classique, les auteurs qui s'occupaient de problèmes de morale, ont monté en épingle la thèse selon laquelle il n'y aurait pas d'ensemble d'affirmations descriptives qui puisse impliquer une affirmation évaluative; et, avec une certaine injustice (légère, peut-être) vis-à-vis de Moore, ils ont appelé la thèse d'après laquelle cette implication est possible : « l'erreur naturaliste [1] ». Si le point de vue selon lequel des affirmations descriptives ne peuvent impliquer aucune affirmation évaluative, est important en philosophie morale, il ne constitue pas cependant, à proprement parler, une théorie morale : il relève en fait d'une théorie générale de la force illocutionnaire des énoncés, les énoncés sur la morale n'étant que des cas particuliers.

Les arguments avancés pour prouver que des affirmations descriptives ne peuvent impliquer aucune affirmation évaluative, ne sont pas faciles à résumer, mais il existe heureusement un moyen plus simple pour les réfuter que de les prendre les uns après les autres. La façon la plus simple de prouver qu'ils sont faux consiste à donner des contre-exemples où des affirmations que les théoriciens en question qualifieraient sans hésitation de « descriptives », impliquent de manière évidente et sans équivoque possible des affirmations que ces mêmes théoriciens appelleraient sans hésiter : « évaluatives ». Pour qu'il ne puisse y avoir aucun doute sur le fait que les exemples que je présente sont bien réellement des exemples de ce que les auteurs de

1 Ce n'est pas sans hésitation que je conserverai cette terminologie dans la suite car le point de vue contemporain est en réalité tout à fait différent de celui de Moore. Cf. *Principia Ethica* (Londres, 1903), chapitre 1. Je ne me référerai pas à la version de « l'erreur naturaliste » défendue par Moore.

cette théorie entendaient par affirmations évaluatives et descriptives respectivement, je m'en tiendrai aux exemples donnés par un auteur éminent appartenant à la tendance dont je traite ici. Ce que je veux prouver c'est que certains des exemples qui ont été présentés pour illustrer *l'impossibilité* de dériver des affirmations évaluatives à partir d'affirmations descriptives, sont précisément des exemples où cette *dérivation est possible.* Je commence par rendre compte de l'article célèbre de J. O. Urmson : « Some questions concerning validity [2] ».

Urmson dit ceci : « Je considère que le mot « valide », lorsqu'il est posé dans une affirmation, est, de toute évidence, une expression évaluative. Dire d'un raisonnement qu'il est bon, c'est, dans la plupart des situations, dire qu'il est valide... Toute démonstration détaillée de ce point paraîtrait superflue [3] ».

Il dit de plus : « Dire d'un raisonnement qu'il est valide, ce n'est pas simplement le situer dans une classification de type logique, comme lorsque nous parlons de syllogisme ou de *modus ponens ;* c'est, partiellement au moins, l'estimer, l'évaluer; c'est dire qu'on l'approuve. De la même manière, dire qu'un raisonnement n'est pas valide, c'est le refuser, le rejeter [4] ». Urmson postule ensuite le point suivant : parce que les affirmations qui assertent la validité d'un raisonnement sont évaluatives, il est impossible qu'elles soient impliquées, ou que leur signification puisse être rendue par un ensemble d'affirmations descriptives ou « classificatoires » quel qu'il soit. Il est impossible de donner une définition du mot « valide » en termes purement descriptifs parce que « valide » est un terme évaluatif et, de même, il est impossible que des affirmations descriptives puissent impliquer une affirmation de la forme : « ceci est un raisonnement valide ».

Cette conclusion trouve une illustration dans l'exemple du raisonnement déductif. Deux thèses sont ici posées : premièrement, on ne peut pas donner de définition de l'expression « raisonnement déductif valide » en termes purement descriptifs, et deuxièmement, il est impossible que la simple description d'un raisonnement déductif implique que ce raisonnement soit un raisonnement déductif valide. Ces deux thèses me paraissent également fausses, et je voudrais le démontrer ici à l'aide de quelques contre-exemples.

---

2 *Revue Internationale de Philosophie* (1953), repris dans A. G. N. Flew (ed.), *Essays in Conceptual Analysis* (Londres, 1956), p. 120.
3 *Ibid.*, p. 127.
4 *Ibid.*, p. 126.

Au sens où une définition établit une équivalence logique, c'est-à-dire un ensemble de conditions logiquement nécessaires et suffisantes, voici une définition de l'expression « raisonnement déductif valide » :

X est un raisonnement déductif valide = *df.* *X* est un raisonnement déductif et les prémisses de *X* impliquent la conclusion de *X*.

Voici ensuite une description de raisonnement, qui implique que ce raisonnement est un raisonnement déductif valide :

X est un raisonnement déductif dans lequel les prémisses impliquent la conclusion.

Certains pourraient déclarer que le terme « implique » est une expression évaluative (je ne vois cependant pas comment cela pourrait être le cas), mais si c'était vrai, nous pourrions donner d'autres *descriptions* de ce raisonnement (autant même qu'on en voudra), qui suffiraient à impliquer l'affirmation *évaluative :* « X est un raisonnement déductif valide ». Par exemple : « les prémises sont logiquement suffisantes pour la conclusion »; « la conclusion découle logiquement des prémisses »; « il est contradictoire d'affirmer les prémisses et de nier la conclusion », etc. [5] De telles phrases servent à décrire des raisonnements et chacune de ces descriptions suffit par elle-même à impliquer la conclusion *évaluative* que le raisonnement est un raisonnement valide. Nous rejetons donc le point de vue selon lequel il n'y a pas d'affirmation descriptive qui puisse impliquer une affirmation évaluative.

L'un des principes fondamentaux sous-jacent à l'erreur de la thèse de « l'erreur naturaliste », consiste à poser qu'il y a un abîme sur le plan logique entre la signification d'une expression évaluative et les critères selon lesquels elle s'applique [6]. L'inconvénient de cette doctrine dans le cas présent, c'est qu'en fait, dire qu'un raisonnement est déductif c'est, par là même, spécifier les critères de sa validité. Donc, même s'il y avait, de façon générale, un abîme entre la signification du mot « valide » et les critères de validité, cela ne peut pas être le cas entre la signification de l'expression : « raisonnement déductif valide » et les critères de validité, parce que le mot « déduc-

---

5 Certaines des descriptions que l'on pourrait donner soulèvent des difficultés se rapportant aux prétendus paradoxes de l'implication stricte, mais dans ce cas, il en serait de même de la notion de validité elle-même; je considère donc que ces paradoxes ne relèvent pas de la présente étude.

6 Cf. R. M. Hare : *The Language of Morals* (Oxford, 1952), chapitre 2.

tif » porte en lui-même la spécification de critères de déductibilité. Autrement dit, d'après cette théorie, les affirmations évaluatives ne pourraient jamais dépendre entièrement de faits objectifs, car, en principe, il est toujours possible de remettre en question les critères qui doivent être employés dans une évaluation. En définitive, on a toujours à choisir un critère, et ce choix introduit dans toute affirmation évaluative un élément irréductiblement subjectif. Mais, dans le cas présent, il n'y a aucun choix possible. Une fois établi que tel raisonnement est un raisonnement déductif, il n'y a aucune possibilité sur le plan logique, de choisir arbitrairement un ensemble quelconque de critères pour évaluer, ou estimer sa validité. Le caractériser comme déductif revient à spécifier les critères servant à l'estimer. Si le raisonnement : « tous les hommes sont mortels, et Socrate est un homme, donc Socrate est mortel », est un raisonnement valide, cela n'est pas une affaire d'*appréciation.*

Reformulons cet argument. Urmson considère les affirmations de la forme : « X est un raisonnement déductif valide », comme des exemples évidents d'affirmations évaluatives — il a raison, en ce sens qu'énoncer cette phrase pour poser cette affirmation, revient, de façon caractéristique, à évaluer un raisonnement (à en donner une évaluation). Ceci nous amène à poser deux questions : premièrement : est-il possible de donner une définition de l'expression « raisonnement déductif valide » en termes descriptifs ? Deuxièmement, pourrions-nous donner des descriptions d'un raisonnement, qui puissent impliquer une affirmation de la forme : « X est un raisonnement déductif valide » ? Je répondrai par l'affirmative à ces deux questions. A l'aide de termes utilisés de façon caractéristique pour décrire des relations logiques, des termes tels que « analytique », « découle de », « logiquement nécessaire et suffisant », « vrai », « contradictoire », etc., il est possible de former un nombre quelconque de définitions pour l'expression « raisonnement déductif valide »; par conséquent, on peut, à l'aide de ces termes, fournir pour un raisonnement X un nombre quelconque de définitions impliquant une affirmation évaluative de la forme : « X est un raisonnement déductif valide ». Nous avons là l'exemple clair et net d'un cas où des affirmations dites descriptives impliquent des affirmations dites évaluatives, et ce cas est d'autant plus significatif qu'il nous est habituellement présenté pour illustrer l'*impossibilité* d'une telle implication.

Une fois débarrassés du dogme selon lequel il n'y a pas d'ensemble d'affirmations descriptives qui puisse impliquer une affirmation évaluative, nous n'avons aucune difficulté à trouver d'autres exemples. Examinons certains de ces exemples, tirés d'un autre article célèbre du même auteur : « On Grading [7] ». Urmson considère ici la relation qui existe entre les termes de classement établis par le Ministère Britannique de l'Agriculture et de la Pêche pour classer les pommes selon leur qualité, et les critères donnés par le Ministère pour l'application de ces termes. Le Ministère introduit par exemple, l'expression « qualité supérieure » et fournit pour cette expression certains critères d'application que, suivant en cela Urmson, J'appellerai A, B, et C. La question que pose alors Urmson est celle-ci : quelle relation y a-t-il entre les deux affirmations : « cette pomme est de qualité supérieure » et « cette pomme possède les caractéristiques A, B et C »? D'après lui, il ne peut s'agir d'une relation d'implication, parce que « qualité supérieure » est un terme évaluatif, tandis que « A », « B » et « C » sont des termes descriptifs. La proposition : « tout ce qui est A, B et C est de qualité supérieure », ne peut être analytique à cause de la distinction posée entre décrire et évaluer. Je voudrais alors demander si l'hypothèse selon laquelle « cette pomme est de qualité supérieure » n'est pas logiquement dérivable à partir de « cette pomme est A, B et C », est vraiment plausible. Il est bon de noter que le journal officiel cité par Urmson a pour titre « *Définitions* des diverses qualités [8] ». (C'est moi qui souligne.) Le Ministère offre lui-même des *définitions ;* étant donné ces définitions, la proposition : « toute pomme qui possède les caractéristiques A, B et C, est de qualité supérieure », est donc analytique, au même titre que tout autre proposition analytique. Dire : « ces pommes sont A, B et C », et nier qu'elles soient de qualité supérieure, c'est ou bien ne pas comprendre les termes que l'on emploie, ou bien utiliser ces termes dans un sens différent de celui qu'on a défini, ou bien encore se contredire. Et ceci constitue précisément une preuve qu'il existe bien une relation d'implication entre les deux affirmations.

Il va sans dire que la force illocutionnaire caractérisant *l'énoncé de* « cette pomme est de qualité supérieure » est sans aucun doute tout à fait différente de celle qui caractérise l'énoncé de « cette pomme possède les caractéristiques A, B et C ». Urmson fait d'ailleurs remarquer que la force caractéristique du premier énoncé revient à classer les pommes selon leurs qualités, celle du second revient à les décrire. Mais le fait que l'énoncé de ces deux affirmations se caractérise par des forces illocutionnaires différentes ne

7 « On Grading », *Logic and Language*, A. G. N. Flew, (éd.), deuxième série (New York, 1953).
8 *Ibid.*, p. 166.

suffit pas à prouver que la *proposition* exprimée dans le premier énoncé n'implique pas la *proposition* exprimée dans le second. Cette distinction à poser entre la proposition exprimée dans l'énoncé d'une phrase et la force illocutionnaire caractérisant l'énonciation elle-même, est étroitement liée à la distinction qu'il faut établir entre la signification de la phrase et la force illocutionnaire caractéristique de son énonciation; elle est également reliée, je le démontrerai plus loin, à la différence existant entre la signification et l'emploi (car ces notions ne sont pas identiques). Pour nous représenter clairement l'erreur que représente la thèse de « l'erreur naturaliste », nous aurons à revenir plus loin sur certaines de ces distinctions; mais à présent, je veux simplement faire remarquer que *dans cet exemple précis*, l'erreur consiste à inférer à partir du fait que deux énoncés ont des forces illocutionnaires différentes, que la proposition exprimée dans l'une ne peut impliquer la proposition exprimée dans l'autre.

Nous constatons donc, je le répète, que des exemples présentés pour illustrer l'impossibilité de dériver des affirmations évaluatives à partir d'affirmations descriptives sont, si on les considère attentivement, des exemples où, précisément, il y a bien implication entre affirmations descriptives et affirmations évaluatives.

Jusqu'à présent, je n'ai pas cherché à expliquer l'origine et le caractère de l'erreur de la thèse de « l'erreur naturaliste », j'en ai simplement fait l'exposé. J'examinerai plus loin la question de ses origines et essayerai de caractériser cette interprétation de manière plus approfondie.

6.2 L'ERREUR SUR LES ACTES DE LANGAGE

J'en viens maintenant à la seconde erreur, liée à la précédente, et que j'appellerai *l'erreur sur les actes de langage*.

Dans la période classique de l'analyse linguistique, les philosophes ont souvent fait des déclarations du type suivant :

On emploie le mot « bon » pour exprimer son approbation (Hare [9]).

On emploie le mot « vrai » pour acquiescer ou souscrire à une affirmation (Strawson [10]).

---

9 R. M. Hare, *op. cit.*

10 « Truth », *Analysis*, vol. 9, nº 6 (1949); repris dans Margaret Macdonald (ed.), *Philosophy and Analysis* (Oxford, 1954).

On emploie le mot « savoir » pour garantir une affirmation. (Austin [11]).

On emploie le mot « probablement » pour modifier ses engagements (Toulmin [12]).

Chacune de ces affirmations répond au schéma :
« On emploie le mot *M* pour effectuer l'acte de langage *A* ». En outre, de façon très générale [13], les philosophes qui ont fait ce genre de déclarations, les donnaient comme explication (au moins partielle) de la signification des mots en question : ils considéraient que les affirmations de la forme « on emploie *M* pour effectuer l'acte *A* », constituaient une explication, sur le plan philosophique, du concept *M*. Il faut également noter que, ce faisant, ils mettaient en parallèle — de façon explicite dans la plupart des cas — les mots qui faisaient l'objet de la discussion d'une part, et les verbes dits performatifs d'autre part. De même que le mot « promettre » est employé pour faire une promesse, et « parier » pour faire un pari, de même prétendaient-ils, « bon » est employé pour approuver, « vrai » pour souscrire à une affirmation, etc.

Appelons ce schéma d'analyse : *l'analyse en actes de langage*. Tout d'abord, il existe une condition d'adéquation que doit satisfaire toute analyse de la signification d'un mot et cette condition, l'analyse en actes de langage ne la remplit pas. Toute analyse de la signification d'un mot (ou d'un morphème) doit être compatible avec le fait que le même mot (ou morphème) peut conserver la même signification dans toutes les phrases grammaticalement différentes où il apparaît. Les transformations d'ordre syntaxique que peut subir une phrase ne modifient pas nécessairement la signification des mots ou morphèmes qui la composent. Le mot « vrai » signifie, ou peut signifier la même chose dans des assertions, des questions, des négations, des disjonctions, des conditionnelles, des hypothétiques, etc. Si ce n'était pas le cas, tout dialogue serait impossible, car, si « vrai » changeait de signification lorsque l'on passe de la forme interrogative à la forme assertive, la phrase « c'est vrai », ne répondrait pas à la question « est-ce vrai ? ».

Ceci constitue une condition d'adéquation évidente; cependant l'analyse en actes de langage n'y satisfait pas. Il y a deux façons possibles d'inter-

11 « Other Minds », *Proceeedings of the Aristotelian Society*, vol. supplémentaire 20 (1946); repris dans *Logic and Langage*, deuxième série (New York, 1953), et ailleurs.

12 « Probability », *Proceedings of the Aristotelian Society*, vol. supplémentaire 24 (1950); repris dans *Essays in Conceptual Analysis* (Londres, 1956).

13 Mais pas toujours, Austin en particulier achoppe devant la question de savoir si son analyse donne ou non sa signification au mot « savoir ».

préter cette analyse; or, aucune des deux interprétations ne satisfait à cette condition d'adéquation. La première interprétation — la plus simpliste — consiste à supposer que lorsque les tenants de l'analyse en actes de langage ont dit : « on emploie le mot *M* pour accomplir l'acte *A* », ils voulaient signifier par là que tout emploi littéral du mot *M* revient à accomplir l'acte *A*. Cependant cette interprétation ne peut être juste, elle est trop aisément réfutable, car même si l'énoncé de la phrase « c'est bon » revient effectivement à exprimer son approbation, ce n'est pas le cas pour l'énoncé de la phrase « sois bon », où l'acte accompli est une demande, ou un ordre. Et il existe une infinité de contre-exemples de ce type. Il est peu vraisemblable que les tenants de l'analyse en actes de langage aient commis une erreur aussi grossière, c'est pourquoi nous passons à la seconde interprétation qui est tout de même plus élaborée. Les tenants de l'analyse en actes de langage ont souvent apporté des restrictions à l'affirmation qu' « on emploie *M* pour effectuer l'acte *A* », en disant que l'emploi *primaire* de *M* consiste à effectuer l'acte *A*. Ils ne s'engageaient donc pas à reconnaître que tout énoncé littéral du mot *M* constitue une réalisation de l'acte *A*, mais seulement que les emplois de *M* ne constituant pas une réalisation de l'acte *A*, doivent être expliqués par référence aux emplois qui peuvent s'y ramener.

Plus précisément, pour que la condition d'adéquation soit remplie, les tenants de l'analyse en actes de langage n'ont pas à prouver que tout énoncé de *M* revient à accomplir l'acte *A*; il leur faut seulement montrer que les emplois littéraux de *M* qui ne constituent pas une réalisation de l'acte *A*, sont à ceux qui en constituent une, ce que les phrases énoncées dans le premier cas, sont aux phrases assertives types dont l'énoncé sert à accomplir *A*. Si les phrases sont au passé, alors l'acte a été accompli dans le passé; si elles sont au conditionnel, alors l'acte fait l'objet d'une hypothèse, etc. C'est ceci qu'il faut prouver si l'on veut montrer que le mot remplit la même fonction dans toutes les phrases où il apparaît, et soutenir en même temps que l'emploi performatif de ce mot est un emploi primaire.

Il apparaît clairement maintenant que l'analyse en actes de langage appliquée aux verbes performatifs satisfait cette condition [14]. Par exemple, lorsque quelqu'un dit « s'il promet que *p*, alors... », il pose en hypothèse l'accomplissement de l'acte qu'il effectue lorsqu'il dit : « je promets que *p* ». Mais il est également clair que l'analyse en actes de langage, lorsqu'elle

14. Il se peut bien sûr, qu'elle soit fausse à d'autres égards.

porte sur les mots : « bon », « vrai », « probable », etc., ne satisfait pas la condition posée. Considérons les exemples suivants : « si c'est bon, nous devrions l'acheter », n'est pas équivalent à : « si j'apprécie cela, nous devrions l'acheter ». « C'était bon » n'est pas équivalent à « je l'appréciais ». « Je me demande si c'est bon » n'équivaut pas à « je me demande si je l'apprécie » etc. Des exemples du même ordre permettraient de réfuter les analyses données pour les mots : « vrai », « savoir », « probable », etc.

L'affirmation « on emploie *M* pour effectuer l'acte *A* », se place dans le cadre d'une étude des phrases assertives simples au présent, contenant le mot *M*, elle ne rend pas compte de l'emploi de *M* dans des phrases qui sortent de ce cadre. Et pourtant, il est bien évident que *M* a la même signification dans les deux cas; l'affirmation : « on emploie *M* pour effectuer l'acte *A* », ne représente donc pas une explication de la signification de *M*, même si l'on donne pour cette affirmation la seconde interprétation.

Nous servant du mot « bon » comme exemple, nous pouvons établir la nature de l'erreur sur les actes de langage, de la manière suivante : *dire* que quelque chose est bon, c'est de façon caractéristique, l'apprécier, en faire l'éloge, exprimer son approbation, etc. Mais c'est une erreur d'en inférer que l'on rend compte de la signification du mot « bon » si l'on dit qu'il sert à accomplir l'acte d'approbation. Et nous démontrons cette erreur en montrant qu'il existe une infinité de contre-exemples représentés par les phrases dans lesquelles « bon » est employé littéralement, mais dont l'énoncé littéral entier ne revient pas à accomplir l'acte de langage d'approbation; il n'est pas possible non plus de rendre compte de leur emploi en disant que le contexte du mot « bon » dans ces phrases établit un rapport entre leur énonciation et l'accomplissement de l'acte d'approbation.

Les tenants de l'analyse en actes de langage ont remarqué à juste titre que dire que quelque chose est bon revient de façon caractéristique à l'apprécier (en faire l'éloge, exprimer son approbation, etc.); mais cette observation, qui pourrait servir de point de départ à une analyse du mot « bon », a été considérée comme si elle constituait par elle-même une analyse. Cependant il est très facile de démontrer que cette analyse n'est pas adéquate, en produisant toute sorte de phrases contenant le mot « bon », dont l'énonciation n'est pas analysable en terme d'éloge (d'approbation, etc.).

L'argument que je soutiens ici ne porte pas simplement sur le mot « bon », il a une portée très générale en ce qui concerne un certain schéma d'analyse philosophique. Le schéma d'analyse couramment adopté a consisté à rendre compte, partiellement au moins, de la signification de certains mots importants sur le plan philosophique, en posant des affirmations de la forme : « on emploie le mot M pour effectuer l'acte A ». Mais si quelqu'un propose une analyse de la signification d'un mot, son analyse doit alors être vraie pour tous les cas où ce mot apparaît dans sa signification littérale, sinon l'analyse n'est pas adéquate. Dans les cas que nous avons considérés, les analyses de mots faites en termes d'actes de langage n'étaient donc pas adéquates. En effet, il arrive très souvent que ces mots soient employés littéralement, sans qu'il y ait entre leur énonciation et l'accomplissement de l'acte correspondant, un rapport d'un certain type qui, seul, permettrait d'échapper à cette conséquence que la signification du mot change selon les divers types syntaxiques de phrase où il apparaît. En particulier : (*a*) les mots sont employés dans un très grand nombre de cas où ils ne constituent pas l'accomplissement des actes de langage correspondants, et (*b*) — c'est cela le plus important — on ne peut rendre compte de ces emplois uniquement par référence à la façon dont le reste de la phrase rattache le mot à l'accomplissement de l'acte de langage correspondant. Mais il ne faut pas oublier que cette objection n'interdit pas d'appliquer l'analyse en actes de langage aux verbes performatifs (ni aux interjections d'ailleurs).

Jusqu'à présent, je n'ai pas dit grand chose de l'origine de cette erreur sur les actes de langage mais je voudrais montrer la relation qui l'unit à celle que représente la thèse de « l'erreur naturaliste ». Si l'on suppose que la signification d'un mot comme « valide » se relie à une variété particulière d'actes de langage, telle que classer et évaluer, alors, puisque l'implication est affaire de signification, il semble impossible que des mots représentant des relations logiques (dont on suppose qu'elles ne sont pas liées de manière essentielle à des actes de langage) puissent être utilisés pour définir le terme « valide ». Et il paraîtra également impossible que des affirmations contenant uniquement des expressions de ce type puissent suffire à impliquer l'affirmation qu'un argument est valide. De façon générale, si nous considérons que l'affirmation : « on emploie le mot *M* pour effectuer l'acte *A* » fait partie de l'analyse de *M*, alors, pour tout mot *X*, *Y*, *Z*, — aucun d'entre eux n'étant employé pour effectuer *A*, il semblera impossible que *M* puisse être défini à l'aide des seuls *X*, *Y* et *Z* ; il semblera impossible également qu'une affirmation de la forme : « *A* est *M* », puisse être impliquée par une affirmation de la forme : « *A* est *X*, *Y*, *Z* ». L'erreur sur les actes de langage sert donc de fondement à celle que constitue la thèse de « l'erreur naturaliste ». C'est en partie parce que son analyse de certains mots en termes d'actes de langage était mauvaise que la philosophie linguistique de la période classique a conclu à l'impossibilité de certains types de relations logiques où ces mots seraient impliqués. Dans la discussion de cette erreur sur les actes de langage j'ai cherché à montrer qu'il s'agissait d'une faute d'analyse; et dans la discussion de l'erreur que constitue la thèse de « l'erreur naturaliste », j'ai voulu montrer que, dans certains cas au moins, les relations logiques contestées étaient en fait réalisées.

6.3 L'ERREUR SUR L'ASSERTION

J'en viens enfin à la troisième erreur, étroitement liée à la seconde, et que j'appellerai *l'erreur sur l'assertion.* Cette erreur vient de ce que l'on a confondu les conditions pour que soit accompli l'acte de langage d'assertion avec l'analyse de la signification de mots particuliers apparaissant dans certaines assertions.

Les tenants de la philosophie linguistique veulent analyser la signification de concepts qui ont, depuis toujours, embarrassé les philosophes; des concepts tels que : la connaissance, le souvenir ou l'action volontaire. A cette fin, ils examinent *l'emploi* d'expressions comme : « savoir », « se rappeler », « libre », « volontaire », etc. Ce qu'il y a de gênant dans cette méthode, c'est qu'en pratique, elle revient presque toujours à se poser la question des circonstances dans lesquelles nous poserions des assertions de la forme : « je sais que etc. », ou « il se rappelle telle chose... », ou « il a fait telle chose volontairement ». Mais il n'est pas facile de savoir dans quelle mesure la réponse qu'ils donnent à ces questions, dépend de la nature même de *l'acte* d'assertion, ou bien des concepts que le philosophe cherche à analyser.

Le philosophe remarque que certaines choses sont curieuses ou bizarres à dire dans certaines situations; pour cette raison, il en conclut que certains concepts sont inapplicables à de telles situations. Par exemple, Wittgenstein fait remarquer que, dans des conditions normales, si je ressens une douleur, il paraîtrait bizarre que je dise : « je sais que j'ai mal [15] ». Un autre philosophe de la philosophie linguistique [16] a noté qu'il serait très bizarre de la part

---

15 Ludwig Wittgenstein, *Philosophical Investigations* (New York, 1953), par exemple : paragraphe 246.
16 B. S. Benjamin, « Remembering », *Mind* (1956); repris dans Donald F. Gustafson, (éd.), *Essays in Philosophical Psychology* (New York, 1964).

d'une personne adulte normale, de dire, dans une situation ordinaire : « je me *rappelle* mon nom », ou bien « je me *rappelle* le français ». Mais ces philosophes en concluent ensuite que ce sont les concepts de savoir et de se rappeler qui font problème, que ces concepts ne sont applicables que sous certaines conditions. Je veux démontrer, quant à moi, que si ces phrases paraissent incongrues, c'est qu'elles sont trop *évidentes* pour que cela vaille la peine de les dire. Il est évidemment vrai que lorsque je ressens une douleur, je sais que je la ressens, et il est également évident qu'au moment présent je me rappelle mon nom et aussi que je me rappelle le français, et la raison pour laquelle il est bizarre de déclarer ce genre de choses dans des circonstances normales vient précisément de ce qu'elles sont trop évidentes pour mériter qu'on les mentionne.

Mais avant de développer ce point en me référant aux conditions à satisfaire pour poser des assertions, je voudrais présenter certains autres exemples caractérisant cette erreur. Dans son ouvrage *Concept of Mind* [17], Ryle dit que, dans leurs emplois les plus courants, les adjectifs « volontaire » et « involontaire » sont utilisés comme des adjectifs s'appliquant uniquement à des actions que l'on ne devrait normalement pas faire. Voici ce qu'il dit : « Dans cet emploi ordinaire, il est donc absurde de se demander si une action satisfaisante, correcte ou admirable est une action volontaire ou involontaire [18]. »

Dans son article « A plea for excuses [19] », Austin soutient une thèse semblable et de portée plus générale. Il dit que dans l'emploi *courant* de *tout* verbe normal, les expressions qui servent à qualifier des actions (par exemple : « volontaire », « intentionnel », « exprès », « délibérément », etc.), n'ont *jamais* à apparaître (et pas davantage leur négation). C'est uniquement dans le cas où nous accomplissons l'acte en question d'une manière *particulière*, ou dans des circonstances *particulières*, qui s'écartent des circonstances dans lesquelles s'effectue normalement un acte... qu'il est nécessaire, ou même simplement possible, d'employer une expression modifiant cet acte [20]. Austin résume sa thèse dans le slogan « Pas de modification sans aberration [21]. » Pour qu'un concept modifiant une action puisse s'appliquer, il faut que l'action soit en dehors de la norme.

17 G. Ryle, *Concept of Mind* (Londres, 1949).
18 G. Ryle, *ibid.*, p. 69.
19 Repris dans *Philosophical Papers* (Oxford, 1961).
20 *Ibid.*, p. 138.
21 *Ibid.*, p. 137.

Élargissant la thèse de Ryle, Austin fait remarquer qu'il serait bizarre de *dire* dans des circonstances normales : « j'ai acheté ma voiture volontairement », ou bien « j'écris ce livre de mon plein gré », et les deux philosophes en viennent à conclure que certaines conditions sont des conditions nécessaires pour que certains concepts soient applicables. Pour ces deux exemples, comme pour ceux que nous avions considérés précédemment, l'auteur affirme qu'un certain concept, ou qu'une certaine catégorie de concepts, est inapplicable à une certaine situation parce que cette situation ne satisfait pas à une condition qui, selon l'auteur, constitue une présupposition de l'applicabilité du concept. En outre, les raisons qui motivent cette hypothèse sont les mêmes pour les deux philosophes. Ils remarquent qu'il serait très bizarre de dire, dans une situation normale « je me rappelle mon nom », « j'ai acheté ma voiture volontairement », « j'écris ceci de mon plein gré ». Ils notent que ces affirmations paraissent naturelles sous certaines conditions seulement, et ils en infèrent que ces conditions sont des conditions pour que puissent s'appliquer des concepts tels que : *se rappeler*, *volontaire*, *de plein gré*, etc. et par conséquent, qu'elles font partie de l'analyse de ces concepts. Ils supposent donc implicitement qu'il faut inclure dans l'analyse des concepts *se rappeler* et *de plein gré*, les conditions qui rendent effective (et correcte) l'assertion que je me rappelle mon nom, ou que j'écris ce livre de mon plein gré.

Ces hypothèses représentent des principes méthodologiques importants sur lesquels repose une grande partie de la philosophie contemporaine. Afin de prouver que ces hypothèses sont fausses, je voudrais considérer à présent d'autres exemples d'énoncés bizarres. Soient les phrases suivantes : « il respire », « il a cinq doigts à la main gauche ». Demandez-vous maintenant sous quelles conditions il serait normal *d'énoncer* effectivement ces phrases, de poser les assertions auxquelles ces phrases font droit, et vous conviendrez, je pense, que dans des situations courantes, ou normales, cela paraîtrait assez incongru. De même qu'il n'est normal de dire : « il se rappelle son nom », que si l'on a une raison quelconque de supposer que, par exemple, il pourrait l'avoir oublié, de la même façon cela paraît bizarre de dire « il respire », si rien ne laisse supposer que, par exemple, il puisse ne plus respirer, ou du moins, si notre interlocuteur n'a aucune raison de penser que la personne en question puisse ne plus respirer, ou encore si, pour une raison ou une autre, il est nécessaire de lui rappeler que cette personne respire effectivement. Et, de la même façon encore, nous ne *dirions* pas : « il a cinq doigts à la main gauche », à moins d'une circonstance particulière et anormale : s'il a six doigts à la main droite, par exemple, ou si nous voulons écarter de lui tout soupçon l'accusant d'être l'assassin-qui-a-quatre-doigts-à-la-main-gauche.

Mais quel rapport peuvent bien avoir ces remarques (sur ce qu'il est normal de *dire*) avec l'analyse des concepts de respiration et de doigt? Il faut progresser prudemment sur ce terrain : soit toute une série de phrases : « Il se souvient de son nom », « il sait qu'il a mal », « il a acheté sa voiture volontairement », « il écrit ce livre de son plein gré », « il respire », « il a cinq doigts à la main gauche »; nous estimons qu'il faut des conditions particulières pour que l'énoncé de ces phrases, en tant qu'assertions, soit naturel. Et c'est uniquement dans le cas de situations « aberrantes » (selon le terme employé par Austin), qu'il peut être normal de *dire* ce genre de choses.

Comment expliquer cela? Les auteurs qui se sont penchés sur les premiers exemples soutiennent que l'explication doit porter sur les concepts de souvenir, de volonté, de plein gré, etc. Il paraît cependant peu vraisemblable que des explications du même genre puissent s'appliquer aux concepts de respiration, ou de doigt; c'est pourquoi je présente l'explication suivante, d'une portée plus générale : il y a des situations qui sont normales, ou courantes. Normalement, les gens se souviennent de leur nom, savent s'ils ont mal ou non, achètent leur voiture volontairement, écrivent des ouvrages de philosophie de leur plein gré, respirent, et ont cinq doigts à chaque main. De manière générale, on n'affirme pas d'une situation particulière normale ou courante, qu'elle l'est, sauf si l'on a une raison de supposer qu'elle aurait pu ne pas l'être (ou de supposer que quelqu'un d'autre aurait pu supposer que..., etc.). Car, faire remarquer qu'une situation est normale, c'est laisser entendre qu'il s'agit-là d'un fait inattendu; et, bien souvent (généralement même), cela revient à sous-entendre que, pour une raison ou une autre, la situation aurait pu ne pas être normale, ou du moins que l'interlocuteur aurait pu le supposer, ou même seulement qu'il fallait lui rappeler que la situation est effectivement normale. Si en décrivant une situation, le locuteur n'a aucune raison de penser que quelqu'un puisse supposer que cette situation est normale ou aberrante, ou s'il n'a aucune raison de rappeler qu'il s'agit d'une situation normale, alors il est tout à fait inutile pour lui de déclarer que la situation est normale.

L'explication n'a donc rien à voir avec l'analyse de mots particuliers; ce qu'il faut, c'est expliquer en quoi consiste l'assertion. L'assertion — que je me souviens de mon nom, par exemple — n'a aucune raison d'être si elle n'est justifiée d'une manière ou d'une autre par le contexte. Ce fait n'a rien à voir avec le concept de souvenir, mais concerne le concept de l'acte d'assertion. L'erreur sur l'assertion a donc pour caractéristique générale de confondre les conditions pour qu'une assertion soit sans défaut, avec les conditions d'application de certains concepts. Le problème n'est pas : « Pas de modification sans aberration », mais « Pas de remarque sans fait remarquable ».

Quel est exactement l'objet du présent débat? De part et d'autre, l'existence de certaines données est admise, des données de la forme : « il serait bizarre ou incongru de dire telle chose. » Mais les deux parties en cause ne sont pas d'accord sur l'explication à fournir pour ces données. Pour ma part, je dis que ces données doivent être expliquées par référence à ce qui est en général impliqué dans l'acte d'assertion; la thèse que je mets ici en cause consiste à dire que les données doivent s'expliquer par référence aux conditions d'application de certains concepts. Arrivé à ce point, je peux seulement revendiquer pour mon analyse une plus grande simplicité, une plus grande généralité, et peut-être une plus grande possibilité. Mais je voudrais maintenant présenter de véritables contre-exemples qui permettront de réfuter certaines autres analyses de manière plus définitive.

Certains ont pu dire que les conditions d'application (c'est-à-dire les présupposés) propres à certains concepts ont pour conséquence que, dans certaines situations courantes, certaines affirmations ne sont ni vraies ni fausses. Je ferai remarquer ici que les négations de ces affirmations, ou leurs contraires, ne sont pas « ni vraies, ni fausses » en situation normale, mais simplement fausses. Considérez : « il ne sait pas s'il a mal », « il ne se souvient plus de son nom », « il ne respire plus », « il n'a pas acheté sa voiture volontairement; il y a été forcé », « il n'écrit pas ce livre de son plein gré; il y est obligé », « il n'a pas cinq doigts à la main gauche, mais six », et ainsi de suite. Dans des conditions normales ou courantes, ces affirmations ne sont pas absurdes; elles sont fausses tout simplement, car c'est parce qu'elles sont fausses que la situation peut être dite normale ou courante dans chacun de ces cas. Mais si elles sont fausses, leur négation n'est-elle pas vraie?

En outre, si nous nous écartons des exemples très simples comme nous l'avons fait dans l'étude de l'erreur sur les actes de langage, nous constaterons que les concepts sont applicables indépendamment de toute condition du type considéré. Soient les exemples suivants : « le système du recrutement volontaire en Californie est un échec complet », « la faculté de se rappeler des choses aussi simples que son propre nom et son numéro de téléphone est l'une des pierres angulaires des sociétés développées », « il est plus agréable de faire les choses de son plein gré plutôt que d'y être forcé ». Ces phrases contiennent les noms « volontaire », « se rappeler », et « de plein gré » et l'emploi de ces mots est approprié sans que soient vérifiées les conditions d'aberration spéciales qui, selon les philosophes sont des conditions nécessaires d'application pour les concepts en question. De même que dans l'erreur portant sur les actes de langage, l'étude exclusive de quelques exemples très simples de phrases assertives conduit donc ici aussi à une analyse incorrecte.

On pourrait formuler le problème de façon un peu différente : l'erreur ici considérée a pour caractéristique qu'elle identifie les conditions pour qu'une assertion soit possible, avec les présupposés portés par les concepts. La plupart des concepts en effet contiennent des présupposés qui détermi nent le domaine où ils peuvent s'appliquer de façon intelligible. Par exemple le concept *divisible par sept* n'est applicable qu'à certains types d'entités mathématiques. Pour cette raison, l'assertion que « la Guerre des Boers est divisible par sept » est bizarre sinon inintelligible. Certes, il est tout aussi bizarre, dans la situation présente, qui est normale et non-aberrante, de poser l'assertion : « j'écris ce livre de mon plein gré ». Mais le fait qu'une telle assertion soit bizarre, excepté dans le cas de situations aberrantes ou anormales, ne suffit pas à prouver que ce caractère aberrant ou anormal est présupposé pour que soit applicable le concept d'action libre ou volontaire, au sens où le fait d'être une entité numérique est présupposé pour qu'on puisse appliquer le concept *divisible par sept*. Naturellement, les mots : « intention », « croire », « savoir », comme tous les mots intéressants, possèdent un réseau complexe de présuppositions; mais les méthodes de l'analyse linguistique classique ne sont pas toujours adéquates lorsqu'il s'agit de les identifier et de les distinguer des conditions nécessaires pour qu'une assertion soit sans défaut.

6.4 LA SIGNIFICATION DÉFINIE PAR L'EMPLOI, ORIGINE DES TROIS ERREURS

Je voudrais maintenant présenter quelques remarques qui serviront à expliquer comment ces erreurs ont pu être commises. Les philosophes appartenant à la philosophie linguistique de la période dont je parle ici n'avaient pas de théorie générale du langage sur lesquelles fonder leurs analyses de concepts particuliers. Ils n'avaient, en guise de théorie, que quelques slogans, parmi lesquels le plus important était : « La Signification, c'est l'Emploi. » Ce slogan incarnait la croyance que la signification d'un mot n'est donnée ni par la recherche d'une entité mentale qui lui serait associée dans un univers accessible à l'introspection, ni par la recherche d'une entité que ce mot représenterait, qu'elle soit abstraite ou concrète, d'ordre mental ou physique, particulière ou générale; cette signification est donnée par l'examen attentif de la façon dont le mot est effectivement utilisé dans la langue. Pour autant qu'il a permis d'échapper aux théories traditionnelles de la signification, qu'elles soient platoniciennes, empiristes ou inspirées du Tractatus, le slogan : « La Signification, c'est l'Emploi », a été très salutaire. Mais en tant qu'outil d'analyse, la notion d'emploi est par elle-même si vague qu'elle a été l'une des causes des confusions que j'ai tenté d'exposer. Voici maintenant comment, à mon avis, cette imprécision a engendré, ou contribué à engendrer, ces confusions.

Supposons qu'un philosophe désire analyser un concept particulier, disons : la connaissance, ou la mémoire. Appliquant le slogan, il examine donc l'emploi des verbes « savoir », « se souvenir ». A cette fin, il prend quelques phrases, presque invariablement des phrases déclaratives très simples au présent, et il se pose des questions du genre : dans quelles conditions énoncerait-il de telles phrases, quel acte de langage accomplirait-il en les énonçant. Mais, étant donné qu'il ne dispose d'aucune théorie générale de la signification, de la syntaxe ou des actes de langage, comment va-t-il interpréter les réponses qu'il aura obtenues pour ces questions? Dans le cas de *l'erreur sur l'assertion*, certaines conditions générales nécessaires à l'acte d'assertion ont été attribuées à tort à des mots particuliers parce que ces conditions générales ont été découvertes à l'occasion des mots soumis à l'analyse. Le slogan n'a fourni au philosophe aucun moyen de séparer l'emploi du mot, de l'emploi de la phrase dans laquelle il apparaît. Ce slogan a par la suite donné lieu à la conviction erronée que, sous prétexte que dans certaines conditions nous ne disons pas ceci ou cela, dans ces conditions, *il est impossible que*... (ceci ou cela). Appliquant le slogan : « La Signification, c'est l'Emploi », le philosophe se demande : « dans quelles conditions *dirions*-nous que nous nous *souvenons* de ceci ou de cela ou que tel acte a été accompli volontairement? » Mais comment pourra-t-il savoir si la réponse à ces questions ne dépend pas autant du fait de *dire* que des concepts de souvenir ou de volonté?

L'origine de *l'erreur sur les actes de langage* est tout à fait analogue. Le philosophe considère que la question : « que signifie " bon ", ou " savoir " ? », équivaut à « quel est l'emploi de " bon ", de " savoir " ? », et restreint alors sa discussion à quelques phrases simples où ces mots apparaissent. Il constate ensuite qu'en énonçant ces phrases, nous accomplissons certains actes de langage. Le slogan : « La Signification, c'est l'Emploi », ne lui donne aucun moyen de distinguer, parmi les caractéristiques de l'énonciation de ces phrases, celles qui sont dues uniquement au fait que le mot qu'il analyse apparaît dans ces phrases, ou à d'autres facteurs externes quels qu'ils soient; il en conclut à tort que le mot « bon » sert, par lui-même, à accomplir l'acte de langage d'approbation; arrivé à cette conclusion par l'examen du soi-disant *emploi* du mot « bon », il conclut qu'il a analysé la signification de « bon », puisque, selon son slogan, emploi et signification reviennent au même. Il semble que le passage se fasse de la façon suivante : le philosophe demande :

1. Que signifie le mot *M*?

Puisque la signification, c'est l'emploi, il considère que la question équivaut à :

2. Quel est l'emploi de *M*?

qui est ensuite tacitement interprété comme équivalent de :

3. Quel est l'emploi de *M* dans des phrases déclaratives catégoriques simples au présent, par exemple, dans des phrases de la forme : « *X* est *M* »?

et cette question est à son tour considérée comme identique à :

4. Quel est l'emploi de ces phrases qui contiennent *M*?

qui est comprise soit comme :

5. Quel est l'acte illocutionnaire accompli dans l'énoncé de ces phrases?

soit comme :

6. Quelles sont les conditions pour qu'une assertion soit effectuée sans défaut dans l'énoncé de ces phrases? C'est-à-dire : quand dirions-nous effectivement quelque chose de la forme : « *X* est *M* »?

En supposant que la réponse à 5 répond nécessairement à 1, on est conduit à *l'erreur sur les actes de langage ;* et en supposant que la réponse à 6 répond nécessairement à 1 on est conduit à *l'erreur sur l'assertion.* Les deux erreurs viennent de ce que l'on suppose que 1 signifie la même chose que 2.

L'origine de *l'erreur de la thèse de « l'erreur naturaliste »* est plus complexe, mais elle aussi, (dans certaines de ses versions les plus courantes) est en partie due au slogan : « La Signification, c'est l'Emploi. » La philosophie linguistique de la période classique a été fortement impressionnée par le fait que certaines phrases déclaratives ne servaient pas à écrire des états de faits, mais servaient à porter des jugements, à évaluer, estimer, classer, etc. Et voyant que cet *emploi* (entendant par là la force illocutionnaire propre à l'énonciation de ces phrases) était différent de l'emploi, ou de la force illocutionnaire de certaines phrases descriptives, ils en concluaient que la signification devait être définie de façon à ce qu'aucun ensemble d'affirmations descriptives ne puisse impliquer une affirmation évaluative. Mais en réalité, il est impossible de tirer cette conclusion, car du fait que la phrase sert à évaluer, ou que son énonciation a la force illocutionnaire d' « évaluation », il ne s'en suit pas que la proposition exprimée ne puisse être impliquée par une proposition exprimée dans l'énoncé d'une phrase servant à décrire, ou qui aurait la force illocutionnaire de « description ». Les conditions de vérité de l'une des propositions peuvent suffire à déterminer les conditions de vérité de l'autre, même si le but visé dans l'énonciation de l'une est différent du but visé dans l'énonciation de l'autre. On a confondu les conditions de vérité d'une proposition avec le but, ou la force caractérisant son énonciation, car le mot « emploi » est assez vague pour inclure à la fois les conditions de vérité de la proposition exprimée et le but, ou la force illocutionnaire caractérisant l'énonciation de la phrase correspondante.

En tant qu'outil pour l'analyse, la théorie de la signification qui définit celle-ci par l'emploi, peut nous fournir certaines données, c'est-à-dire une matière première que devra traiter l'analyse philosophique; le fait, par exemple, qu'énoncer une phrase de la forme : « *X* est bon », revient de manière caractéristique, à faire l'éloge de quelque chose, ou bien le fait que la phrase : « je me souviens de mon nom » n'est énoncée que dans certaines conditions et pas dans d'autres. La manière dont de telles données seront analysées et expliquées, la manière dont nous en rendrons compte de façon systématique, dépendront d'autres thèses ou d'autres théories du langage que nous appliquerons à ces données, car la théorie de l'emploi ne fournit pas, par elle-même, les outils nécessaires à cette analyse, et peut être source de confusions, c'est ce que j'ai essayé de montrer.

6.5 AUTRES EXPLICATIONS POSSIBLES

Voyons maintenant dans quelle mesure notre théorie des actes de langage pourra résoudre ces problèmes. Cette théorie devra fournir des explications d'ordre linguistique qui rendent compte des caractérisations linguistiques données par les philosophes de la période classique; ces explications ne devront pas se prêter aux objections que nous avons faites contre celles de la période classique.

Parmi les trois erreurs considérées, celle qui concerne l'assertion est celle qui s'explique le plus facilement, je commencerai donc par là. Dans l'analyse que nous avons donnée de l'acte illocutionnaire, nous avons vu que, parmi les conditions préliminaires propres à de nombreux types d'actes, il en est une qui détermine quel est l'objet ou le but de l'acte dans la situation de discours prise globalement. Dans le cas de cette classe d'actes illocutionnaires porteurs d'information (relater un fait, décrire, asserter, etc.), la condition pour que l'assertion que *p* soit sans défaut est de la forme : il ne doit pas être trop évident pour *L* ou *A*, que *p*. De plus, puisqu'en accomplissant un acte illocutionnaire quel qu'il soit, *L* suppose toujours que les conditions préliminaires sont satisfaites, lorsqu'il effectue l'un de ces actes porteurs d'information, *L* suppose aussi cette non-évidence.

Les faits à expliquer apparaissent dans des caractérisations telles que : 1. il est bizarre de dire : « je me *rappelle* mon nom », « j'ai acheté ma voiture *volontairement* », ou « j'écris ceci *de mon plein gré* », à moins que la situation ne soit aberrante d'une façon ou d'une autre; 2. lorsque quelqu'un dit : « je me rappelle mon nom », etc., il laisse supposer que la situation est anormale, ou aberrante.

Voici comment la théorie rend compte de ces données : étant donné qu'il est en général évident que les gens se souviennent de leur nom, achètent une voiture volontairement, écrivent un livre de leur plein gré, etc. l'assertion de chacune de ces propositions est forcément défectueuse, à moins que la situation ne soit anormale au point que l'évidence de ces faits puisse être mise en question. De même, l'assertion de chacune de ces propositions suppose qu'il n'est pas évident que la proposition considérée soit tenue pour vraie dans tous les cas, elle suppose donc que la situation est anormale puisque c'est uniquement dans le cas de situations anormales qu'il n'est pas évident que ces propositions soient vraies.

A nouveau, j'insiste sur le fait que ces remarques ne visent pas à rendre compte de manière générale des conditions d'application de ces concepts.

Je ne prétends pas que « volontaire », « plein gré », etc. ne contiennent aucun présupposé, je ne prétends pas non plus qu'une action quelconque puisse être dite « volontaire » et que cela ait un sens. Bien au contraire, je crois que les concepts qui servent à qualifier des actions renferment un réseau complexe de présupposés. Je dirai même que certains de ces concepts fonctionnent comme « oppositifs [22] ». « Volontaire », en particulier, semble rentrer dans cette catégorie. Il prend son sens par opposition à « sous la contrainte », « forcé », « obligé », etc. Autre source de complication, certains de ces « modificateurs » entrent dans la signification de certains verbes d'action. Ainsi par exemple : « il s'est porté volontaire volontairement » est (au mieux) un pléonasme, tandis que « il s'est porté volontaire involontairement » est contradictoire (cet exemple m'a été suggéré par Gilbert Ryle). En définitive, toute analyse qui voudrait rendre compte de l'apparition de ces mots dans des énoncés — même si elle se cantonne dans l'étude de phrases simplement assertives — devrait porter non seulement sur (*a*) les conditions propres à l'assertion, mais aussi sur (*b*) les présupposés, (*c*) l'élément oppositif, (*d*) le fait que ces notions rentrent dans la définition de certains verbes, et peut-être encore sur d'autres caractéristiques propres à ces mots. Ce que je veux seulement prouver ici, c'est que la proposition générale posée par Austin (pas de modification sans aberration) est fausse, que les autres variantes de cette erreur sur l'assertion — celle de Ryle par exemple — sont également fausses, et que la théorie générale des actes de langage que je propose est mieux à même de rendre compte des faits dont ces théories sont issues.

Les données qui ont conduit à l'erreur sur les actes de langage, et dont il nous faut rendre compte, se présentent sous la forme suivante : dire que quelque chose est « bon », c'est, de façon caractéristique, faire l'éloge de l'objet ainsi qualifié, l'apprécier ou le recommander. De même, dire d'une proposition qu'elle est vraie, c'est y souscrire, l'accepter, l'admettre, etc. Comment se fait-il que, dans ces exemples, comme dans d'autres que l'on pourrait donner, le fait de dire que quelque chose est *M* revienne effectivement à accomplir l'acte de langage *A*, alors que l'on ne peut expliquer la signification de *M* en disant que *M* sert à accomplir l'acte *A* ? Posons la question en termes légèrement différents, prenant l'exemple de

22 Cf. pour une explication plus complète de cette notion, Roland Hall, « Excluders », *Analysis*, vol. 20 (1959); repris dans Charles E. Caton (éd.), *Philosophy and Ordinary Language* (Urbana, 1963).

« bon » : comment une théorie de langage comme la mienne peut-elle expliquer que la présence du mot « bon » influe sur la signification d'une phrase déclarative de sorte que le fait de déclarer bon quelque chose revient essentiellement (c'est là une condition de vérité du concept lui-même) à en faire l'éloge, etc., et ceci, sans tomber sous le coup de l'erreur sur l'acte de langage ? On pourrait poser une question du même ordre pour les mots « vrai », « savoir », etc.

Pour répondre à cette question en ce qui concerne le mot « bon », je propose d'établir une distinction entre deux classes de verbes illocutionnaires : dans la classe *X*, je fais rentrer ces verbes comme : « classer », « évaluer », « estimer », « juger », « placer », « ranger » (selon un ordre). La classe *Y* comprendra des verbes comme : « approuver », « louer », « faire l'éloge », « apprécier », « vanter », « prôner », « priser », « recommander ».

On confond parfois ces deux classes, je pense cependant que la différence est claire. Il m'est impossible de juger quelque chose en bien ou en mal, mais je ne peux en faire l'éloge dans un sens défavorable. Je pourrai le classer comme excellent ou mauvais, mais je ne peux le recommander comme mauvais. La relation qui existe entre les membres de la classe *Y* et ceux de la classe *X* serait donc à peu près celle qui existe entre le déterminé et le déterminable. Faire l'éloge de quelque chose revient bien souvent, c'est même peut-être un trait caractéristique, à porter un jugement de valeur sur cet objet. Mais ce n'est pas n'importe quel type de jugement, il s'agit obligatoirement d'un jugement favorable; car les jugements ne sont pas tous favorables.

C'est ainsi que pour effectuer des actes dans le domaine du déterminable (pour juger, classer, etc.), le locuteur dispose, selon l'objet de son discours, d'une certaine catégorie de termes. Par exemple, pour établir un classement parmi les élèves, nous nous servons des lettres « *A* », « *B* », « *C* », « *D* », et « *F* ». Le terme « bon » est l'un des plus courants parmi ces termes de classement — « grading labels », selon la terminologie d'Urmson. « Excellent », « mauvais », « assez bien », « passable », « moyen », sont encore des termes de classement couramment utilisés. Un jugement de valeur suppose toujours (entre autres choses) l'assignation d'un terme de classement; inversement, assigner l'un de ces termes revient toujours à porter un jugement, donner une estimation, etc. Et le terme utilisé indiquera le type de jugement qui est porté : favorable ou défavorable, en bien ou en mal, etc.

Dire que quelque chose est « bon » revient à en faire l'éloge, etc., c'est là un fait non-contingent, pour la raison suivante : dire que telle chose est bonne, c'est lui assigner un rang dans la hiérarchie des jugements ou des évaluations, mais lui assigner un rang dans cette hiérarchie, c'est justement l'évaluer ou l'estimer, c'est lui attribuer une certaine valeur. Dans le cas de « bon », le jugement est assez favorable, la valeur attribuée plutôt élevée. Mais porter un jugement favorable, c'est, de façon caractéristique (je l'ai déjà laissé entendre), apprécier, exprimer son approbation, etc. — c'est la situation dans laquelle l'énoncé est produit qui détermine le choix de l'un de ces verbes.

Dire que quelque chose est bon revient à en faire l'éloge; mais cette vérité quasiment nécessaire ne nous dit pas ce que signifie le mot « bon », elle nous informe seulement sur la façon dont le mot s'insère à l'intérieur des institutions que notent les termes de la classe *X*, et sur les relations entre ces institutions et les actes de langage mentionnés dans la classe *Y*. La relation entre la signification de « bon » et l'accomplissement de l'acte d'approbation, bien qu'elle soit nécessaire, ne se donne pas directement.

Que signifie donc le mot « bon » ? Une réponse complète à cette question dépasserait le cadre de cette discussion. Suivant la suggestion de Wittgenstein, nous dirons que « bon », comme le mot « jeu », a une famille de significations; parmi les plus importantes se trouve celle-ci : « satisfait aux critères ou aux normes d'évaluation ou de jugement ». Autres membres de cette famille : « répond à certains intérêts », « satisfait certaines exigences », et « convient à certains buts ». Ces significations ne sont d'ailleurs pas indépendantes : le fait que nous ayons des critères pour donner une évaluation dépend effectivement de nos intérêts et de nos exigences).

L'analyse en acte de langage note à juste titre que *dire* que quelque chose répond aux critères ou normes d'évaluation ou de jugement, c'est donner une évaluation ou un jugement d'un certain type, à savoir approbatif. Mais, en inférer que la signification de « bon » peut donc s'expliquer en termes d'approbation, cela nous empêche de saisir ce que je me suis efforcé de montrer, c'est-à-dire que « bon » signifie la même chose, aussi bien lorsque je mets en doute que quelque chose soit bon, lorsque je demande si c'est bon, ou lorsque je dis que c'est bon. C'est pourquoi il y a une différence entre les deux questions : « a quoi revient le fait de dire que quelque chose est bon ? » et : « quelle est la signification du mot " bon " ? »

Cette conclusion se trouve confirmée, il me semble, si nous considérons des mots dont certains emplois sont assez proches de ceux de « bon », et qui comportent dans leurs constituants morphologiques les concepts correspondants d'actes illocutionnaires. Je pense à des mots comme : « recommandable », « louable », et « appréciable ». Dire que quelque chose est louable, c'est le louer. Mais en conclure que l'on emploie « louable » pour louer, cela ne donne ni la signification ni l'explication du mot « louable ». C'est seulement dire qu'affirmer que quelque chose est louable, revient à accomplir un certain type d'acte illocutionnaire. Mais ceci est une *conséquence* de ce que signifie « louable », à savoir « digne d'être loué », et non une explication de cette signification. La relation qui existe entre « louable » et l'acte de langage qu'est l'éloge, n'est pas du tout du même ordre que la relation existant entre le verbe « louer » et l'acte de langage correspondant. Ce que je veux démontrer, c'est que « bon » va avec « louable », et non avec « louer ».

Voyons maintenant comment nous rendrions compte du mot « vrai » en suivant ce schéma d'analyse. Le problème est celui-ci. Comment se fait-il que l'on puisse poser — comme il ressort de l'analyse en actes de langage — le fait suivant : dire que quelque chose est vrai, c'est exactement, d'une certaine façon, admettre, concéder ce fait, y souscrire, y adhérer, etc., et que, cependant, cette remarque ne résoud, ni ne supprime ce que Strawson appelle « le problème philosophique de la vérité »? La réponse que je propose pourrait se donner selon le schéma suivant : comme le note Strawson, si nous disons que quelque chose est vrai, c'est obligatoirement et de façon caractéristique, qu'un commentaire, une remarque, une assertion, une affirmation, etc., a déjà été faite à ce propos ou qu'au moins nous nous y référons d'une certaine manière; autrement dit, c'est qu'une proposition est déjà « sur le tapis ». S'il y a le feu à votre maison, je ne vais pas me précipiter sur vous pour vous annoncer : « il est vrai que votre maison brûle », je dirai simplement : « votre maison brûle ». J'utiliserai la première formulation seulement par référence à la proposition que votre maison brûle, donc seulement si la question a déjà été soulevée avant que je vous adresse la parole. Mais s'il en est ainsi, cette phrase où apparaît le mot « vrai », servira alors à indiquer, non seulement que votre maison brûle, mais aussi que la question a été soulevée auparavant, et le fait que *j'affirme* (par opposition à nier) que la proposition est vraie indique que je souscris, que j'adhère, ou acquiesce à l'acte de langage effectué par un autre locuteur, et c'est dans cet acte précédemment effectué que la question a été soulevée. En d'autres termes, c'est parce que nous utilisons le mot « vrai » (et c'est une caractéristique de cet emploi) que par référence à une proposition déjà émise, et parce que nous ne pouvons nous référer à une proposition que si elle a été émise dans l'accomplissement d'un acte illocutionnaire tel qu'asserter, affirmer, émettre une hypothèse, pour ces deux raisons donc, lorsque nous disons que quelque chose est vrai, nous établissons une relation d'un certain type entre ce que nous disons et l'acte illocutionnaire précédemment effectué (cette relation sera par exemple celle d'acquiescement, ou d'adhésion, inversement, dans le cas de « il n'est pas vrai... » la relation sera celle de désaccord). Tout ceci nous permet de préciser quelles sortes d'actes illocutionnaires (parmi d'autres) nous sommes susceptibles d'accomplir lorsque nous énonçons cette phrase par exemple : « il est vrai que votre maison brûle ». Mais, pour les raisons déjà mentionnées, cela ne nous donne pas de solution en ce qui concerne le problème philosophique de la vérité. Ces deux exemples devraient suffire à prouver qu'il est possible de rendre compte du type de données qui sont à la base de l'erreur sur les actes de langage, tout en évitant les fautes commises par ce type d'analyse.

L'erreur de la thèse de « l'erreur naturaliste » nous laisse un dernier problème à résoudre, c'est ce que je voudrais entreprendre à présent. Comment peut-on dire que des affirmations descriptives, peuvent impliquer des affirmations évaluatives et qu'il s'agit cependant de forces illocutionnaires différentes ? N'est-ce pas là violer le principe fondamental selon lequel la conclusion d'un raisonnement déductif ne peut donner que ce qui est contenu dans les prémisses ? Pour expliquer cela, il faut introduire une distinction entre signification et emploi, (dans l'un des sens que l'on peut donner à chacun de ces termes). Illustrons ceci en reprenant l'exemple de la pomme : la signification de « qualité supérieure », en tant que terme technique servant au classement des pommes, est donnée par la définition qui se trouve dans le répertoire des définitions fourni par le Ministère de l'Agriculture et de la Pêche [23]. Selon l'abréviation que nous avons proposée, la phrase : « un certain type de pomme est de qualité supérieure », signifie : « un certain type de pomme possède les propriétés *A*, *B*, et *C*. » Mais naturellement, l'emploi du terme « qualité supérieure », sera probablement très différent de celui des expressions « descriptives » : « *A*, *B*, et *C* », et ceci précisément parce que le terme « qualité supérieure » a été introduit pour que les préposés au triage des pommes disposent d'un terme spécial pour opérer leur classement. Les philosophes semblent parfois croire que

23 J. O. Urmson, *op. cit.*, p. 166.

l'introduction d'un nouveau terme à l'aide d'une définition qui en stipule les conditions d'application, a seulement pour but de donner une « abréviation », mais il est clair que ce point de vue est faux ; le souci d'abréger n'est qu'un motif parmi d'autres, qui amène à utiliser des définitions de ce type. « qualité supérieure » signifie « *A*, *B*, et *C* », mais ceci n'est pas une simple abréviation.

Ainsi, la distinction introduite ici entre la signification et l'emploi suppose que l'on fasse une distinction entre les conditions de vérité d'un côté, et, de l'autre le but ou la fonction. Si l'affirmation que cette pomme est *A*, *B*, et *C*, implique l'affirmation que cette pomme est de qualité supérieure, et si malgré cela, l'énonciation de la phrase utilisée pour la seconde affirmation a la force illocutionnaire de classer, alors que l'énonciation de la phrase utilisée pour la première affirmation a celle de décrire, c'est tout simplement parce que l'implication dépend de la signification ; et, dans le second cas, la force illocutionnaire dépend de l'emploi des termes spéciaux contenus dans la phrase. On peut toujours, en principe, faire dépendre la force illocutionnaire de la signification, mais ici, ce n'est pas le cas.

Certains pourraient penser que cet exemple n'est qu'une supercherie sous prétexte qu'il contient un terme spécial, un terme technique ; en fait, on peut appliquer le même raisonnement à bien d'autres exemples. Une affirmation *P* posée dans l'énoncé d'une phrase *S*, pourrait impliquer une affirmation *Q* posée dans l'énoncé d'une phrase *T*, même si la force illocutionnaire propre à l'énonciation de *S* était différente de la force illocutionnaire propre à l'énonciation de *T*. Supposez qu'un individu exprime au moyen d'une proposition complexe, les critères selon lesquels il juge les voitures. Supposez qu'il donne en outre une description assez détaillée de sa voiture. Supposez maintenant que la conjonction des critères et de la description suffisent à impliquer que la voiture répond aux critères donnés ; c'est-à-dire qu'étant données les précisions apportées par le locuteur, cette conjonction suffit à impliquer que c'est une bonne voiture. Cependant, lorsqu'il fournit critères et descriptions, cet individu ne *dit* pas que c'est une bonne voiture ; on ne peut pas dire non plus, sans ajouter d'autres suppositions portant sur les intentions de l'individu en question, qu'il ait même vanté les mérites de sa voiture. En réalité, cet individu se trouve *engagé* vis-à-vis du fait que c'est une bonne voiture, car ce qu'il dit, implique que, selon ses critères, c'est une bonne voiture ; mais être engagé vis-à-vis d'un tel fait ne revient absolument pas à avoir effectivement asserté la proposition que c'est une bonne voiture.

Les meilleurs exemples que l'on puisse sans doute donner de cette distinction entre signification (dans l'acception de terme qui inclut les conditions de vérité) et emploi sont fournis par les termes obscènes de l'anglais. Ces termes obscènes sont les synonymes de termes correspondants sur le plan médical, c'est-à-dire qu'ils ont même signification. Si l'on utilise le terme médical, c'est bien dans le but (entre autres) d'avoir à sa disposition un synonyme poli. Mais évidemment l'emploi des termes obscènes diffère totalement de celui de leurs synonymes polis. Si par exemple une personne accepte d'asserter une proposition qui contient l'euphémisme médical, elle ne sera peut-être pas disposée à asserter la même proposition si le terme obscène y apparaît, bien que la première proposition implique la seconde. Soit un terme obscène anglais quelconque *O*, et son équivalent médical poli *M*. La proposition : « si *Mx*, alors *Ox* », est analytique, à supposer que nous soyons disposés à employer l'expression obscène. La proposition « *Mx* » implique la proposition « *Ox* », mais asserter la proposition dans les termes contenus dans « *Mx* » n'équivaut absolument pas à l'asserter sous la même forme « *Ox* ». Si vous assertez « *Ox* » en public vous risquez la prison [24].

Le mot « nègre », par exemple, est devenu presque équivalent à un mot obscène. « Nègre » est une expression malhonnête (grossière, obscène) pour dire « noir ». On dit parfois que « nègre » a une signification à la fois descriptive et évaluative, mais il est clair que cela ne veut rien dire, car si c'était vrai, il n'y aurait alors rien à redire à la phrase : « ce n'est pas un nègre », considérée comme niant purement et simplement l'évaluation négative contenue dans « nègre », comme c'est le cas pour : « ce n'est pas un vaurien. » Mais dire : « ce n'est pas un nègre » est tout aussi mal venu que dire : « c'est un nègre »; l'emploi même de ce mot revient à une marque d'hostilité, de mépris, etc. envers les noirs; il est donc tabou.

Nous sommes loin d'avoir épuisé le sujet en ce qui concerne l'erreur de la thèse de « l'erreur naturaliste », nous reviendrons d'ailleurs, au chapitre 8, à des exemples d'un type tout à fait différent, ceux qui supposent l'existence de faits institutionnels.

---

24 *People v. Goldberg et al.* compte rendu de procès, non publié, Berkeley Superior Court (California, 1965).

7 Problèmes de référence

Je voudrais maintenant examiner la manière dont la théorie de la référence présentée au chapitre 4 s'applique à deux problèmes traditionnels en philosophie du langage, à savoir : *la théorie des descriptions définies* de Russell et la signification des noms propres.

7.1 LA THÉORIE DES DESCRIPTIONS

La célèbre théorie des descriptions définies de Russell se présente sous de nombreux aspects différents, et semble avoir passé par diverses phases au cours des travaux de Russell. Je n'examinerai qu'une partie de la théorie de Russell. Russell dit que toute phrase de la forme : « le *f* est *g* » (où « le *f* » a un emploi « primaire ») peut se traduire ou s'analyser en une phrase de forme :

$$(\exists x)(fx \,.\, (y)(fy \rightarrow y = x) \,.\, gx)$$

Désormais, lorsque je parlerai de la théorie des descriptions, c'est de cette thèse qu'il s'agira [1].

Comment interpréter cette théorie? L'interprétation minimale de la théorie des descriptions consisterait à dire qu'elle fournit un moyen de traduire certaines expressions dans le calcul des prédicats, traduction dont le seul mérite est d'avoir un intérêt pratique d'un point de vue technique. La relation existant entre les descriptions définies du langage ordinaire et les traductions fournies par la théorie de Russell est alors analogue à la

1 Je négligerai les cas où les descriptions définies apparaissent dans des contextes obliques.

relation existant entre le « si » du langage ordinaire et le signe matériel d'implication dans le calcul des propositions. Dans aucun de ces cas, la seconde expression ne doit s'interpréter comme constituant une analyse de la première, mais elle doit s'interpréter comme étant une simple transcription qui retiendrait certaines caractéristiques de l'expression primitive, et en sacrifierait d'autres. Je n'ai rien à redire à cette interprétation de la théorie des descriptions. Il n'y a pas à réfuter une théorie qui ne pose aucune exigence.

D'autre part, nous pourrions considérer la théorie des descriptions telle qu'elle a été établie originellement, c'est-à-dire, comme l'analyse du langage proprement dit. La théorie du sens et de la référence de Frege visait primitivement à être une analyse du langage, une description du fonctionnement des expressions référentielles; et si l'on se place d'un point de vue historique, Russell a envisagé sa théorie comme rivale de celle de Frege. Frege posait la question : quelle relation y a-t-il entre une expression référentielle et son référent? Et la réponse qu'il donnait était que le sens de l'expression référentielle fournit le « mode de présentation » du référent. La référence est en vertu du sens. Russell refuse de poser cette question. Pour lui, il n'y a pas de relation entre les descriptions définies et leur référent; mais il dit qu'une phrase contenant une telle expression est, sous une forme déguisée, une phrase qui asserte l'existence d'un objet [2]. C'est de ce point de vue que j'examinerai maintenant les affirmations posées dans la théorie des descriptions.

La théorie des descriptions a été vigoureusement attaquée, et de façon convaincante, par plusieurs auteurs, en particulier, par Strawson [3] et par Geach [4]. Pourquoi donc revenir à ce problème? N'est-ce pas enfoncer une porte ouverte? Le problème vaut la peine qu'on le pose à nouveau parce que la controverse a été centrée de façon abusive en premier lieu sur les hypothèses qui ont conduit Russell à formuler sa théorie, ce qui a amené ensuite à porter la discussion sur la façon dont les notions de négation et de fausseté fonctionnent par rapport à l'assertion, *à l'exclusion de tout autre type d'acte illocutionnaire*. Par cette exclusive en faveur de l'assertion, les attaquants se donnent les armes les plus faibles qu'il se puisse trouver,

2 Il considérait de plus que la description de Frege était fondamentalement incohérente. Cf. J. Searle : « Russell's objections to Frege's theory of sense and reference », *Analysis* (1958).
3 « On referring », *Mind* (1950).
4 « Russell's Theory of Descriptions », *Analysis* (1950).

tandis que les défenseurs crient victoire après avoir gagné une ou deux escarmouches sur des points mineurs. Certains opposants estiment effectivement, et à tort, que toute la controverse peut se résoudre si l'on pose cette seule question : dirions-nous plus volontiers des assertions péchant par absence de référence (par exemple : « le roi de France est chauve »), qu'elles sont fausses, ou bien éprouvons-nous de la gêne à les déclarer soit vraies, soit fausses ? Si nous disons qu'elles sont fausses, continuent-ils, la théorie des descriptions est juste, et si nous refusons pareille affirmation, la théorie ne tient pas. Penser que le problème porte réellement sur ce point est une illusion qui mène à la recherche purement éristique d'exemples artificiellement choisis, aux dépens de tout examen approfondi des raisons pour lesquelles la théorie des descriptions ne peut s'intégrer à une théorie générale cohérente des actes illocutionnaires.

Cela n'a pas grande importance que nous disions de l'assertion « le roi de France est chauve » qu'elle est fausse, sans objet ou quoique ce soit d'autre, du moment que nous comprenons *en quoi* elle est défectueuse. Le fait que, dans le langage ordinaire, nous puissions hésiter à la décrire uniquement comme étant fausse, n'est qu'un symptôme montrant qu'une théorie comme celle des descriptions, qui nous oblige à traiter cette assertion comme carrément fausse, a quelque chose d'inadéquat. Mettre en question l'assertion d'une proposition de schéma : sujet singulier — prédicat, parce que l'expression prédicative est fausse pour l'objet auquel réfère l'expression sujet, c'est *une chose*. La mettre en question parce qu'il n'existe pas d'objet auquel réfère l'expression sujet et pour lequel l'expression prédicative puisse être soit vraie soit fausse est *tout autre chose*. Nous pouvons, si nous voulons, considérer qu'il y a assertion fausse dans les deux cas, et distinguer en conséquence deux négations : une négation « externe » et une négation « interne ». Bien que ce ne soit pas faux, cela risque de voiler la différence profonde qui existe entre les deux situations. Je dirais même, en toute rigueur que, même si nous découvrions, à l'encontre de Strawson, que la plupart des sujets parlants qualifient de fausse l'assertion ci-dessous, cela en aucun cas ne modifierait les griefs que l'on peut formuler contre la théorie des descriptions.

Le meilleur moyen d'évaluer cette théorie, consiste à l'examiner en relation avec la théorie générale des actes de langage esquissée dans les chapitres 1,5. De ce point de vue, l'objection fondamentale qu'on peut lui faire revient simplement à ceci : elle présente l'acte propositionnel de référence définie, lorsqu'il est effectué à l'aide de descriptions définies (ou même, d'après Russell, à l'aide de noms propres ordinaires), comme équivalent à l'acte illocutionnaire que représente l'assertion d'une proposition d'existence et d'unicité, et il est impossible d'intégrer de façon cohérente une telle théorie à une théorie des actes illocutionnaires. Il n'y a aucune possibilité d'identifier un acte propositionnel à l'acte illocutionnaire d'assertion, car l'acte propositionnel ne peut intervenir qu'à l'intérieur d'un acte illocutionnaire quelconque, jamais il ne peut apparaître isolément. D'autre part, faire une assertion, c'est accomplir un acte illocutionnaire complet. Une tentative comme celle de Russell, visant à assimiler à l'assertion un certain type propositionnel, s'effondre dès que nous considérons des exemples de tels actes propositionnels accomplis à l'intérieur d'actes illocutionnaires qui ne sont pas des assertions, nous allons le montrer.

Comment se fait-il que la référence puisse être présentée comme équivalente à un genre particulier d'assertion ? Une affirmation de forme « le *f* est *g* » devient, traduite en termes russelliens :

$$(\exists x)(fx \,.\, (y)(fy \rightarrow y = x) \,.\, gx)$$

Dans la formulation primitive on ne trouve que le prédicat accompagné d'une expression référentielle, expression qui ne constitue pas une phrase et ne suffit pas à réaliser un acte illocutionnaire. Mais la version traduite, elle, suffit, en dehors du segment qui contient l'expression prédicative primitive, à la réalisation d'un acte d'assertion : ceci est nécessaire pour que soit satisfaite l'affirmation de Russell selon laquelle tout locuteur qui asserte une proposition péchant par absence de référence, asserte une proposition fausse. L'énoncé de la phrase doit nécessairement contenir une assertion complète, même s'il n'existe aucun objet pour lequel le prédicat de la phrase primitive puisse être soit vrai, soit faux.

Mais, nous dira-t-on, que cela ne constitue pas une objection à la théorie de Russell : la référence n'est peut-être qu'un type d'assertion, et c'est faire une pétition de principe que de supposer le contraire. Pour répondre à cette objection, il faut tout d'abord montrer la faiblesse de l'argument qui amènerait à accepter l'analyse de Russell, et montrer ensuite les conséquences fâcheuses d'une telle acceptation lorsqu'on essaie de généraliser l'analyse.

Ce qui rend plausible la théorie des descriptions de façon globale, une fois éliminés les paradoxes, tient au fait qu'elle pose comme condition préalable à toute réalisation effective d'un acte de référence, l'existence de l'objet auquel il est fait référence (axiome d'existence). Il s'ensuit qu'une proposition qui renferme cette référence ne peut être vraie, si la proposition posant l'existence de l'objet est fausse. Cependant, de façon absolument générale, le fait qu'un certain type d'acte ne puisse se réaliser qu'à certaines conditions, n'a jamais permis de déduire que la réalisation de cet acte constitue, par elle-même, l'assertion que ces conditions sont satisfaites. Il ne viendrait à l'idée de personne de supposer que frapper *X*, c'est asserter que *X* existe, et pourtant l'existence de *X* est tout aussi indispensable pour que je puisse effectivement frapper *X*, qu'elle l'est pour que je puisse effectivement référer à *X*. Ainsi, l'argument qui paraissait justifier la théorie des descriptions, à savoir qu'on ne peut asserter comme vrai quelque chose de la forme « le *f* est *g* », s'il n'existe aucun objet auquel « le *f* » fasse référence, cet argument ne la justifie absolument pas; il ne reste donc plus qu'à examiner les conséquences qui résulteraient d'une généralisation de l'analyse pour tous les types d'actes illocutionnaires.

La référence, nous l'avons vu, peut appartenir à une grande variété d'actes illocutionnaires, non seulement aux assertions, mais aux questions, ordres, promesses, etc... Et il est certain qu'accepter la théorie des descriptions de façon cohérente nous amène à adopter la même analyse pour les mêmes expressions référentielles qui apparaissent dans tous ces actes. Mais allons-nous vraiment dire que tout locuteur qui demande : « le roi de France est-il chauve ? », ou qui ordonne : « portez ceci au roi de France ! » fait une assertion fausse, sous prétexte qu'il n'y a pas de roi de France ? Ou bien devrions-nous dire — ce qui serait aussi absurde — qu'un locuteur qui poserait la question : « le roi de France est il chauve ? » demande en fait, entre autres choses, s'il existe ou non un roi de France ? Je voudrais montrer par ceci que dès que nous voulons appliquer la théorie *de façon générale* à tous les types d'actes de langage, sa faiblesse devient évidente, et cette évidence nous reste cachée tant que nous nous limitons aux cas des *assertions* ou des affirmations.

Examinons de plus près l'application de l'analyse de Russell à l'ensemble des actes illocutionnaires. Dès que nous cherchons à analyser les questions, les ordres, etc. selon cette théorie, nous nous trouvons face au dilemme suivant : ou bien nous devons considérer que tout acte illocutionnaire impliquant l'emploi d'une description définie constitue en fait deux actes de langage : l'assertion d'une proposition existentielle *et* une question ou un ordre quelconque, portant sur l'objet dont on a asserté l'existence, ou bien alors, nous devons considérer que le type d'acte de langage accompli lorsque l'on énonce la phrase primitive, englobe la traduction tout entière, y compris la phrase existentielle. Par exemple, nous devrons interpréter : « le roi de France est-il chauve? » soit comme : « il y a un être et un seul qui soit roi de France. Cet être est-il chauve? », soit comme « y a-t-il un être et un seul qui soit roi de France et cet être est-il chauve? ». Si nous nous donnons les symboles suivants : « ⊢ » comme marqueur de force illocutionnaire pour l'assertion, « ? » comme marqueur de force illocutionnaire pour la question, et les crochets carrés pour indiquer la portée du marqueur de force illocutionnaire, nous avons le choix entre :

1. $\vdash\ [(\exists\, x)\,(fx\,.\,(y)\,(fy \rightarrow y = x))]\,.\ ?\ [gx)]$ [5] et
2. $?\ [(\exists\, x)\,(fx\,.\,(y)\,(fy \rightarrow y = x)\,.\,gx)]$

Ces deux interprétations nous mènent à des absurdités. Considérez ce que donne la généralisation de la seconde solution : est-il plausible de supposer que toute question comportant l'emploi d'une description définie porte sur l'existence du référent de cette description? Et ce ne sont pas les questions qui pâtissent le plus du fait de cette interprétation, les ordres deviennent inanalysables. Il ne viendrait à l'esprit de personne de supposer que l'ordre : « porte ceci au roi de France », ordonne l'existence du roi de France. De plus, certaines locutions parfaitement sensées en viennent à se contredire elles-mêmes; par exemple la phrase : « supposez que l'auteur de *Waverley* n'ait jamais écrit *Waverley* », qui peut être utilisée dans le discours ordinaire pour exprimer une supposition qui a un sens, doit, d'après cette interprétation, se traduire comme suit : « supposez qu'il ait existé un être et un seul qui ait écrit *Waverley* et que cet être n'ait pas écrit *Waverley* », ce qui n'est plus une supposition ayant un sens, mais une contradiction. Cette interprétation est donc inutilisable, il nous faut par conséquent examiner l'autre interprétation possible.

Tout acte illocutionnaire dans lequel une description définie est utilisée pour référer, sera considéré comme étant *à la fois* l'assertion d'une proposition existentielle et un autre acte de langage quelconque portant sur l'objet dont l'existence est assertée. Mais ceci encore aboutit à des résultats absurdes. Nous trouverions absurde de répondre à l'ordre : « portez ceci à la reine d'Angleterre », par « ce que vous dites est vrai, elle existe effectivement ». Ce commentaire est absurde car un ordre n'est pas une assertion,

5 Suppose que les quantificateurs peuvent parfois porter au-delà des limites des marqueurs de force illocutionnaire. Ceci paraît être une hypothèse raisonnable, car c'est bien le cas des pronoms dans les langues naturelles, par exemple; « un homme est arrivé. L'avez-vous vu? »

ne contient pas d'assertion. Il est également absurde de croire que la question : « la reine d'Angleterre connaît-elle le roi de France ? » comporte deux assertions dont l'une est vraie, l'autre, fausse. A quiconque poserait une telle question, nous ferions évidemment remarquer qu'il y a un défaut dans sa question, qu'il est impossible d'y répondre, mais c'est tout autre chose que de l'accuser d'avoir posé une assertion fausse, puisqu'il n'a rien asserté ; il a seulement posé, ou voulu poser une question. La référence, en tant qu'institution, est de nature tout à fait différente des institutions que sont les assertions, les questions ou les ordres. La référence ne se situe pas au même niveau, car elle ne représente qu'une partie d'un acte illocutionnaire effectivement accompli, elle n'est pas, elle-même, un type d'acte illocutionnaire. D'où l'absurdité de vouloir analyser les actes illocutionnaires qui supposent l'emploi d'une description définie comme s'ils contenaient une assertion.

Ces deux interprétations représentent les deux seuls manières plausibles d'appliquer la théorie des descriptions à tous les types d'actes illocutionnaires. Aucune des deux n'est adéquate. Il faut donc rejeter la théorie.

7.2 LES NOMS PROPRES

A première vue, rien ne semble plus facile à comprendre en philosophie du langage que l'emploi des noms propres : voici le nom, voilà l'objet. Le nom représente l'objet.

Cette position est évidemment juste, mais elle n'explique rien. Que veut-on dire par « représente » ? Et comment la relation marquée par « représente » pourrait-elle être d'abord établie ? Les noms propres « représentent »-ils, de la même manière que les descriptions définies sont dites « représenter » ? Ces questions ainsi que d'autres que je discuterai dans cette section peuvent se ramener à la question suivante : « les noms propres ont-ils un sens ? » Cette question revient à se demander tout d'abord quel rapport il y a, s'il y en a un, entre la façon dont une description définie isole son référent et la façon dont le fait un nom propre. Le nom propre est-il réellement une description abrégée ? Les deux réponses contradictoires données à cette question se fondent, nous le verrons, sur deux données opposées : d'une part, le fait que les noms propres servent presque exclusivement à accomplir l'acte de langage de référence, et d'autre part, les moyens nécessaires et les conditions préalables à la réalisation de cet acte, que nous avons examinés au chapitre 4 — spécialement la condition exprimée dans le principe d'identification.

La première réponse se formule approximativement comme ceci : les noms propres n'ont pas de sens, ce sont des marques sans signification; ils dénotent, mais ne connotent pas (Mill) [6]. L'argument utilisé ici est que, tandis qu'une description définie réfère à un objet, uniquement du fait qu'elle décrit un *aspect* de cet objet, le nom propre, lui, ne *décrit* pas l'objet. Savoir qu'une description définie s'applique à un objet, c'est connaître un fait à propos de cet objet, mais savoir son nom, ce n'est pas, jusqu'à preuve du contraire, connaître un fait, quel qu'il soit, se rapportant à lui. Cette différence entre noms propres et descriptions définies est encore illustrée par le fait que nous sommes toujours en mesure de transformer une description définie (une expression référentielle) en une expression prédicative ordinaire, en substituant simplement un article indéfini à l'article défini, exemple : « un homme » à « l'homme ». Les noms propres n'admettent pas en général une telle transformation. Lorsque nous plaçons un article défini devant un nom propre, c'est ou bien une façon abrégée d'exprimer certaines caractéristiques du porteur du nom (exemple : « c'est un Napoléon » signifie : « il ressemble à Napoléon par bien des côtés »), ou bien c'est la forme abrégée d'une expression qui appartiendrait au mode formel et qui porterait sur le nom lui-même (exemple : « C'est un Robert » signifie : « Il s'appelle Robert »). En définitive, nous utilisons le nom propre pour référer et non pour décrire; le nom propre ne prédique rien à propos de l'objet, et par conséquent n'a pas de sens.

Le bon sens le plus élémentaire nous amène à penser que cette réponse doit être juste, et pourtant, bien qu'elle bénéficie d'une très forte plausibilité, nous verrons qu'elle ne peut être juste, du moins pas sous la forme où elle se présente, car trop de faits militent contre elle. Tout d'abord, considérons quelques-uns des pièges d'ordre métaphysique où nous nous laisserions probablement prendre si nous acceptions sans discussion un tel point de vue. Nous avons tendance à dire que le nom propre n'est pas relié à l'un ou l'autre des *aspects* de l'objet, comme c'est le cas pour les descriptions, mais qu'il s'attache à l'objet lui-même. Ceci représente un premier pas vers la notion de substance, car cette notion s'attache à ce que l'on croit être une distinction métaphysique fondamentale entre objets et

6 J. S. Mill, *A System of Logic* (Londres et Colchester, 1949), livre I, chapitre 2, paragraphe 5.

propriétés (ou aspects des objets), et cette distinction vient du fait de la différence que l'on suppose exister entre noms propres et descriptions définies. Ce genre de confusion se retrouve dans le *Tractatus* où il est dit : « Le nom signifie l'objet. L'objet est la signification du nom » (3 203) [7]. Mais il faut noter les paradoxes intéressants auxquels ceci mène directement : la signification des mots, semble-t-il, ne peut dépendre d'aucun fait contingent quel qu'il soit, qui appartienne à la réalité, car il nous est toujours possible de décrire la réalité, même lorsque les faits se modifient. Pourtant, l'existence des objets ordinaires — personnes, villes, etc. — est contingente, par conséquent, l'existence d'une signification pour leur nom est contingente. Les noms des objets ordinaires ne sont donc pas les noms réels ! Il existe forcément une classe d'objets dont l'existence n'est pas un fait contingent, et ce sont les noms de ces objets qui sont les noms réels [8]. Que signifie ceci ? Ce raisonnement illustre, lui aussi, clairement le péché originel de toute métaphysique : cette tentative de transposer au niveau du monde les caractéristiques réelles, ou supposées telles, du langage.

Cette thèse selon laquelle il existe une séparation fondamentale d'ordre métaphysique entre objets et propriétés, entraîne habituellement la réplique suivante : les objets ne sont qu'une collection de propriétés [9]. La première thèse est issue de la distinction entre référence et prédication, la seconde est issue d'une tautologie : tout ce qui peut être dit à propos d'un objet, peut se donner par des descriptions de cet objet. Mais ces deux thèses relèvent du non sens, aussi bien l'une que l'autre. C'est un non-sens de croire qu'un objet est constitué par la combinaison de ce qu'il est dans ses propriétés, plus ses propriétés; c'est également un non-sens de croire qu'un objet est une réunion ou une collection de propriétés. Encore une fois, ces deux points de vue trouvent leur origine commune dans l'erreur métaphysique qui consiste à tirer des conclusions de nature ontologique à partir de thèses d'ordre linguistique.

Il y a trois objections à faire à la thèse selon laquelle les noms propres n'ont pas de sens :

---

7 L'affirmation de Mill, que les noms propres n'ont pas de signification, pourrait paraître incompatible avec celle de Wittgenstein : les objets sont la signification des noms. (Ambiguïté sur « signifier » « mean » et « bedeuten »). En fait, pour les deux, les noms propres ont des référents, mais pas de sens.

8 Cf. aussi *Platon : Le Théétète*.

9 Exemple : Russell : *An Inquiry into Meaning and Truth* (Londres, 1940), p. 97.

1. Nous utilisons les noms propres dans des propositions existentielles, exemple : « il y a un continent de l'Afrique », « Cerbère n'existe pas ». On ne peut pas dire qu'ici les noms propres réfèrent, car il est impossible que ce type de sujet d'une proposition existentielle puisse référer. S'il référait, la condition préliminaire pour que la proposition ait une valeur de vérité garantirait en même temps que la proposition est vraie (si elle est affirmative), ou fausse (si elle est négative). (Ce qui n'est qu'une façon de dire qu'« existe » n'est pas un prédicat). Toute affirmation d'existence pose qu'un certain prédicat est vrai d'un objet au moins (selon les termes de Frege, l'existence est un concept au second degré [10]). Une affirmation d'existence ne réfère pas à un objet pour établir qu'il existe, mais plutôt elle exprime un concept et pose que ce concept est vrai d'un objet au moins. Ainsi, si un nom propre apparaît dans une affirmation d'existence, il doit avoir un contenu conceptuel ou descriptif quelconque. Certains philosophes, avec Russell [11], ont cherché à éluder ce problème en disant que de telles expressions ne sont pas *réellement* des noms propres, manœuvre désespérée qui montre les erreurs que doivent contenir les hypothèses conduisant à un tel résultat.

2. Les phrases qui comportent des noms propres peuvent être utilisées pour poser des affirmations d'identité transmettant des informations sur le plan des faits et non pas seulement sur le plan linguistique. Ainsi la phrase : « l'Everest est le Chomolungma » peut être employée pour une assertion d'ordre géographique et non simplement d'ordre lexicographique. Et cependant, si les noms propres n'avaient pas de sens, l'assertion ne transmettrait alors aucune autre information que l'assertion posée dans la phrase : « l'Everest est l'Everest ». Il semble donc que les noms propres doivent avoir un contenu descriptif, qu'ils doivent avoir un sens. Ceci représente en substance, l'argumentation qui a conduit Frege à dire que les noms propres ont un sens [12].

3. Le principe d'identification veut que l'énoncé d'un nom propre

---

10 *Grundgesetze der Arithmetik* (Iéna, 1893), vol. 1, section 21.

11 « The Philosophy of Logical Atomism » R. Marsh (éd.), *Logic and Knowledge* (Londres, 1956), p. 200.

12 Mais, avec une obstination manifeste, il a refusé de voir que cette manière de rendre compte des affirmations d'identité permet d'expliquer l'emploi des noms propres dans les propositions existentielles. Il considérait comme un non-sens d'employer un nom propre dans une proposition existentielle. « Über die Grundlagen der Geometrie II » *Jahresbericht der Deutschen Mathematiker-Vereinigung* (1903), p. 373.

communique une description exactement de la même manière que l'énoncé d'une description définie doit le faire si l'on veut que la référence soit complète. Il semble qu'on puisse déduire de ceci qu'un nom propre est un type de description abrégée.

Ces trois objections aboutissent à la même conclusion, à savoir que les noms propres sont des descriptions définies abrégées.

Il semble cependant que cette conclusion ne puisse être juste, car mise à part son invraisemblance criante, elle est incompatible avec un trop grand nombre de vérités évidentes. Premièrement, si c'était bien le cas que le nom propre soit une description abrégée, alors il devrait être possible de fournir à titre de définition, des descriptions substituables aux noms propres; mais en général, nous n'avons pas de définition pour les noms propres. Dans ce qu'on appelle dictionnaires de noms propres, on trouve des descriptions des porteurs de ces noms, mais, dans la majeure partie des cas, ces descriptions ne sont pas les équivalents des noms propres sur le plan de la définition puisqu'elles ne sont qu'accidentellement vraies des porteurs du nom.

Non seulement nous ne disposons pas d'équivalents sur le plan des définitions, mais de plus, il n'est pas évident que nous puissions en trouver qui se substituent aux noms propres dans tous les cas. Si nous essayions de présenter la description complète d'un objet comme étant le sens du nom de cet objet, des conséquences curieuses risqueraient de s'ensuivre. Toute proposition vraie d'un objet et utilisant son nom comme sujet grammatical, serait analytique; si elle est fausse, alors elle devrait contenir une « contradiction »; la signification du nom (et peut-être l'identité de l'objet) changerait chaque fois qu'il y aurait une modification quelconque de l'objet; le nom aurait différentes significations suivant les locuteurs, etc. Il semble donc bien que cette thèse selon laquelle les noms propres sont des descriptions, ne puisse, elle non plus, être vraie.

Nous nous trouvons confrontés ici à un bel exemple de problème philosophique : d'une part le bon sens nous fait conclure que le nom propre n'appartient pas à l'univers des descriptions, mais qu'il a une réalité *sui generis*, et d'autre part, à l'opposé, une série de considérations théoriques nous font conclure que le nom propre doit être une description définie abrégée. Cependant à cette thèse aussi, nous pouvons opposer de solides arguments. Ce problème admet une solution que je vais essayer de démontrer ici.

Nous pourrions reformuler notre première question : « les noms propres ont-ils un sens ? » de la façon suivante : « les emplois référentiels des noms propres peuvent-ils impliquer logiquement des prédicats descriptifs ? » ou plus simplement : « une proposition dont le sujet est un nom propre et le prédicat une expression descriptive, peut-elle être analytique ? [13] » Mais cette question peut s'interpréter sous deux formes, l'une faible, l'autre forte : (*a*) interprétation faible : « une affirmation quelconque de ce type peut-elle même être analytique ? », et (*b*) interprétation forte : « une affirmation qui a pour sujet un nom propre et pour prédicat une description identifiante peut-elle être analytique ? »

Examinons la première question. Le nom propre a pour caractéristique d'être employé pour référer au *même* objet en *différentes* occasions. L'emploi du même nom à différents moments de l'histoire de l'objet présuppose que l'objet reste le même; l'une des conditions nécessaires à l'identité de référence est l'identité de l'objet de la référence. Mais présupposer l'identité de l'objet, c'est présupposer l'existence d'un critère d'identité, ce qui revient à présupposer que le locuteur est capable de répondre à la question : « en vertu de quoi l'objet auquel il est fait référence par le nom N au temps t_1, est-il identique à l'objet auquel il est fait référence par le même nom au temps t_2 ? » ou, dit plus simplement : « l'objet au temps t_1 est le même "*quoi*".. que l'objet au temps t_2 ? » La place marquée par « quoi » est à remplir par un terme général descriptif; c'est la même montagne, la même personne, la même rivière, le terme général fournissant dans chaque cas un critère temporel d'identité. Ceci nous permet de répondre par l'affirmative à la question la plus faible. A tout nom propre est associé analytiquement un certain terme général : l'Everest est une montagne, le Mississippi est un fleuve, de Gaulle est une personne. Tout objet qui ne serait pas une montagne, ne pourrait pas être l'Everest, etc. car, pour assurer la continuité de la référence, il nous faut un critère d'identité, et c'est le terme général associé au nom qui fournit ce critère. Même si l'on voulait affirmer que de Gaulle peut se transformer en arbre ou en cheval tout en restant de Gaulle, il faudrait un critère d'identité quelconque. De Gaulle ne pourrait se transformer en

13 Naturellement, pour l'une des acceptions du terme « analytique », une telle proposition sujet-prédicat ne peut pas être analytique, puisque c'est en général un fait contingent que l'expression sujet ait même un référent et donc que la proposition ait une valeur de vérité. Pour répondre à cette objection, nous pouvons ou bien définir « analytique » comme suit : « p est analytique $=$ *df.* si p a une valeur de vérité, alors p est vraie par définition », ou bien reformuler comme suit la question primitive : « une proposition de la forme $=$ « si quelque chose est S, cette chose est P » peut-elle être analytique lorsque S est remplacé par un nom propre et P par un prédicat descriptif ? »

quoi que ce soit, en un nombre premier par exemple, tout en restant de Gaulle, et dire ceci, c'est dire qu'un certain terme ou un certain groupe de termes est analytiquement associé au nom « de Gaulle ».

Prévenons tout de suite une objection : il serait tentant de dire que s'il y a un objet que nous appelons habituellement « l'Everest » la propriété d'être appelé « l'Everest » suffit à garantir qu'il s'agit toujours du même objet. Mais ce qui stipule l'analyse ci-dessus, c'est que nous sommes justifiés à appeler cet objet « l'Everest », uniquement si nous pouvons dire pourquoi nous supposons qu'il s'agit du même objet que celui que nous appelions jusqu'alors « l'Everest », et donner comme raison qu'il s'appelle « l'Everest », serait circulaire. En ce sens au moins, les noms propres « connotent » effectivement.

Mais répondre affirmativement à la question faible n'entraîne pas que l'on réponde également par l'affirmative à l'autre; or c'est la réponse à la question forte qui permettra de façon déterminante de décider si oui ou non le nom propre a un sens, dans l'emploi que Frege et moi faisions de ce terme. Car, selon Frege, le sens d'un nom propre renferme le « mode de présentation » qui permet d'identifier le référent; or il est évident qu'un simple prédicat descriptif ne fournit pas ce mode de présentation. Que Socrate soit un homme peut être analytiquement vrai, mais le prédicat « homme » n'est pas une description qui permette d'identifier Socrate.

Examinons donc la formulation la plus forte de notre question à la lumière du principe d'identification. D'après ce principe, quiconque utilise un nom propre doit être prêt à lui substituer une description identifiante (se rappeler que les descriptions identifiantes incluent les présentations déictiques) de l'objet auquel réfère le nom propre. S'il est incapable de le faire, nous dirons qu'il ne sait pas de qui ou de quoi il parle, et c'est cette considération qui nous incite, comme elle a, avec d'autres, incité Frege, à dire que le nom propre a un sens, et que la description identifiante constitue ce sens. Qu'est-ce qu'apprendre un nom propre? Supposons que vous me disiez : « considérez Thaklates, dites-moi ce que vous pensez de Thaklates ». Si je n'ai jamais rencontré ce nom auparavant, je ne peux que répondre : « qui est-ce? » ou « qu'est-ce que c'est? ». Votre réaction — qui, selon le principe d'identification, consiste à me fournir soit une présentation déictique, soit un ensemble de descriptions — ne me donnera-t-elle pas le sens de ce nom, exactement de la même manière dont vous m'auriez donné le sens d'un terme général? N'est-ce pas là définir le nom?

Nous avons déjà discuté plusieurs des objections faites à ce point de vue; une autre objection consiste à dire que la description qu'un locuteur est prêt à donner pour le nom, peut ne pas être la même que celle que donnerait un autre locuteur. Dirons-nous que ce qui est vrai par définition pour l'un est seulement contingent pour l'autre? Remarquez la manœuvre que doit entreprendre Frege sur ce point :

> « Supposez encore qu'Herbert Garner sache que le Dr Gustav Lauben est né le 13 septembre 1875 à N. H. et que ceci ne soit vrai de personne d'autre; face à cela, supposez qu'il ne sache pas où habite maintenant le Dr Lauben ou qu'il ne sache même rien de plus sur lui. Supposez d'autre part que Leo Peter ne sache pas que le Dr Lauben est né le 13 septembre 1875 à N. H. Il s'ensuit que, pour ce qui du nom propre « Dr Gustav Lauben », Herbert Garner et Leo Peter ne parlent pas le même langage, étant donné que, bien qu'ils réfèrent effectivement au même homme à l'aide de ce nom, ils n'ont pas conscience de ce fait [14] ».

Ainsi, selon Frege, si nous n'avons pas le même arrière-plan descriptif pour le nom en question, ce n'est même pas le même langage que nous utilisons. Cependant, à l'encontre de ceci, il est à noter combien il est rare que nous considérions un nom propre comme faisant partie d'*une* langue particulière à l'exclusion de toute autre.

De plus, il se peut que je découvre que ma description identifiante n'est pas vraie pour l'objet en question et que je continue malgré cela à utiliser le nom de cet objet. Je peux très bien apprendre à utiliser le nom « Aristote » si l'on me dit que c'est le nom d'un philosophe grec né à Stagire, mais si par la suite les savants m'affirment qu'Aristote n'est pas du tout né à Stagire mais à Thèbes, je n'irai pas les accuser de contradiction. Examinons cependant ce point de plus près : il se peut que les savants découvrent qu'un détail *particulier* communément admis à propos d'Aristote est faux. Mais cela a-t-il un sens de supposer que tout ce qu'on a pu croire être vrai d'Aristote est un fait faux pour l'Aristote qui a réellement existé? Non, bien évidemment, et ceci nous fournit un embryon de réponse à la question que nous avons posée.

Supposez que nous demandions à ceux qui emploient le nom « Aristote » de formuler les faits qui leur paraissent essentiels et sûrs à propos de ce nom. Leurs réponses constitueraient un ensemble de descriptions iden-

---

14 « The Thought : a logical inquiry », version traduite en anglais par A. et M. Quinton dans *Mind* (1956), p. 297.

tifiantes et je voudrais montrer que bien qu'aucune d'entre elles ne soit par elle-même analytiquement vraie d'Aristote, leur disjonction l'est. Autrement dit, supposez que nous disposions de procédés indépendants pour identifier un objet, quelles sont dans ce cas les conditions qui me permettent de dire de cet objet : « c'est Aristote » ? Je voudrais démontrer que ces conditions, qui représentent la puissance descriptive de l'affirmation, seront satisfaites s'il existe un nombre suffisant, mais non spécifié, de ces affirmations (ou descriptions) qui soient vraies de cet objet. En définitive, si aucune des descriptions identifiantes d'un objet, tenues pour vraies par ceux qui se servent du nom de cet objet, ne s'avère être vraie d'un objet localisé de façon indépendante, alors, cet objet ne peut être identique à celui qui porte le nom en question. C'est une condition nécessaire pour qu'un objet puisse être Aristote, qu'il satisfasse au moins à certaines de ces descriptions. Ce qui revient à dire que la disjonction de ces descriptions est analytiquement associée au nom « Aristote » — et ceci est une réponse quasi-affirmative à la question : « les noms propres ont-ils un sens ? » dans sa formulation la plus forte.

Ma réponse à la question : « les noms propres ont-ils un sens ? » — si elle équivaut à demander si oui ou non les noms propres sont utilisés pour décrire ou spécifier les caractéristiques des objets — sera donc : « non ». Mais si elle équivaut à demander si oui ou non les noms propres sont logiquement reliés aux caractéristiques de l'objet auquel ils réfèrent, la réponse est : « oui, de façon assez lâche ».

Pour certains philosophes, dire que le même mot peut servir de nom à plus d'un seul objet, représente une objection à ce type d'analyse. Or, ce fait n'a rien à voir avec mon analyse et ne saurait constituer une objection. Que plusieurs individus différents soient appelés « John Smith » ne relève pas plus de la question : « les noms propres ont-ils un sens ? » que le fait que certains groupements de personnes, ainsi que certaines pièces de linge, puissent s'appeler « bandes », ne relève de la question : « les termes généraux ont-ils un sens ? » « Bande » et « John Smith » sont tous deux affectés d'un certain type d'homonymie, mais on ne prouve pas qu'un mot n'a pas de sens en faisant remarquer qu'il en a plusieurs. J'aurais considéré cette remarque trop évidente pour qu'il soit nécessaire de la formuler, si presque tous les philosophes à qui j'ai présenté mon analyse ne m'avaient fait cette objection.

Ce que j'ai dit est une sorte de compromis entre Mill et Frege. Mill avait raison de penser que les noms propres n'impliquent aucune description particulière, qu'ils n'ont pas de définition, mais c'est à juste titre que Frege supposait que tout terme singulier doit comporter un mode de présentation et donc, d'une certaine façon, avoir un sens. Son erreur a été de considérer comme définition la description identifiante que nous pouvons substituer au nom de l'objet.

Je fais remarquer en passant que la description : « la personne qui s'appelle *X* » ne permet pas de satisfaire, au moins pas par elle-même, au principe d'identification. Car si vous me demandez : « qui est *X ?* » et que je vous réponde : « la personne qui s'appelle *X* », même s'il n'y a qu'un seul homme à s'appeler *X*, je dis simplement qu'il s'agit de la personne à laquelle les gens réfèrent par le nom « *X* ». Mais s'ils réfèrent à cette personne par le nom « *X* », ils doivent en outre être prêts à substituer à « *X* » une description identifiante, et si à leur tour ils donnent la description : « la personne qui s'appelle *X* », la question est seulement reportée au stade suivant et il est impossible de continuer ainsi indéfiniment sans circularité ou sans remonter à l'infini, de référence. La référence que je fais à un individu peut venir en parasite sur la référence faite par quelqu'un d'autre, mais pour qu'il y ait vraiment référence, cette dépendance ne peut être reportée indéfiniment.

Pour cette raison, si l'on me demande le sens — à supposer qu'il y en ait un — d'un nom propre « *X* », et si je réponds que son sens, une partie au moins, est : « s'appelle *X* », je n'ai absolument pas répondu à la question. Il est vraiment très étonnant que cette erreur soit si largement répandue [15].

L'analyse que j'ai donnée des noms propres nous permet de rendre compte de tous les points de vue apparemment incompatibles exposés au début de cette section. Comment se fait-il qu'un nom propre puisse apparaître dans une affirmation existentielle ? Une affirmation telle : « Aristote n'a jamais existé », établit qu'un nombre suffisant, mais non spécifié, de descriptions se rapportant à « Aristote » sont fausses. On ne sait pas encore quelles sont, parmi ces descriptions, celles qui sont assertées comme étant fausses, car, à ce point, les descriptions se rapportant à « Aristote » n'ont pas encore été précisées. Supposez que, parmi les propositions que l'on estime vraies pour Aristote, la moitié soit vraie pour un homme, et l'autre moitié, vraie pour un autre, en déduirons-nous qu'Aristote n'a jamais existé ? La réponse à cette question ne se donne pas d'elle-même.

De façon analogue, il est facile de rendre compte des affirmations d'identité où sont utilisés des noms propres. « L'Everest est le Chomo

15 Exemple, A. Church, *Introduction to Mathematical Logic* (Princeton, 1956), p. 5.

lungma » établit que les descriptions se rapportant aux deux noms sont vraies pour le même objet. Si les descriptions se rapportant aux deux noms sont les mêmes ou si l'une inclut l'autre, aux yeux de la personne qui pose l'assertion, l'affirmation est analytique; si ce n'est pas le cas, alors elle est synthétique. Frege avait remarqué à juste titre que, si nous utilisons des noms propres pour poser des affirmations d'identité qui apportent de l'information, les noms propres ont alors nécessairement un sens, mais il s'est trompé en supposant que ce sens est aussi immédiat que dans le cas des descriptions définies. Son exemple célèbre de « l'étoile du matin = l'étoile du soir » l'a induit en erreur ici, car bien que le sens de ces noms soit assez immédiat, ces expressions ne sont pas des noms propres purs, mais se situent plutôt à la frontière des descriptions définies et des noms propres.

En outre, nous voyons maintenant comment l'énoncé d'un nom propre satisfait au principe d'identification : si le locuteur et l'auditeur associent tous deux une certaine description identifiante au nom en question, alors l'énoncé de ce nom suffit à satisfaire au principe d'identification, car le locuteur et l'auditeur sont tous deux en mesure de lui substituer une description identifiante. L'énoncé du nom propre communique une proposition à l'auditeur. Il n'est pas nécessaire qu'ils fournissent tous deux la même description identifiante, pourvu que les descriptions qu'ils donnent soient effectivement vraies du même objet.

Nous avons vu que, dans la mesure où l'on peut dire que les noms propres ont un sens, ce sens est imprécis. Il nous faut maintenant rechercher les raisons de cette imprécision. Est-ce un fait purement fortuit que nous ne sachions pas quelles sont exactement les caractéristiques qui constituent les conditions nécessaires et suffisantes à l'emploi d'un nom propre, est-ce le résultat d'une analyse linguistique trop peu aprofondie ? Ou bien, cela tient-il aux fonctions dont sont chargés les noms propres ? Se demander quels sont les critères d'emploi du nom « Aristote », c'est demander, dans un mode d'expression formel, ce qu'est Aristote; c'est rechercher un ensemble de critères d'identité s'appliquant à l'objet Aristote. « Qu'est-ce qu'Aristote ? » et « quels sont les critères d'emploi du nom « Aristote » ? ne représentent qu'une seule et même question, la première se situe sur un plan matériel, la seconde à un niveau formel de langage. Si donc, avant d'utiliser ce nom, nous nous entendions sur les caractéristiques précises qui constituent l'identité d'Aristote, nos règles d'emploi de ce nom seraient des règles précises. Mais cette précision ne serait obtenue qu'en admettant que toute utilisation de ce nom entraîne certaines descriptions *spécifiques*. Dans ce cas, le nom lui-même deviendrait l'équivalent logique de cet ensemble de descriptions. Mais s'il en était ainsi, nous ne pourrions référer à un objet qu'en en donnant une description, alors qu'en réalité, c'est précisément ce qui nous permet d'éviter l'institution du nom propre, et ce qui distingue le nom propre des descriptions définies. Si les critères d'emploi des noms propres étaient dans tous les cas absolument rigides et spécifiques, le nom propre ne serait rien d'autre qu'une formulation abrégée de ces critères, il fonctionnerait exactement comme une description définie un peu élaborée. Mais ce qui fait l'originalité des noms propres et ce qui les rend d'une grande utilité d'un point de vue pragmatique, c'est précisément qu'ils nous permettent, lorsque nous parlons, de référer à des objets sans que nous ayons à nous poser de problèmes et à nous entendre sur les caractéristiques descriptives qui doivent exactement constituer l'identité de l'objet. Ils fonctionnent non pas comme des descriptions, mais comme des clous auxquels on accroche les descriptions. L'imprécision des critères en ce qui concerne les noms propres est donc une condition nécessaire pour isoler la fonction référentielle de la fonction descriptive du langage.

Pour voir ce point sous un angle différent, supposez que nous demandions « à quoi servent les noms propres ? » — Évidemment, à référer à des individus. « Mais les descriptions pourraient bien remplir ce rôle. » — Oui, mais il faudrait dans ce cas, spécifier les conditions d'identité chaque fois que l'on fait une référence : supposez que nous convenions d'abandonner « Aristote » pour utiliser, disons, « le maître d'Alexandre », il est alors analytiquement vrai que l'homme auquel il est fait référence est le maître d'Alexandre; mais c'est un fait contingent qu'Aristote ait jamais pratiqué la pédagogie — (bien que, je l'ai dit, ce soit une vérité nécessaire qu'Aristote possède la somme logique (disjonction inclusive) des propriétés qui lui sont communément attribuées [16]).

Il ne faudrait pas croire que le seul cas type d'imprécision des critères d'identité à appliquer aux individus est celui que j'ai décrit comme étant particulier aux noms propres. Des problèmes d'identité de types très différents peuvent se poser, par exemple, à partir des emplois référentiels des descriptions définies. Ainsi la phrase : « voici l'homme qui fut le maître d'Alexandre » implique, pourrait-on dire, que l'objet désigné est en continuité dans l'espace et dans le temps avec l'homme qui fut le maître d'Alexan-

16 En mettant à part les propriétés contradictoires; $p \vee \sim p$ rendrait la somme logique vraie de façon triviale.

dre à un autre point de l'espace-temps; mais il serait également possible de dire que cette continuité spatio-temporelle est, pour cet homme, une caractéristique contingente et non un critère d'identité. Et la nature logique de la relation entre de telles caractéristiques et l'identité de l'homme en question pourra, là encore, rester imprécise et non décidable a priori. Mais ceci représente un degré d'imprécision tout autre que celui que j'ai mentionné à propos des critères d'application des noms propres, et cela ne modifie en rien la distinction de fonction entre les descriptions définies et les noms propres, à savoir que les descriptions définies réfèrent uniquement en vertu du fait que les critères ne sont pas imprécis, au sens primitivement donné à ce terme, car c'est en fournissant une description explicite de l'objet, qu'elles réfèrent. Les noms propres, eux, réfèrent sans fournir une telle description.

Nous pourrions clarifier certains des points abordés dans ce chapitre si nous comparions les exemples types de noms propres avec des noms propres dégénérés du genre « la Banque d'Angleterre ». Il semble que, pour ces cas limites de noms propres, le sens nous soit donné de façon aussi immédiate que dans les descriptions définies; les présupposés se trouvent pour ainsi dire portés à la surface. De plus, un nom propre peut acquérir une certaine rigidité d'emploi sans avoir la forme extérieure d'une description : pour les croyants c'est *par définition* que Dieu est omnipotent, omniscient, etc. Pour nous, « Homère » signifie uniquement « l'auteur de l'Iliade et de l'Odyssée ». Souvent, la forme peut nous induire en erreur : le Saint Empire Romain n'était ni saint, ni romain, etc. Mais il n'en restait pas moins le Saint Empire Romain. De même, c'est peut-être par convention que l'on réserve aux filles le nom « Marthe »; cependant, si j'appelle mon fils « Marthe », je pourrai tromper certains, mais je ne mentirai pas. Et naturellement les exemples types de noms propres ne sont pas tous équivalents quant à la nature de leur « contenu descriptif ». Il y aura par exemple une différence entre les noms de personnes vivantes, où la possibilité de reconnaître la personne peut constituer pour celui qui utilise l'un de ces noms, une « description identifiante » importante, et les noms de personnages historiques. Mais le fait essentiel à retenir lorsque l'on traite ces problèmes est que nous disposons de l'institution que sont les noms propres pour accomplir l'acte de langage de référence identifiante. L'existence de ces expressions dérive de la nécessité où nous sommes de séparer la fonction référentielle de la fonction prédicative du langage. Mais nous n'arriverons jamais à isoler totalement l'acte de référence, de la prédication, car ce serait violer le principe d'identification sans lequel il n'y a pas de référence possible.

8 Dérivation de « doit » à partir de « est »

La distinction entre fait et valeur est l'une des plus anciennes dans le domaine de la métaphysique. Cette distinction repose sur la croyance que, d'une certaine façon, les valeurs sont établies par les hommes et ne peuvent exister par elles-mêmes dans le monde, du moins pas dans le monde des pierres, des rivières, des arbres, en un mot des faits bruts. Car si c'était le cas, elles ne seraient plus des valeurs, mais constitueraient simplement une partie de ce monde. Ce qu'il y a de gênant dans cette distinction, c'est que, au cours de l'histoire de la philosophie, elle a été caractérisée à de nombreuses reprises de façon différente, et ces présentations ne sont pas toutes équivalentes. Il est communément admis que c'est à cette distinction que Hume faisait allusion dans un passage du célèbre *Traité* dans lequel il parle du problème que pose le passage de « est » à « doit [1] ». Moore, quant à lui, ramenait cette distinction à la différence entre propriétés « naturelles » comme le jaune, et ce qu'il appelait propriétés « non-naturelles », comme la bonté [2]. Assez paradoxalement, les successeurs de Moore, inversant l'ordre habituel de la démarche métaphysique, ont voulu retrouver dans le langage cette distinction métaphysique et la présenter comme une thèse sur les relations d'implication dans le langage. Dans ce contexte, cette thèse établit qu'il n'y a pas d'ensemble d'affirmations descriptives qui puisse entraîner une affirmation évaluative. Je trouve ceci paradoxal car le langage foisonne de contre-exemples à cette opinion selon laquelle il n'y a pas d'évaluation qui soit déductible à partir de descriptions. Comme nous l'avons vu au chapitre 6, dire qu'un argument est valide, c'est déjà l'évaluer, et cependant, pour

1 D. Hume, *A Treatise of Human Nature* (L. A. Selby-Bigge, éd.) (Oxford, 1888), p. 469. Il n'est pas absolument évident que cette interprétation du texte de Hume soit juste. Cf. A. C. MacIntyre : « Hume on "is" and "ought" », *The Philosophical Review*, vol. 67 (1959).
2 G. E. Moore, *Principia Ethica* (Cambridge, 1903).

dire qu'il est valide, on se fonde sur certaines affirmations « descriptives » qu'on a pu faire à son sujet. Les notions même d'argument valide ou fort et de bon raisonnement sont des notions évaluatives au sens où nous l'entendons ici, car elles contiennent les notions de ce qu'il est *justifié* ou *juste* de conclure, étant données certaines prémisses. Ce qui donne à cette thèse son aspect paradoxal vient du fait que la terminologie même dans laquelle elle est formulée — terminologie de l'implication, de la signification, de la validité — suppose que la thèse est fausse. Par exemple, affirmer que p implique q, implique entre autre que tout locuteur qui asserte p, est engagé vis-à-vis de la vérité que q, et que, sachant que p est vrai, il est *juste* de conclure que q. Et dans les cas de ce type, les notions d'obligation et de justification ne sont ni plus ni moins « évaluatives » qu'elles ne le sont lorsque nous disons que nous sommes engagés vis-à-vis d'un acte ou qu'il est juste de déclarer la guerre.

Dans ce chapitre, je veux examiner plus profondément cette prétendue impossibilité de dériver une affirmation évaluative à partir d'un ensemble d'affirmations descriptives. Utilisant les conclusions de l'analyse des actes illocutionnaires donnée au chapitre 3, j'essaierai de démontrer ce qui constitue un autre contre-exemple à cette thèse [3].

La thèse d'après laquelle « doit » ne peut être dérivé de « est », est en général considérée simplement comme une formulation différente, ou un cas particulier, du point de vue selon lequel les affirmations descriptives ne peuvent impliquer des affirmations évaluatives. Fournir un contre-exemple à cette thèse reviendra à prendre une ou plusieurs affirmations que les tenants de la thèse considéreraient comme purement descriptives, exposant des faits (il n'est pas nécessaire qu'elles contiennent effectivement le mot « est ») et à montrer la relation logique qui les unit à une affirmation que les tenants de la thèse considéreraient comme évaluative (en l'occurrence, le mot « doit » y apparaîtra [4]).

Rappelons-nous tout d'abord que « ought » (doit) n'est qu'un simple

---

3 Sous sa forme moderne. Je n'entends pas présenter de contre-exemples aux thèses de Hume ou de Moore, ou à la distinction métaphysique entre fait et valeur.

4 Si cette démarche réussit, nous aurons, là encore comblé l'intervalle qui sépare l' « évaluatif » du « descriptif », et par conséquent mis à jour une autre faiblesse de cette terminologie. Pour le moment cependant, ma stratégie consiste à jouer sur cette terminologie, supposant que les notions d'évaluatif et de descriptif sont assez claires. Plus loin dans ce chapitre j'exposerai les raisons pour lesquelles je pense que cette terminologie résulte d'une confusion, qui vient s'ajouter à l'erreur exposée au chapitre 6.

auxiliaire modal de l'anglais, et « is » (est) une copule; et la question de savoir si « doit » peut dériver de « est » est aussi terre-à-terre que les mots eux-mêmes. L'un des obstacles qui empêchent de poser clairement le problème est représenté par ce qu'Austin a appelé « l'ivresse des grandes profondeurs ». Si l'on est convaincu a priori que de Grandes Causes sont impliquées dans la question de savoir si « doit » peut dériver de « est », ou pourra avoir de sérieuses difficultés à se représenter clairement les problèmes d'ordre logique et linguistique qui sous-tendent cette question. En particulier, il faut éviter, au moins au départ, de verser dans des discours sur l'éthique ou la morale. Il s'agit ici de « doit » (au sens général de « a obligation de ») et non de « doit moralement ». Si cette distinction est admise, on pourra dire que je traite ici un problème de philosophie du langage et non d'un problème de morale. Je pense qu'en fait la question de savoir si « doit » est dérivable à partir de « est », a effectivement une portée sur le plan de la morale mais je parlerai de cela après avoir présenté mon contre-exemple. A la lecture des auteurs classiques qui ont écrit sur « doit » et « est », on est impressionné de voir comme ils se tournent continuellement vers les questions d'ordre moral et même politique, au lieu de prendre en considération les auxiliaires de modalité et les diverses forces illocutionnaires.

La démonstration qui suit équivaut pratiquement à celle que j'avais donnée dans un article publié antérieurement [5]. Certaines critiques à ce travail ont été publiées depuis, et il me semble indispensable de reformuler cette démonstration afin de dissiper tout malentendu, répondre aux objections et intégrer les conclusions qu'elle comporte à la théorie générale des actes de langage.

8.1 LA DÉRIVATION

Considérez la série d'affirmations suivantes :

1. Jones a prononcé la phrase : « je te promets à toi, Smith, de te payer cinq dollars ».
2. Jones a promis de payer cinq dollars à Smith.
3. Jones s'est mis dans l'obligation (a contracté l'obligation de payer cinq dollars à Smith.

5 J. R. Searle, « How to derive "ought" from "is" », *The Philosophical Review* (janvier 1964).

4. Jones est dans l'obligation de payer cinq dollars à Smith.
5. Jones doit payer cinq dollars à Smith.

Étant donné cette liste, je voudrais démontrer que la relation qui existe entre chacune de ces affirmations et celle qui la suit, si elle n'est pas dans tous les cas de nature implicative, n'est cependant pas purement accidentelle ni entièrement contingente; de plus, les affirmations supplémentaires ainsi que les quelques modifications qui seraient nécessaires pour que cette relation soit celle d'implication n'ont à inclure ni affirmation évaluative, ni principes moraux, ni quoi que ce soit de ce genre.

Nous pouvons maintenant commencer : quel lien y a-t-il entre 1 et 2 ? Dans certaines circonstances, énoncer la suite des mots mise entre guillemets dans 1, revient à accomplir l'acte de promesse. Et si, prononcer les mots qui apparaissent dans 1, équivaut effectivement, dans certaines circonstances, à faire une promesse, cela fait partie, ou est une conséquence de la signification de ces mots. « Je promets » est le procédé type que fournit la langue, permettant d'effectuer l'acte identifié dans 2, c'est-à-dire, la promesse.

Présentons ce fait empirique donné dans la langue, sous la forme d'une prémisse supplémentaire.

1a. Dans certaines conditions *C*, le locuteur qui prononce les mots (la phrase) : « je te promets à toi, Smith, de te payer cinq dollars », promet de payer cinq dollars à Smith.

Que représentent ces conditions *C ?* Ces conditions seront celles que nous avons spécifiées au chapitre 3, c'est-à-dire les conditions nécessaires et suffisantes pour que l'énoncé de ces mots (de cette phrase) constitue la réalisation effective et sans défaut de l'acte de promesse. Ceci inclut les conditions de départ et d'arrivée, les diverses intentions et croyances du locuteur, etc. (voir section 3.1). Comme je l'avais fait remarquer au chapitre 3, les frontières du concept de promesse, tout comme celles de la plupart des concepts représentés dans les langues naturelles, sont quelque peu imprécises. Mais une chose est certaine : quelque imprécises que puissent être ces frontières, et quelque difficulté qu'on puisse éprouver à résoudre les cas marginaux, les conditions pour qu'on puisse dire sans risque d'erreur qu'un locuteur fait une promesse lorsqu'il dit : « je promets », sont des conditions empiriques, au sens le plus ordinaire de ce mot.

Ajoutons donc sous forme de prémisse supplémentaire l'hypothèse, fondée empiriquement, que ces conditions sont satisfaites :

1*b*. Les conditions *C* sont satisfaites.

A partir de 1, 1*a* et 1*b* nous dérivons 2. La dérivation est de la forme : si *C*, alors (si *E*, alors *P*) : *C* représentant les conditions, *E* l'énoncé, *P* la promesse. Nous déduisons 2 en ajoutant les prémisses *E* et *C* à cette conditionnelle. Autant que je puis voir, aucune prémisse évaluative ne se dissimule au milieu de cette construction logique. Il faudrait en dire davantage sur la relation entre 1 et 2, mais je réserve cela pour plus tard.

Quelle relation existe-t-il entre 2 et 3 ? Il suit de l'analyse de la promesse que nous avons donnée au chapitre 3, que la promesse est, par définition, l'acte par lequel on se met dans l'obligation de faire quelque chose. Aucune analyse du concept de promesse ne sera complète si elle n'inclut pas la caractéristique selon laquelle celui qui promet se met dans l'obligation, assume, accepte ou contracte l'obligation, vis-à-vis de l'auditeur, d'accomplir un acte par la suite, acte qui normalement est favorable à l'auditeur. On serait peut-être tenté de penser qu'il est possible d'analyser la promesse comme étant le fait de créer une attitude d'attente, ou quelque chose d'analogue chez l'auditeur, mais un peu de réflexion montrerait que la différence fondamentale qui sépare les affirmations d'intention d'une part et les promesses d'autre part, repose dans la nature et le degré de l'engagement ou de l'obligation à laquelle on se soumet lorsque l'on promet. Par conséquent, je pense que 2 entraîne 3 directement, mais je n'avais pas d'objection à faire à celui qui voudrait ajouter, pour plus de clarté dans le formalisme, la prémisse tautologique (ou analytique) suivante :

2 *a*. Les promesses sont des actes par lesquels on se met dans l'obligation (on contracte l'obligation) de faire la chose promise.

La dérivation est de la forme du *modus ponens :* si *P*, alors *MDO ; P* étant mis pour promesse, et *MDO :* se mettre dans l'obligation; en ajoutant la prémisse *P* à cette conditionnelle nous obtenons 3 [6].

Quelle relation unit 3 à 4 ? Si l'on s'est mis dans l'obligation de faire quelque chose, alors à ce moment précis, on est soumis à une obligation.

Pour moi, ceci est encore une tautologie ou une vérité analytique, c'est-à-dire qu'il est impossible qu'on se soit mis effectivement dans l'obligation de faire quelque chose si, à aucun moment on n'a été soumis à une obliga-

6 A ce stade, nous avons déjà tiré une affirmation « évaluative » d'affirmations « descriptives », étant donné que le mot « obligation » est « évaluatif ».

tion. Bien sûr, toutes sortes d'événements peuvent advenir *par la suite* qui libèrent des obligations contractées, mais ce fait est sans rapport avec la tautologie selon laquelle lorsqu'on se met dans l'obligation de faire quelque chose, on est, à ce moment même, soumis à une obligation. Pour pouvoir établir une relation d'implication directe de 3 à 4, il nous suffit d'interpréter 4 de façon à exclure tout écart dans le temps entre le moment où s'effectue l'acte par lequel on contracte une obligation 3, et le moment où il est stipulé que l'agent est soumis à une obligation 4. De cette façon, 3 implique 4 directement. Les formalistes souhaitent faire précéder chacune es affirmations de 1 à 5, de l'expression « au temps *t* », et ajouter comme c'était le cas pour le passage de 2 à 3, la prémisse tautologique suivante :

3 *a.* Se mettre dans l'obligation de faire quelque chose c'est (au moment où on le fait) être soumis à une obligation.

Ainsi interprété, le passage de 3 à 4 est de la même forme que le passage de 2 à 3 : si (au temps *t*) *MDO*, alors (au temps *t*) *DO : t* étant un temps particulier, *MDO :* se mettre dans l'obligation, *DO :* dans l'obligation. En ajoutant (au temps *t*) *MDO* à cette conditionnelle, nous obtenons (au temps *t*) *DO*.

Je traite le temps de la copule dans 4 comme représentant strictement le temps où s'effectue l'acte de promesse. Mais je le répète, il serait équivalent de faire procéder les affirmations 1-5 de l'expression « au temps *t* ». Dans la première version de cette démonstration [7], je traitais le « est » de 4 comme un présent proprement dit, et permettais qu'il y ait un laps de temps entre l'accomplissement de l'acte de promesse et le « est » de « Jones est dans l'obligation de... » j'ajoutais ensuite une clause *ceteris paribus* qui permettait de rendre compte du fait que dans ce laps de temps des évènements divers pourraient advenir qui libèrent Jones de l'obligation contractée par sa promesse, par exemple Smith pourrait le libérer de son obligation, ou il pourrait lui-même s'en libérer en payant sa dette. Une clause similaire intervenait en 4 et 5 pour rendre compte de la possibilité d'opposition entre diverses obligations, de l'inopportunité éventuelle ou des conséquences fâcheuses, etc. que peut comporter l'accomplissement de l'acte promis. Je trouve que cette formulation rendait mieux compte de la réalité en ceci qu'elle prenait en considération de manière explicite le caractère annulable

7 J. R. Searle, *op. cit.*, p. 46.

d'affirmations du type de 4 et 5. Cependant, ce caractère est lié au fait que certaines considérations, ne relevant pas de la promesse, portent sur les obligations que l'on contracte ou sur ce que l'on doit faire. Ces considérations n'influencent en rien les relations logiques que je m'efforce ici de mettre en lumière, elles ne relèvent donc pas de nos préoccupations actuelles.

De plus, vues les tendances de l'opinion philosophique actuelle, il s'est avéré que conserver ce genre de considération dans la dérivation, donnait libre cours à toutes sortes d'objections non pertinentes. Certaines des critiques qui m'ont été adressées fondaient la prétendue impossibilité de dériver des affirmations évaluatives à partir d'affirmations descriptives sur la nécessité d'ajouter une clause *ceteris paribus* dans les dérivations. C'est pourquoi, afin de prévenir de telles inconséquences, je noterai au passage, à cette étape et à la suivante, sans donner de démonstration, toutes les considérations qui montrent explicitement la manière dont certains facteurs extérieurs peuvent annuler, supprimer ou supplanter l'obligation contractée lorsque l'on fait une promesse. L'essentiel, dans le passage de 3 à 4 est cette tautologie selon laquelle lorsque l'on contracte une obligation, on est à ce moment-là, soumis à une obligation, même s'il peut se trouver soit que l'on s'en libère dans la suite, soit que l'on ait d'autres obligations contraires et plus importantes au même moment etc. [8].

Quelle relation y a-t-il entre 4 et 5 ? De la même façon que c'est une tautologie qui rendait compte de la relation entre 3 et 4, de même ici, c'est une tautologie qui établit le fait que, si l'on est dans l'obligation de faire quelque chose, alors, en ce qui concerne cette obligation, on doit effectuer ce qu'on est dans l'obligation de faire. Bien entendu, je le répète, il peut y avoir toutes sortes de raisons de dire qu'on ne doit pas accomplir un acte qu'on est dans l'obligation d'accomplir; par exemple : on peut être soumis à l'obligation contraire de ne pas accomplir cet acte, ou encore, si l'acte est de nature trop nuisible, ou a des conséquences trop néfastes, l'obligation de l'accom-

8 Il est peut-être important de mettre l'accent sur le fait que s'il est possible qu'une obligation l'emporte sur une autre, ou encore qu'une obligation puisse être supprimée ou annulée, ce fait ne constitue aucunement une restriction à l'obligation contractée, ni, à fortiori, la négation de son existence. Il faut qu'il y ait eu une obligation auparavant pour qu'elle puisse être annulée ou supplantée par une autre. Il se peut que je me trouve face à deux obligations contraires à remplir, laquelle devrai-je accomplir? laquelle devrai-je enfreindre? Vis-à-vis d'une obligation particulière, je serai éventuellement justifié à ne pas faire ce que j'aurais dû. Ce manquement pourra même être excusé, ou bien sanctionné, ou même encouragé. Mais le fait que je doive accomplir ce à quoi je me suis engagé est antérieur à tout ceci.

plir peut être évincée par ces considérations, de sorte que, tout bien considéré, on ne doit pas accomplir cet acte. Après tout, on peut bien s'engager à faire toutes sortes de choses horribles que l'on ne devrait pas faire. Il nous faut donc, pour éliminer ces possibilités, préciser le sens de 5 pour lequel 4 entraîne 5. Nous devrons faire une distinction entre :

5'. En ce qui concerne son obligation de payer cinq dollars à Smith, Jones doit payer cinq dollars à Smith.

5''. Tout bien considéré, Jones doit payer cinq dollars à Smith.

Il est maintenant clair que si nous donnons à 5 le sens 5'', il est impossible de le dériver de 4 sans prémisses supplémentaires. Mais il est également clair que si nous lui donnons le sens 5', qui sera peut-être l'interprétation la plus plausible étant donné le contexte, nous pouvons le faire dériver de 4. Et, indépendamment de l'interprétation que nous désirons donner à 5', nous pouvons simplement faire dériver 5' de 5, ce qui est tout à fait suffisant pour le but que nous nous proposons. Ici, comme aux étapes précédentes, nous pouvons ajouter pour plus de clarté dans le formalisme, la prémisse tautologique suivante :

4 *a*. Si l'on est dans l'obligation de faire quelque chose, alors, en ce qui concerne cette obligation, on doit accomplir ce que l'on est dans l'obligation d'accomplir.

Ce raisonnement est de la forme : Si *DO*,alors (en ce qui concerne *DO*) *D*. *DO* étant mis pour : dans l'obligation, et *D* pour : doit. En ajoutant la prémisse *DO*, nous dérivons (en ce qui concerne *DO*) *D*.

De cette manière, nous avons dérivé (au sens strict que la langue admet pour « dériver ») « doit » à partir de « est ». Et les prémisses supplémentaires qu'il nous a fallu ajouter pour que la dérivation puisse s'opérer, ne sont en aucun cas de nature morale ou évaluative. Elles comprennent des hypothèses empiriques, des tautologies et des descriptions de l'emploi de certains mots. Il faut également noter que même si l'on donne à 5 le sens de 5', le « doit » est un doit « catégorique », au sens kantien et non pas « conditionnel ». 5' ne dit pas que Jones doit payer, s'il *désire ceci ou cela...* 5' dit seulement qu'en ce qui concerne son obligation, Jones doit payer. Notez encore que les étapes de la dérivation sont établies à la troisième personne. Nous ne concluons pas « je dois » à partir de « j'ai dit : "je promets" », mais « il doit » à partir de « il a dit : "je promets" ».

Cette démonstration met en lumière la relation qui existe entre l'énoncé de certains mots et l'acte de langage qu'est la promesse, elle fait passer ensuite de la promesse à l'obligation puis de l'obligation à « doit ». Le passage de 1 à 2 est radicalement différent des autres et exige un commentaire spécial. Dans 1, nous considérons « je promets... » comme une phrase de la langue possédant une certaine signification. Et c'est une conséquence de cette signification que l'énoncé de cette phrase, dans certaines circonstances, constitue l'acte de promesse. Ainsi, en présentant les expressions citées dans 1, et en décrivant leur emploi dans la phrase, nous faisons déjà appel en quelque sorte, à l'institution qu'est la promesse. Nous aurions pu commencer par une prémisse encore plus terre-à-terre que 1 en disant :

1 *b.* Jones a énoncé la séquence phonétique suivante :

/ʒə$^+$ + əprɔme$^+$ a$^+$ + wɑ$^+$ smiø$^+$ də$^+$ + əpɛje$^+$ sɛ̃kdɔlar/

Il nous aurait alors fallu une prémisse supplémentaire d'ordre empirique établissant que cette séquence phonétique est reliée de certaines façons à certaines unités significatives se rapportant à certains dialectes.

Les différents passages possibles de 2 à 5′ sont relativement aisés car ils opèrent chacun formellement par la médiation d'une tautologie. Nous nous appuyons sur les relations de définition existant entre « promet », « oblige » et « doit », et les seuls problèmes qui se posent viennent de ce que les obligations peuvent être annulées ou supplantées par d'autres de façons très diverses, et il nous faut tenir compte de ce fait. Nous résolvons cette difficulté en spécifiant qu'il y a obligation au moment où l'on contracte une obligation et que le « doit » est restreint à l'existence de cette obligation.

8.2 NATURE DES PROBLÈMES SOULEVÉS

Même s'ils admettent ce que j'ai dit jusqu'à présent, les lecteurs qui se situent dans l'orbite de la philosophie contemporaine ressentiront un certain malaise. Ils penseront qu'il doit y avoir une astuce quelque part. Nous pourrions formuler ainsi ce sentiment de malaise : comment se fait-il qu'en admettant un simple fait à propos de quelqu'un — qu'il ait prononcé certains mots, ou qu'il ait fait une promesse par exemple —, je m'engage, *moi*, à reconnaître qu'il doit, *lui*, faire quelque chose ? Je voudrais maintenant examiner rapidement des possibilités d'élargir la portée philosophique de la dérivation que j'ai proposée, de façon à donner une ébauche de réponse à cette question.

Je commencerai par une discussion des arguments qui permettent de supposer qu'il est même impossible de répondre à cette question.

Si l'on est porté à admettre une distinction rigide entre « est » et « doit », et donc entre les affirmations descriptives et évaluatives, c'est que l'on se fait une certaine représentation de la manière dont les mots se relient au monde. Cette représentation est très séduisante, si séduisante même (à mes yeux du moins), qu'il n'est pas absolument évident que l'on puisse définir dans quelle mesure la simple présentation de contre-exemples du type que j'ai proposé ici, ainsi que dans le chapitre 6, permettra de la récuser. Ce qu'il faut, c'est expliquer pourquoi et de quelle façon la représentation empirique classique ne permet pas de rendre compte de tels contre-exemples. Disons brièvement que cette représentation est établie à peu près de la manière suivante : nous présentons d'abord des exemples d'affirmations dites descriptives (« ma voiture fait du cent trente à l'heure », « Jones mesure un mètre quatre-vingt », « Smith a les cheveux bruns »), et nous leur opposons des affirmations dites évaluatives (« c'est une bonne voiture », « Jones doit payer cinq dollars à Smith », « Smith est un homme désagréable »). Tout le monde perçoit la différence. Nous justifions cette différence en faisant remarquer que, dans le cas des affirmations descriptives la question de savoir si elles sont vraies ou fausses est objectivement décidable, car connaître la signification d'une expression descriptive c'est connaître les conditions objectivement vérifiables pour que l'affirmation qui la contient soit vraie ou fausse. Mais dans le cas des affirmations évaluatives la situation est tout autre. Connaître la signification d'une expression évaluative ne suffit pas par soi-même à connaître les conditions pour que l'affirmation qui la contient soit vraie ou fausse, parce que la signification de cette expression est telle que l'affirmation correspondante ne peut même pas être vraie ou fausse objectivement ou sur le plan des faits. Toute justification qu'un locuteur donnera pour l'une de ses affirmations évaluatives implique de façon caractéristique une référence à certaines attitudes qui lui sont propres, à certaines valeurs qu'il reconnaît, ou à certains principes moraux conformément auxquels il a choisi de vivre et selon lesquels il juge les autres. Les affirmations descriptives sont donc de nature objective, et les affirmations évaluatives, de nature subjective, et la différence résulte de l'emploi de termes de nature différente.

Ces différences reposent sur le fait que les affirmations évaluatives jouent un rôle absolument distinct de celui des affirmations descriptives. Elles n'ont pas pour fonction de décrire des aspects de la réalité quels qu'ils soient, mais d'exprimer les émotions, les réactions du locuteur, de louer ou condamner, de flatter ou insulter, d'approuver, de recommander, de conseiller, d'ordonner, etc. Dès que nous percevons la différence de force illocutionnaire qui sépare les deux types d'expressions, nous sommes amenés à lui faire correspondre une séparation sur le plan logique. Pour qu'elles puissent remplir leur fonction, les affirmations évaluatives sont forcément distinctes des affirmations descriptives, car si elles étaient, comme ces dernières, de nature objective, elles ne pourraient servir à évaluer. Si l'on se place d'un point de vue métaphysique, il est impossible de dire que les valeurs se trouvent dans le monde, car si c'était le cas, elles cesseraient d'être des valeurs pour n'être qu'une partie du monde. Et si l'on se place d'un point de vue formel, on ne peut définir un terme évaluatif en faisant appel à des termes descriptifs, car cela ôterait toutes possibilités d'utiliser les termes évaluatifs pour marquer son approbation, ces termes ne pourraient servir qu'à décrire. Si l'on se place encore d'un autre point de vue, toute tentative visant à dériver « doit » à partir de « est » est vouée à l'échec, car, à supposer qu'elle puisse aboutir, le seul résultat que l'on pourrait obtenir serait de montrer que le « est », mais dissimule un « doit » sous-jacent, ou au contraire que le « doit » n'est pas un vrai « doit » mais dissimule un « est » sous-jacent.

A cette représentation correspond un certain modèle des relations existant entre les affirmations évaluatives et les affirmations descriptives. D'après le modèle classique, une inférence partant d'une ou plusieurs affirmations descriptives et aboutissant à une affirmation évaluative doit, pour être valide, passer par l'intermédiaire d'une affirmation évaluative supplémentaire. Ce raisonnement se reconstruit sous la forme suivante :

Majeure évaluative : ex. : on doit toujours tenir ses promesses;
Mineure descriptive : ex. : Jones a promis d'effectuer X;
D'où conclusion évaluative : donc, Jones doit effectuer X.

Il est essentiel pour ce modèle que le critère permettant de décider si une affirmation est évaluative ou descriptive soit indépendant des relations dites implicatives. C'est-à-dire que nous devons être capables d'identifier de façon indépendante une classe d'affirmations descriptives et une classe d'affirmations évaluatives; *ensuite* seulement, et de façon *indépendante*, nous découvrons que les éléments de la première classe ne peuvent par eux-mêmes impliquer les éléments de la seconde. Mais si nous *définissons* les termes « évaluatif » et « descriptif » de façon à rendre la thèse valable, on n'a plus qu'un résultat tout à fait trivial. Si je mentionne ce point, c'est que, dans ces discussions, la personne qui soutient que les affirmations descriptives ne peuvent pas impliquer d'affirmations évaluatives est souvent tentée de recourir à cette version triviale du modèle classique. Elle dira à ses contradicteurs : « vous prétendez que ces affirmations descriptives impliquent ces affirmations évaluatives, mais cela montre seulement que ces affirmations apparemment descriptives ne le sont pas réellement ou bien que ces affirmations apparemment évaluatives ne le sont pas réellement ». Une telle remarque est en fait un aveu d'impuissance.

Ce que je veux montrer par ce contre-exemple, c'est que le modèle classique est incapable de rendre compte de faits institutionnels. Les obligations, les engagements, les droits, et les responsabilités que l'on peut avoir relèvent souvent du domaine des faits mais il s'agit là de faits institutionnels, et non de faits bruts. C'est à l'une de ces formes institutionnalisées d'obligation, à savoir la promesse, que j'ai fait appel plus haut pour dériver « doit » à partir de « est ». Mon point de départ était un fait brut : une personne a prononcé certains mots; je me suis ensuite appuyé sur l'institution en question d'une façon qui permette d'engendrer certains faits institutionnels; ceux-ci nous ont permis de conclure qu'en ce qui concerne l'obligation qu'elle a contractée, cette personne doit payer cinq dollars à quelqu'un d'autre. La démonstration repose entièrement sur une référence à la règle constitutive stipulant que faire une promesse c'est contracter une obligation, et c'est cette règle qui établit la signification du terme « descriptif » promesse ». A l'ancien principe : « il n'y a pas d'ensemble d'affirmations descriptives dont on puisse tirer une conclusion évaluative sans adjonction d'au moins une prémisse évaluative », nous pourrions substituer le suivant : il n'y a pas d'ensemble d'affirmations portant sur des faits bruts, qui puisse impliquer une affirmation portant sur un fait institutionnel, sans qu'il y soit adjoint au moins une règle constitutive ». Je ne suis pas absolument certain que ce dernier principe soit juste, cependant j'aurai tendance à le penser; il s'accorde au moins avec les faits contenus dans la dérivation donnée plus haut.

Nous sommes maintenant en mesure de voir comment engendrer une infinité de dérivations de ce type. Considérez l'exemple suivant, d'un caractère très différent : nous en sommes à la moitié de notre septième tour et je mène le champ avec une bonne avance à partir de la seconde base. Le lanceur vise et tire en direction du guichet et je suis entraîné plus de trois mètres au-delà de la ligne. L'arbitre crie : « hors-jeu ». Cependant, en bon positiviste, je continue. L'arbitre m'ordonne de me retirer. Je lui fais alors remarquer qu'il n'est pas possible de conclure un « droit » à partir d'un « est »: un ensemble d'affirmations descriptives portant sur des faits n'implique jamais d'affirmations évaluatives ayant pour effet que je dois ou devrais quitter le terrain : « on ne peut pas tirer d'évaluations à partir de simples faits. Il vous faut une prémisse majeure qui soit évaluative. » Je retourne donc me placer à la seconde base (d'où je me ferai chasser sous peu bien évidemment). Tout le monde, je pense, trouvera mes prétentions saugrenues, saugrenues au sens de logiquement absurdes. Il est bien évident qu'on peut dériver « doit » à partir de « est », et même si dans le cas la dérivation est plus difficile à établir que dans le cas de la promesse, elle n'en diffère pas dans son principe. En décidant de jouer au base-ball, je me suis engagé à observer certaines règles constitutives.

Il est clair à présent que la tautologie disant que l'on doit tenir ses promesses n'est finalement qu'un élément de la classe d'équivalence des tautologies portant sur les formes institutionnalisées d'obligation.

Par exemple, à la règle : « on ne doit pas voler », on peut donner (mais ce n'est pas obligatoire naturellement) le sens suivant : reconnaître que quelque chose appartient à quelqu'un, implique nécessairement que l'on reconnaît à cette personne le droit de disposer de son bien. C'est là une règle constitutive de l'institution de la propriété privée [9]. On peut considérer que « on ne doit pas mentir » stipule que faire une assertion implique nécessairement que l'on se met dans l'obligation de dire la vérité. C'est encore une règle constitutive. On peut admettre que « on doit payer ses dettes » stipule que reconnaître que l'on a une dette à payer implique nécessairement que l'on reconnaît l'obligation où l'on est de la payer. Naturellement, je le répète, il y a d'autres interprétations possibles de ces phrases où la

---

9 Proudhon a dit : « la propriété, c'est le vol ». Si l'on essaie de comprendre cette remarque en tant que remarque interne à l'institution de la propriété privée, elle n'a aucun sens. Cette remarque était posée en tant que remarque externe, attaquant et rejetant cette institution. Elle tire sa force, et son apparence paradoxale, du fait qu'elle se sert de termes qui sont intérieurs à l'institution dans le but d'attaquer cette institution.

Si l'on se place à l'intérieur d'une ou plusieurs institutions, on peut toujours retoucher les règles constitutives et même laisser tomber certaines autres institutions. Mais serait-il possible de rejeter toutes les institutions (dans le but éventuel de ne jamais avoir à dériver « doit » de « est »)? Ceci est impossible, si l'on continue simultanément à adopter les formes de comportement que nous considérons comme étant typiquement humains. Imaginez que Proudhon ait ajouté ces principes (en essayant de les appliquer dans sa vie) « la vérité est un mensonge, le mariage, c'est l'infidélité, le langage c'est la non-communication, la loi est un crime » et ainsi de suite, pour toutes les institutions possibles.

proposition exprimée ne serait pas tautologique. Il est facile de voir comment tous ces principes vont fournir des contre-exemples à la thèse selon laquelle on ne peut dériver « doit » à partir de « est ».

Les conclusions que je suggère sont les suivantes :

1. La représentation classique ne permet pas de rendre compte des faits institutionnels.

2. Les faits institutionnels existent à l'intérieur de systèmes de règles constitutives.

3. Certains systèmes de règles constitutives supposent l'existence d'obligations, d'engagements, de responsabilités.

4. A l'intérieur de certains de ces systèmes, il est possible de dériver « doit » à partir de « est » d'après le modèle de la première dérivation.

Ces conclusions nous ramènent à la question posée au début de cette section : comment se fait-il que si j'affirme un fait à propos de quelqu'un — qu'il a fait une promesse du fait par exemple —, je m'engage vis-à-vis qu'il doit faire quelque chose ? Comme première réponse à cette question, on peut dire que, pour moi, poser un fait institutionnel de ce type, c'est déjà en appeler aux règles constitutives de l'institution. Ce sont ces règles qui donnent au mot « promesse » sa signification. Ces règles sont telles que, m'engager vis-à-vis du fait que Jones a fait une promesse, c'est m'engager à reconnaître qu'il doit faire quelque chose, du moins, en ce qui concerne l'obligation qu'il a contractée en faisant cette promesse. On pourrait dire, alors, que nous avons prouvé que le mot « promesse » est évaluatif, puisqu'il ressort de notre analyse que la notion de promesse est logiquement reliée à la notion évaluative d'obligation; cependant, étant donné que ce mot est aussi purement « descriptif » (car la question de savoir si quelqu'un a fait ou non une promesse relève de faits objectifs) nous avons montré en fait que la distinction elle-même est entièrement à revoir. Cette distinction que l'on a pu poser entre affirmations descriptives et affirmations évaluatives résulte en fait de l'amalgame de deux distinctions au moins. D'une part, il s'agit d'une distinction entre différents types d'actes illocutionnaires, une famille de ces actes incluant les évaluations, une autre incluant les descriptions. D'autre part, il s'agit d'une distinction entre les énoncés qui contiennent des affirmations dont on peut objectivement décider si elles sont vraies ou fausses, et ceux qui contiennent des affirmations qui ne sont pas objectivement décidables, mais qui, de ce point de vue, dépendent de « décisions individuelles » ou d' « appréciations personnelles ». Il a été admis que la première de ces distinctions est (nécessairement) un cas particulier de la seconde, que si un énoncé a la force illocutionnaire d'évaluation, il ne peut être déduit à partir de prémisses portant sur des faits. Si mon point de vue est juste, la distinction posée entre énoncés descriptifs et énoncés évaluatifs sert uniquement à établir une différence entre deux types de force illocutionnaire : décrire et évaluer, et elle n'est même pas très utile dans ce cas puisque, pourvu que nous employions des termes de façon stricte, décrire et évaluer ne sont que deux types de force illocutionnaire parmi des centaines d'autres; et il n'est pas certain que l'énoncé de phrases de la forme de 5 — « Jones doit payer cinq dollars à Smith » — appartienne à l'une de ces deux classes.

Quelle portée tout ceci peut-il avoir du point de vue de la morale? On peut au moins répondre ceci : on a souvent prétendu qu'un jugement moral ne pouvait jamais être déduit à partir d'un ensemble d'affirmations portant sur des faits. La raison alléguée pour ceci est que les jugements d'ordre moral sont une sous-classe d'affirmations évaluatives et qu'il est impossible de déduire une affirmation évaluative à partir d'un ensemble d'affirmations portant sur des faits. La théorie de « l'erreur naturaliste » appliquée à l'éthique n'est qu'un cas particulier de cette théorie, prise globalement. J'ai voulu montrer jusqu'ici que l'hypothèse générale stipulant qu'on ne peut dériver des affirmations évaluatives à partir d'affirmations descriptives, est fausse. Mais je n'ai pas parlé de l'hypothèse particulière selon laquelle les jugements qui sont spécifiquement d'ordre moral ou éthique, ne peuvent être dérivés à partir d'affirmations portant sur des faits. Cependant, il ressort de mon analyse que, si cette hypothèse particulière doit être démontrée, il faudra le faire de façon indépendante et non sur la base de l'hypothèse générale puisque celle-ci est fausse, selon mon analyse.

Soit dit en passant, je pense que l'obligation de tenir une promesse n'est probablement pas nécessairement une question de morale. On prétend souvent que l'obligation de tenir sa promesse est un exemple typique d'obligation morale. Mais considérez cet exemple très courant : je promets de venir à votre soirée. Pourtant, le soir où elle a lieu, je n'ai justement pas envie d'y aller. Bien sûr, je *devrais* y aller : après tout, j'ai promis, et n'ai aucune excuse valable qui m'en dispense. Finalement je n'y vais pas. Est-ce être *immoral?* Ce serait plutôt de la négligence. Si pour une raison quelconque, il était très important que je me rende à cette soirée, il est alors possible que ce soit immoral de rester chez moi. Mais l'immoralité, dans ce cas, viendrait de l'importance de ma présence à cette soirée et non de la simple obligation contractée du fait que j'ai promis d'y aller.

8.3 OBJECTIONS ET RÉPONSES AUX OBJECTIONS

Le lecteur qui n'est pas au courant de la controverse philosophique tournant autour de ce problème pourra trouver assez évidentes et inoffensives les hypothèses posées dans la section 8.1. Cependant, aucune des thèses soutenues dans cet ouvrage n'a attisé (et n'attisera) autant de discussions que la dérivation présentée dans cette section. Les critiques publiées à propos de cette dérivation tendent à se répartir en deux catégories : celles qui ont contesté la clause *ceteris paribus*, et celles qui ont contesté la relation logique établie entre la promesse, l'obligation, et « doit ». J'ai esquivé la première catégorie en excluant de la démonstration les différents types de considérations auxquelles devait s'appliquer la clause *ceteris paribus*. La seconde catégorie s'attaque au cœur du problème et mérite d'être examinée plus en détail. Les objections élevées contre cette dérivation sont très révélatrices de nombreux problèmes soulevés, tant en philosophie du langage qu'ailleurs. Dans ce qui suit, je présenterai et discuterai sous forme de dialogue ce que je considère être les objections les plus sérieuses élevées contre ma démonstration.

Première objection : il y a une sorte de conservatisme implicite dans toute cette analyse. Selon vous il serait logiquement absurde de penser qu'on n'a jamais le devoir de tenir ses promesses, ou que l'institution qu'est la promesse est mauvaise en soi.

Réponse : Cette objection prouve une totale incompréhension de toute la démonstration et en fait, une totale incompréhension de tout ce qui est dit dans ce livre. Il est parfaitement cohérent du point de vue de mon analyse, de dire; « on ne doit jamais tenir ses promesses ». Supposez par exemple qu'un anarchiste nihiliste affirme qu'on ne doit jamais tenir ses promesses parce que, disons, le rapport incongru qu'est établi entre promesse et obligation empêche tout accomplissement de la personnalité. Un tel argument est peut-être stupide, mais vis-à-vis de mon analyse, il n'est pas logiquement absurde. Pour comprendre ce point, il faut établir une distinction entre ce qui est interne et ce qui est externe par rapport à l'institution qu'est la promesse. Le fait qu'en promettant, on contracte l'obligation de faire quelque chose, est interne au concept de promesse.

Mais, quant à savoir si l'institution de la promesse, prise globalement, est bonne ou mauvaise, ou si les obligations contractées par le fait de la promesse sont neutralisées par des considérations extérieures, ce sont là des questions externes à l'institution elle-même. L'argument nihiliste avancé plus haut représente simplement une attaque menée de l'extérieur contre l'institution de promesse. En effet, il stipule que l'obligation de tenir une promesse est toujours neutralisée du fait que l'institution est considérée comme mauvaise. Mais il ne nie pas que la promesse crée une obligation, il insiste seulement sur le fait qu'on ne doit pas remplir ses obligations, à cause de cet argument externe qu'il tire de l' « accomplissement de soi ».

Rien dans mon analyse n'engage à adopter le point de vue conservateur selon lequel les institutions sont inattaquables, rien qui permette de conclure non plus que l'on doive approuver ou désaprouver telle ou telle institution. Mais simplement lorsque l'on entreprend une activité de type institutionnel en se référant aux règles régissant cette institution, on s'engage nécessairement de telle ou telle manière, indépendamment du fait que l'on approuve ou non l'institution en question. Lorsqu'il s'agit d'institutions linguistiques, telles que la promesse (ou l'affirmation), l'énoncé littéral des mots engage celui qui les prononce dans un sens qui est déterminé par la signification de ces mots. Pour certains énoncés à la première personne, l'énonciation revient à contracter une obligation. Pour certains énoncés à la troisième personne, l'énonciation revient à rapporter qu'une obligation a été contractée.

Deuxième objection : la réponse à cette première objection suggère la réduction *ad absurdum* qui suit : d'après cette analyse, on pourrait, à l'aide d'une institution, obliger n'importe qui à n'importe quoi, tout dépendrait de la forme arbitrairement choisie pour cette institution.

Réponse : cette objection repose sur une conception fausse des obligations qui n'est pas déductible de l'analyse donnée ici. La notion d'obligation est intimement liée aux notions d'accepter, reconnaître, admettre, contracter, etc. des obligations, d'une façon qui donne à la notion d'obligation le caractère de contrat qui lui est propre [10]. Supposez qu'un groupe d'Australiens dont je n'ai jamais entendu parler auparavant, établissent une « règle » stipulant que je suis dans l' « obligation » de leur payer 100 dollars par semaine. S'il n'y a pas eu d'accord préalable entre nous, sous une

10 Cf. E. J. Lemmon, « Moral Dilemmas », *Philosophical Review* (1962).

forme ou sous une autre, leur exigence est incompréhensible. Ce n'est pas une simple décision arbitrairement prise par X qui pourra placer Y sous le coup d'une obligation.

Troisième objection : Il apparaît maintenant que la décision primitive évaluative consiste en fait à accepter ou rejeter l'institution qu'est la promesse. D'après votre analyse, dès que quelqu'un énonce le mot « promettre » dans son littéral, il est engagé par cet acte de telle ou telle manière, ce qui montre seulement que la prémisse évaluative est 1*a*. Il en ressort que 1*a* est en réalité un principe moral au plein sens du terme.

Réponse : Cette objection touche au cœur du problème. La prémisse 1*a* est d'une importance déterminante, car c'est par elle que nous passons du niveau des faits bruts au niveau des faits institutionnels; or les obligations se situent à ce second niveau. Mais « accepter » une obligation est tout autre chose que décider d'accepter un principe moral : 1*a* pose un fait qui se rapporte à la signification d'un terme descriptif, « promettre » en l'occurence. De plus, l'emploi de ce mot dans son sens littéral engage le locuteur vis-à-vis des conséquences qui en découlent logiquement, y compris les obligations. Il n'y a rien là qui soit spécifique à la promesse; des règles similaires sont établies pour l'affirmation, l'avertissement, le conseil, le fait de rapporter des paroles, et même peut-être pour l'ordre. Je conteste ici un certain modèle de description des faits linguistiques. Selon ce modèle, dans toute situation quelle qu'elle soit, une fois décrits les faits, la question de savoir s'il y a « évaluation » reste toujours entièrement ouverte. Ce que je veux montrer ici c'est que, dans le cas de certains faits institutionnels, on n'est plus libre, une fois décrits les faits, d'évaluer obligations, engagements et responsabilités, car la formulation de faits d'ordre institutionnel inclut ces notions.

Je suis littéralement fasciné de voir que certains auteurs, qui sont « anti-naturalistes » lorsqu'ils se penchent sur ce problème, acceptent implicitement la dérivation de l'évaluatif à partir du descriptif, quand ils se cantonnent dans le domaine philosophique et font abstraction de leur idéologie. Considérez les passages suivants tirés de R. M. Hare [11] : « si quelqu'un dit qu'une chose est rouge, il se trouve *engagé* (c'est moi qui le souligne) vis-à-vis du fait que tous les objets qui pourraient ressembler à cette chose sur ce point précis doivent également être rouge ». Hare dit encore [12] : cela l'engage à « *dire que ces objets sont rouges* » (c'est moi qui souligne), et ceci tient

---

11 R. M. Hare, *Freedom and Reason* (Oxford, 1963), p. 11.
12 *Ibid.*, p. 15.

uniquement à la signification du terme pertinent. Mise à part la question de savoir si Hare a raison ou non [13], son raisonnement est de la même forme que celui que j'ai avancé. Je dis pour ma part que lorsqu'une personne promet, elle se trouve engagée à accomplir ce qu'elle a promis, et ceci tient uniquement à la signification du mot « promettre ».

La seule différence à noter entre ces deux thèses est que, dans l'exemple donné par Hare, l'engagement porte sur le comportement linguistique futur du sujet. Dans mon exemple la portée de cet engagement n'est pas limitée au comportement linguistique. Du point de vue de leur structure, ces deux thèses sont identiques. Mais supposons qu'il soit possible de montrer qu'elles ne sont pas identiques ; dans ce cas j'appliquerai tout simplement ma dérivation à l'exemple que donne Hare. « Il a dit que cet objet est rouge » est l'affirmation directe d'un fait (exactement comme « il a promis »). « Il se trouve engagé à effectuer un certain acte » est une affirmation évaluative étant donné que l'engagement appartient à la même famille que l'obligation, quoiqu'il ait une portée plus large. La thèse illustrée par l'exemple de Hare est donc bien que les affirmations évaluatives découlent d'affirmations descriptives. Hare éprouve une certaine gêne du fait qu'il se croit en présence de l'affirmation que les tautologies engendrent des obligations [14]. Mais il semble avoir négligé le fait que les tautologies sont conditionnelles et donc, qu'elles n'engendrent par elles-mêmes aucune obligation. Une tautologie dira par exemple : « s'il dit que cet objet est rouge, cela l'engage ». Il nous faut donc la prémisse empirique : « il a dit que cet objet est rouge », pour obtenir la conclusion : « cela l'engage ». Personne ne prétendra que les tautologies « prescrivent » un comportement de façon catégorique, elles ne le font qu'en posant une condition qui porte sur un fait institutionnel (c'est ce qu'illustre l'exemple de Hare).

A ceci, certains pourraient répondre qu'en déclarant le locuteur « engagé », on veut seulement dire que s'il ne respectait pas cet engagement il se contredirait lui-même. Ainsi l'engagement est interprété dans un sens « descriptif ». Mais ceci nous ramène au problème précédent. Pourquoi le locuteur se préoccuperait-il donc de savoir si ses affirmations sont ou non

---

13 La formulation la plus forte p. 51 n'est certainement pas tout à fait exacte. On peut dire qu'un objet est rouge sans pour autant dire quoique ce soit du premier objet rouge qui nous tombe sous les yeux par la suite.

14 « The promising game », *Revue Internationale de Philosophie* (1964), p. 403.

contradictoires ? A ceci la réponse est claire : il est inhérent à la notion d'affirmation (terme descriptif) que la contradiction (terme descriptif) soit un défaut (terme évaluatif). Ce qui revient à dire que le locuteur qui pose une affirmation se trouve engagé (toutes choses égales d'ailleurs) à ne pas se contredire : il ne commence pas par décider qu'il va poser une affirmation, pour se dire ensuite, par une décision d'ordre évaluatif distincte de la première, qu'il vaudrait mieux éviter les contradictions. Nous en restons donc à la thèse que les engagements sont essentiellement inclus dans les faits.

Quatrième objection : la réponse à la troisième objection ne répond pas en fait au problème soulevé. Tout ce qui ressort de votre dérivation, c'est que « promettre », et certainement aussi « affirmer », « décrire » et certains autres verbes, sont en réalité des termes évaluatifs. Il n'est peut-être pas inutile de faire remarquer que certaines notions que nous croyions descriptives sont en fait évaluatives, mais cela ne permet absolument pas d'établir un passage du descriptif à l'évaluatif. Après avoir montré que 2 est évaluative, tout ce que l'on peut dire, c'est que 1*a* doit nécessairement être évaluative, puisque les prémisses descriptives 1 et 1*b* ne suffisent pas par elles-mêmes à impliquer 2.

Réponse : Aucune motivation indépendante ne permet de dire que 2 est évaluative, si ce n'est le fait que 2 implique l'affirmation évaluative 3. La thèse selon laquelle les descriptions n'impliquent jamais d'évaluations devient ici triviale, car le critère pour qu'une affirmation soit ou non descriptive consistera à savoir si cette affirmation implique ou non un élément d'évaluation. Mais s'il n'existe pas de classe d'affirmations descriptives et évaluatives indépendamment identifiables, pour lesquelles nous puissions établir par la suite que les membres de la première impliquent ou n'impliquent pas les membres de la seconde, la définition que nous donnerons pour « descriptif » devra inclure : « n'entraîne aucune affirmation évaluative », et cela rendra triviale notre thèse. Intuitivement, nous considérons 2 comme l'affirmation directe d'un fait. Si notre théorie linguistique nous oblige à nier cela, et à affirmer que 2 est une évaluation subjective, c'est que notre théorie est mauvaise.

Cinquième objection : Il faut simplement reformuler la quatrième objection. Le problème vient du fait que des mots comme « promettre » ont à la fois un sens évaluatif et un sens descriptif. Dans son sens descriptif (sens 1) « promettre » signifie : *prononcer certains mots*. Dans son sens évaluatif (sens 2) « promettre » signifie : *contracter une obligation*. Si donc 1*a* est vraiment descriptive, alors tout ce que prouve le passage de 1 à 2, c'est que Jones a fait une promesse au sens 1, mais pour passer de 2 à 3, vous devrez prouver qu'il a fait une promesse au sens 2, et il faudrait pour cela une prémisse évaluative supplémentaire.

En d'autres termes, l'erreur vient simplement du fait que vous jouez sur l'ambiguïté du mot « promettre ». Vous prouvez que Jones a fait une promesse au sens 1 et vous croyez ensuite avoir prouvé qu'il a fait une promesse au sens 2 en supposant à tort que ces deux sens sont identiques. La différence entre le sens 2 et le sens 1 équivaut à la différence qui sépare le participant engagé de l'observateur impartial. Cette distinction entre le participant engagé dans une action et l'observateur impartial, est à la fois nécessaire et déterminante, car seul l'observateur impartial est à même de de poser d'authentiques affirmations descriptives, ou qui portent sur des faits. Dès que vous interprétez le mot « promettre » du point de vue du participant engagé, vous introduisez implicitement une évaluation, mais si vous vous passez de cette interprétation, votre démonstration ne peut tenir. Vous avez tort de supposer que dès l'instant où on les prononce, les mots sont déjà marqués soit comme évaluatifs, soit comme descriptifs. Certains mots apparemment descriptifs peuvent avoir à la fois un sens évaluatif (c'est le sens 2 de « promettre »), et un sens descriptif. Pour « promettre », seul le sens 1 est purement descriptif.

Réponse : Il n'y a pas de sens 1. C'est-à-dire, il n'y a pas de signification littérale du mot « promettre » pour laquelle il puisse seulement signifier : prononcer certains mots. Disons plutôt que « promettre » dénote les actes de langage qui ont pour caractéristique d'être accomplis à travers l'énoncé de certains mots. Mais il n'y a dans « promettre » aucune ambiguïté sur le plan lexical, qui autorisait les deux sens : prononcer des mots et contracter une obligation. L'objection ci-dessus vise à attribuer au mot « promettre » un sens pour lequel l'affirmation : « il a fait une promesse », serait l'affirmation d'un fait brut et non d'un fait institutionnel, or, un tel sens n'existe pas. Le raisonnement qui sous-entend cette objection est identique à celui qui sous-entend l'objection 4. Il consiste à se référer au modèle classique; or, c'est précisément ce modèle classique qui est ici remis en question.

Je vais tâcher d'expliciter ce point. Les faits linguistiques, tels qu'ils ont été établis par les caractérisations linguistiques, fournissent la base de toute théorie linguistique. La théorie doit, au minimum, être compatible avec ces faits; une théorie bien construite devrait aussi expliquer les faits, ou en rendre compte. Pour le cas qui nous occupe, certains faits sont établis par les caractéristiques linguistiques suivantes;

1. L'affirmation de forme « *X* a fait une promesse » établit un fait objectif; elle n'est, sauf pour les cas marginaux, ni subjective, ni affaire d'opinion.

2. Par définition, promettre c'est contracter l'obligation, prendre l'engagement, etc. de faire quelque chose.

3. Une phrase de la forme : « *X* a fait une promesse », n'est pas ambiguë sur le plan lexical, il n'y a donc pas deux sens possibles : « *X* a prononcé certains mots » et « *X* a effectivement promis ». Par conséquent, il n'y a pas plusieurs verbes « promettre » qui seraient homonymes.

4. La promesse a pour caractéristique qu'elle s'affectue par l'emploi de certains types d'expressions, dans certaines situations, et avec certaines intentions.

5. L'affirmation de la forme « *X* a contracté une obligation » est « évaluative » puisque, par cette affirmation, est prédiqué la notion dite évaluative d'obligation.

Toute théorie linguistique qui prétend traiter ce problème doit (c'est là une condition d'adéquation) être compatible avec ces faits. L'objection 4 est incompatible avec le fait 1. Et l'objection 5 replâtre cette incohérence en contredisant la proposition 3. Ces deux objections viennent de ce que le modèle classique ne rend pas compte des propositions 1 et 2 prises ensembles, étant donné 5. Presque toutes les objections faites à la démonstration sont des tentatives qui visent à nier une ou plusieurs de ces caractérisations linguistiques.

Par l'objection que vous venez de faire dans 5 vous cherchez à introduire le mot « promettre » dans un sens où la promesse n'est pas un engagement que l'on prend, mais où elle est entièrement définie selon les termes de la proposition 4. Or, ce sens littéral n'existe pas. Vous êtes amené à faire ce détour parce que votre théorie ne peut rendre compte à la fois du fait que les promesses créent des obligations, et du fait que faire une promesse est un *fait*.

Sixième objection : tout ceci ne me convainc pas encore; je reprends mon argument. Il me semble que vous ne comprenez pas bien la distinction que je pose entre participant engagé et observateur impartial. Je vous concède volontiers que, dès lors que nous utilisons le mot « promettre » littéralement et sans restriction, il y a un élément d'évaluation qui entre en jeu : l'emploi littéral et sans restriction de ce mot, nous engage vis à vis de l'institution qu'est la promesse. Mais ceci implique une évaluation, c'est pourquoi, dès que vous spécifiez quel est, des deux emplois mentionnés précédemment, l'emploi littéral, celui qui engage le locuteur, à ce moment là, il s'agit bien d'une évaluation.

Réponse : d'une certaine façon, vous reprenez ici ma thèse avec l'intention de la retourner contre moi. Lorsque nous employons un mot littéralement et sans restriction, nous nous engageons effectivement vis-à-vis des propriétés logiques de ce mot. Dans le cas de la promesse, lorsque nous posons l'assertion : « il a fait une promesse », nous nous engageons vis-à-vis de la proposition qu'il a contracté une obligation. Exactement de la même façon, lorsque nous utilisons le mot « triangle », nous nous engageons vis-à-vis des propriétés logiques de ce mot. Si bien que lorsque nous disons par exemple : « *X* est un triangle », nous nous engageons vis-à-vis de la proposition que *X* a trois côtés. Et le fait que cet engagement, dans le premier cas, implique la notion d'obligation, montre bien que nous sommes capables d'en dériver une conclusion évaluative; mais cela ne montre pas que l'affirmation : « il a fait une promesse » comporte un élément subjectif quelconque (de l'ordre de l'appréciation et non des faits, ou de l'ordre d'une décision morale); de même, le fait que l'affirmation « *X* est un triangle » ait des conséquences sur le plan logique, ne montre pas davantage que c'est une décision d'ordre moral qui amène le locuteur à s'engager vis-à-vis des propriétés du triangle lorsqu'il emploie le mot « triangle ».

Je pense que la raison de cette confusion est la suivante : il y a deux interprétations possibles radicalement différentes, de l'expression : « ... s'engager vis-à-vis (ou accepter) l'institution qu'est la promesse ». L'une de ces interprétations donne approximativement ceci (*a*) « ... convenir d'utiliser le mot " promettre " conformément à sa signification littérale, signification qui est déterminée par les règles constitutives internes à l'institution ». La seconde interprétation, tout à fait différente, donne ceci (*b*) « ... reconnaître l'institution comme étant bonne ou utile ». Or, lorsque j'asserte la proposition que telle personne a fait une promesse, au sens littéral du mot, je m'engage bien effectivement vis-à-vis de l'institution, dans le sens (*a*); et c'est précisément parce que la signification littérale de ce mot implique cet engagement de ma part que la dérivation peut s'appliquer. Mais je ne m'engage pas au sens donné dans (*b*). Il est parfaitement possible à quelqu'un qui a en horreur l'institution qu'est la promesse, de dire de façon strictement littérale : « Jones a fait une promesse », s'engageant par là-même vis-à-vis du fait que Jones a contracté une obligation. Cet engagement au sens donné dans (*b*) est en réalité de l'ordre de l'appréciation (du moins pour ce qui est de la discussion en cours), alors qu'il n'y a rien de subjectif dans les affirmations qui supposent un engagement du locuteur, au sens donné dans (*a*). Pour clarifier ce point, il est à noter que cette même distinction s'applique à la géométrie. Même si quelqu'un considère la géométrie et l'étude de la géométrie comme quelque chose de nuisible, il s'engage tout de même vis-à-vis des conséquences logiques contenues dans « *X* est un triangle », lorsqu'il asserte cette proposition. Dans ces deux exemples, l'engagement du locuteur ne suppose aucun élément évaluatif (au sens d'élément subjectif). « Il a fait une promesse » et « *X* est un triangle » sont toutes deux des affirmations de faits. (Naturellement, il est toujours logiquement possible de chercher à saboter la promesse — ou la géométrie — en utilisant les mots de façon incohérente, mais cela n'a aucun rapport avec la validité des dérivations dans les deux cas).

Mais lorsque vous affirmez la présence d'un élément évaluatif dans un énoncé caractérisé comme étant, littéralement et sans restriction, une promesse, cela peut signifier deux choses :

ou bien 1. L'affirmation « il a fait une promesse » faite littéralement et sans restriction implique l'affirmation évaluative : « il a contracté une obligation »;

ou bien 2. L'affirmation « il a fait une promesse » est toujours subjective, ou de l'ordre de l'appréciation parce que poser cette affirmation suppose que l'on considère l'institution qu'est la promesse comme une bonne chose.

Dans le premier cas, ce que vous avancez est tout à fait juste, c'est d'ailleurs le point central de mon argumentation et cela répond à l'interprétation (*a*) donnée plus haut. Mais si ce que vous voulez signifier se trouve exprimé dans une seconde proposition, qui, elle, répond à l'interprétation (*b*), alors c'est manifestement faux. En effet, il est manifestement faux que l'affirmation « il a fait une promesse » soit subjective ou de l'ordre de l'appréciation, et il est également faux que, pour affirmer sans restriction : « il a fait une promesse », il faille estimer que l'institution de promesse est une bonne chose.

La théorie classique des affirmations « évaluatives » comporte deux éléments : premièrement la reconnaissance d'une classe d'affirmations, intuitivement ressenties comme évaluatives (malheureusement, on s'aperçoit que cette classe est extrêmement hétérogène), et deuxièmement la thèse selon laquelle toutes les affirmations appartenant à cette classe sont subjectives ou de l'ordre de l'appréciation. Ce n'est pas le premier de ces deux points que je veux remettre en question ici; je pense qu'il existe au moins quelques exemples caractéristiques d'énoncés évaluatifs, et je reconnais, avec les théoriciens orthodoxes, que l'énoncé : « il est soumis à une obligation » constitue l'un de ces cas typiques. Mais c'est le second point que je veux remettre en question, c'est-à-dire la thèse stipulant que tous les éléments appartenant à cette classe sont nécessairement d'ordre subjectif et qu'aucune affirmation objective, qui porte sur un fait, ne peut impliquer un élément de cette classe quel qu'il soit.

Septième objection : je ne suis toujours pas convaincu. Pourquoi ne pourrais-je m'exprimer dans le discours neutre des anthropologues ? Il me paraît évident que si l'on dit : « il a fait une promesse », on peut vouloir signifier quelque chose du genre : « il a fait ce que les membres de cette tribu française appellent une promesse ». « Promettre a ici un sens purement descriptif qui ne suppose aucun engagement de la part du locuteur, aucune affirmation évaluative. Et c'est ce point de vue de l'anthropologue que je cherche à exprimer lorsque je distingue le participant *engagé* de l'observateur impartial.

Réponse : il vous est toujours possible de vous exprimer dans le discours indirect et d'éviter par là les engagements que comporte le discours direct. Vous pouvez même garder les formes apparentes du discours normal et utiliser en fait un style indirect dissimulé, ou ce que vous appelez le discours neutre de l'anthropologue. Mais je ferai remarquer que votre argument n'est absolument pas pertinent, il ne permet de dire que les mots utilisés ont des sens différents ou que l'affirmation en question dissimule une évaluation. Car n'importe quel mot peut toujours être utilisé de cette façon.

On peut adopter l'attitude neutre de l'anthropologue vis-à-vis de la géométrie par exemple, c'est exactement cette attitude [15] que pourrait prendre un anthropologue venu d'une autre planète, qui nous examinerait d'un œil sceptique. S'il dit : « *X* est un triangle », il peut seulement vouloir dire : « *X* est ce que, eux, les français, appellent un triangle », mais cela ne

15 Notez au passage que les anthropologues, lorsqu'ils parlent des religions, se situent effectivement dans ce cas; exemple : « il existe deux dieux, le plus important étant le dieu de la pluie, car c'est lui qui donne la pluie ». Ceci ne prouve pas que les mots employés aient plusieurs significations différentes, mais seulement que, dans certaines situations, il est possible de parler au style indirect sans en utiliser les formes.

prouve pas que le mot « triangle » a deux sens, un sens où le locuteur s'engage (sens évaluatif), et un sens neutre (sens descriptif). Cela ne prouve pas non plus qu'Euclide était en fait un moraliste, sous prétexte que ses démonstrations exigent un emploi « engagé » des termes utilisés. Le fait que l'on puisse adopter une attitude neutre envers toute chose n'a rien à voir avec la validité d'un raisonnement déductif, où le locuteur s'engage vis-à-vis des mots qu'il emploie. Si l'objection élevée contre la dérivation de la section 8.1 (objection selon laquelle ré-interpréter les mots selon le discours neutre de l'anthropologue peut conduire à un raisonnement faux) était vraiment une objection valide, elle permettrait alors de réfuter les uns après les autres tous les raisonnements déductifs possibles, car « l'engagement » que comporte l'emploi des termes essentiels de la dérivation, constitue la condition de validité de tout raisonnement. Cette objection dit uniquement que, pour tout raisonnement déductif quel qu'il soit, on peut construire un raisonnement parallèle dans le discours indirect, raisonnement dont on ne peut pas validement dériver la conclusion du premier. Mais cela ne prouve rien. Cela n'affecte en aucun cas la validité des raisonnements faits dans le premier cas. Ce qu'exige mon raisonnement, de même que tout raisonnement valide, c'est l'emploi littéral, strict, au style direct, des mots essentiels qu'il contient. Le fait que ces mots puissent être utilisés non-strictement dans d'autres contextes n'est absolument pas pertinent.

Parmi tous les arguments utilisés contre ma première démonstration, l'argument qui fait appel à l'anthropologie est à la fois le plus fréquent [16] et le plus faible. Il a la structure suivante : considérez une dérivation valide quelconque, qui mène à une conclusion à partir de prémisses. Considérez ensuite à l'intérieur de ces prémisses, un mot essentiel quelconque *M*, que ce soit « promesse », « triangle », « rouge », en tout cas un mot qui soit essentiel à la dérivation. Ré-interpréter *M* comme signifiant non pas *M*, mais par exemple : « ce que certains appellent *M* ». Ré-écrivez maintenant la dérivation où vous donnez à *M* sa nouvelle interprétation, et voyez si cette dérivation est toujours valide. Elle risque de ne plus l'être, mais si elle l'est, recommencez le même processus en l'appliquant à d'autres mots, jusqu'à ce que vous obteniez une version où la dérivation n'est pas valide. Conclusion : la dérivation n'a jamais été valide.

Le fait que les critiques menées contre cette dérivation aient si souvent

16 Il avait cependant été examiné et discuté au cours de la première présentation. Cf. J. R. Searle, *op. cit.*, pp. 51 et 52.

avancé un argument qui, s'il était valide, mettrait en cause toutes les dérivations valides, illustre bien cet aspect paradoxal que j'ai mentionné au début de ce chapitre. Le désir de retrouver dans le langage la distinction métaphysique entre fait et valeur, pour la présenter comme une thèse sur les relations d'implication valides se heurte inévitablement à des contre-exemples, car utiliser le langage et parler, c'est, à tout instant, s'engager, assumer des obligations, trouver les arguments qui doivent convaincre, etc. Face à ces contre-exemples, la tentation est grande de les reformuler selon une terminologie d'inspiration « descriptive », et d'adopter « l'attitude neutre de l'anthropologue ». Mais il faudrait pour cela que les mots n'aient plus la même signification, il faudrait, pour appliquer de manière vraiment cohérente « le point de vue neutre de l'anthropologue », abandonner les notions de validité et d'implication. Cette tentative qui vise à éviter les contre-exemples et à pallier l'incohérence qui en résulte en ignorant délibérément cet emploi « engagé » des mots que l'on prononce, vient de ce que ses auteurs ont voulu, coûte que coûte, s'en tenir à leur thèse. Mais ignorer cet emploi « engagé » des mots, aboutit en définitive à ignorer le langage lui-même, car — ceci a été le thème essentiel de ce livre — parler une langue consiste à accomplir des actes de langage conformément à des règles, et il n'y a pas à séparer ces actes de langage des engagements auxquels ils donnent lieu et qui en constituent l'élément essentiel.

Index

John R. Searle

Du cerveau au savoir

Quelles sont les relations du corps et de l'esprit ? Les ordinateurs peuvent-ils penser ? Qu'en est-il de la science cognitive ? Quelle est la structure de l'action ? Quelles sont les perspectives des sciences sociales ? Le libre arbitre existe-t-il ? Avec simplicité et pertinence, le grand philosophe américain apporte à chacune de ces interrogations, sinon des réponses, du moins des commentaires d'une lucidité et d'une vigueur exceptionnelles.

ISBN 2 7056 6014 3. 1985. Collection *Savoir : Cultures*. 210 x 150, 148 p. 128 F

Provocant et toxique. Gérald Messadié, Sciences et Vie

Profond, inventif, intelligent. Gilles Tordjmann, Le Matin

Searle montre comment, à partir de l'étude des mécanismes du langage ordinaire, on peut arriver à poser, sinon résoudre, le problème on ne peut plus général des rapports entre notre esprit et le reste de l'univers. Robert Maggiori, Libération

Un parcours en petite foulée sur le terrain miné des rapports entre l'esprit et le corps. Michel de Pracontal, L'Événement du jeudi

Un livre vivant, souvent attachant. Hervé Le Guyader, Sciences et avenir

Ambitieux et limpide. L'Express

Oswald Ducrot

Dire et ne pas dire

Principes de sémantique linguistique

Les sociétés humaines ont des tabous linguistiques. Chaque individu recourt, selon les circonstances, à des modes d'expression atténués qui laissent entendre sans encourir la responsabilité d'avoir dit : cet élément virtuel du discours est désigné sous le nom d'implicite. Oswald Ducrot en démonte ici le mécanisme et en explique le fonctionnement.

ISBN 2 7056 5908 0. 1993. Collection *Savoir : Sciences*. 210 x 150, 322 p. 120 F

Cet ouvrage... nous paraît un des plus importants de ces dernières années... Incontestablement, il classe son auteur parmi les plus brillants des théoriciens actuels.

Zeitschrift für Romanische Philologie

... les vues fécondes que l'auteur exprime dans cet ouvrage. H. Mitterrand

Étiemble

Au secours, Athéna !

Le jargon des sciences

Étiemble poursuit et renouvelle ici son célèbre combat contre le *franglais*. Historien des lettres, chroniqueur et pourfendeur d'errements, ce grand romancier a démontré de tout temps sa maîtrise du langage et fait aimer son humour caustique et indulgent. Autant qu'à l'époque de Ronsard, les néologismes issus de langues voisines s'infiltrent dans la conversation de chaque jour et s'agrègent au langage national. *Au secours, Athéna !* est une nouvelle version du *Jargon des sciences* qui avait paru il y a un quart de siècle, illustré de beaux dessins de Garache.

Indifférent au plaisir chauvin de constater combien de mots français ont, à leur tour, essaimé ailleurs, Étiemble met en garde et ne s'en prend pas seulement aux usages vulgaires, laxistes ou pédants. Il ne se contente pas de dénoncer les incongruités issues de l'imitation servile ; il chapitre, gourmande et régente, mais il conseille en même temps et sa lecture est aussi utile que divertissante.

ISBN 2 7056 6278 2. 1996. Collection *Savoir : Lettres*. 210 x 150, 130 p. 70 F

François Dell

Les règles et les sons

Introduction à la phonologie générative

Étude des mécanismes abstraits qui gouvernent la prononciation. Chaque langue possède une phonologie propre, mais les différences de langue à langue ne s'établissent qu'à l'intérieur d'un schéma universel unique.

La phonologie générative a renouvelé les idées théoriques sur la prononciation. Élaborée à l'origine par Chomsky, Halle et leurs élèves, elle prolonge la syntaxe générative transformationnelle.

ISBN 2 7056 6017 8. 1993. Collection *Savoir : Sciences*. 210 x 150, 288 p., couverture illustrée. 126 F

François Dell, Daniel Hirst, Jean-Roger Vergnaud

Forme sonore du langage

Structure des représentations en phonologie

Chaque forme linguistique dispose en parallèle de plusieurs représentations simples qui obéissent chacune à des lois propres. Certaines de ces représentations ont une structure hiérarchique. La formulation des règles est radicalement épurée. Le lecteur peut juger de la validité de ces suggestions nouvelles à propos de phénomènes aussi variés que la formation des diminutifs (Babette, Totor), l'harmonie vocalique, la syllabation, les tons ou l'accentuation.

ISBN 2 7056 1411 7. 1983. Collection *Actualités scientifiques et industrielles*. 240 x 175, 216 p. 140 F

Imprimé en France
La Bayeusaine graphique, 14401 Bayeux
Dépôt légal : septembre 1996
Numéro d'édition : 5727 c

HERMANN, ÉDITEURS DES SCIENCES ET DES ARTS